权威·前沿·原创

皮书系列为
"十二五""十三五""十四五"时期国家重点出版物出版专项规划项目

BLUE BOOK

智 库 成 果 出 版 与 传 播 平 台

白酒行业蓝皮书

BLUE BOOK OF BAIJIU INDUSTRY

中国白酒企业竞争力指数报告（2022）

ANNUAL REPORT ON CHINESE BAIJIU ENTERPRISE COMPETITIVENESS INDEX（2022）

杨宏恩　王　东　辛士波　徐　玲　王　康／著

社会科学文献出版社
SOCIAL SCIENCES ACADEMIC PRESS（CHINA）

图书在版编目（CIP）数据

中国白酒企业竞争力指数报告.2022／杨宏恩等著
.--北京：社会科学文献出版社，2022.12
（白酒行业蓝皮书）
ISBN 978-7-5228-1068-3

Ⅰ.①中… Ⅱ.①杨… Ⅲ.①白酒工业-企业竞争-
竞争力-研究报告-中国-2022 Ⅳ.①F426.82

中国版本图书馆 CIP 数据核字（2022）第 215786 号

白酒行业蓝皮书
中国白酒企业竞争力指数报告（2022）

著　　者／杨宏恩　王　东　辛士波　徐　玲　王　康

出 版 人／王利民
组稿编辑／任文武
责任编辑／张丽丽
文稿编辑／张　爽
责任印制／王京美

出　　版／社会科学文献出版社·城市和绿色发展分社（010）59367143
　　　　　　地址：北京市北三环中路甲 29 号院华龙大厦　邮编：100029
　　　　　　网址：www.ssap.com.cn
发　　行／社会科学文献出版社（010）59367028
印　　装／天津千鹤文化传播有限公司

规　　格／开　本：787mm×1092mm　1/16
　　　　　　印　张：16　字　数：238 千字
版　　次／2022 年 12 月第 1 版　2022 年 12 月第 1 次印刷
书　　号／ISBN 978-7-5228-1068-3
定　　价／128.00 元

读者服务电话：4008918866

《中国白酒企业竞争力指数报告（2022）》
编 委 会

杨宏恩 北京工商大学教授，经济学博士，博士生导师，中国食品安全工程白酒大数据研究院院长

王 东 中国食品安全工程白酒大数据研究院副院长，管理学博士

张晓堂 北京工商大学经济学院教授，经济学博士，博士生导师，中国教育发展战略学会传统文化教育专业委员会副理事长

辛士波 北京工商大学数学与统计学院副教授，管理科学与工程专业博士

王 康 北京工商大学数学与统计学院经济统计系主任，副教授，统计学博士

徐 玲 北京工商大学数学与统计学院院长助理，统计学博士，世界休闲大会（北京）专家委员会委员

李 健 北京理工大学教授、博士生导师，中国诗酒文化协会会长

熊玉亮 中国酒类流通协会副会长，河南省酒业协会会长

程万松 北京市酒类流通协会秘书长，网易酒香频道总监

曹多然 中国新闻社南海影业主任，亚洲内容产业峰会宣传总监

杨旭龙　集美大学教授，管理学和心理学博士，贵州省政府专家组成员，中国酱酒平台专家组组长

韩文友　《华夏酒报》总编辑

彭　洪　广东省酒类行业协会会长

张洪建　广西酒类行业协会会长

刘维平　湖南省酒类行业协会会长

吕玉华　遵义市（仁怀市）酒业协会常务副会长兼秘书长

王建英　江苏省酒类行业协会常务副会长兼秘书长

顾　虎　湖北省酒类流通协会常务副会长兼秘书长

火照程　中国城市管理研究院副院长

张劲松　国务院发展研究中心《管理世界》杂志社发行部主任

霍国成　中国社会科学院工业经济研究所《经济管理》编辑

张成栋　财政部中国总会计师协会副秘书长

主要编撰者简介

杨宏恩 北京工商大学经济学院教授，经济学博士，博士生导师，中国食品安全工程白酒大数据研究院院长，教育部教学指导委员会委员。2005年毕业于复旦大学经济学院世界经济专业，获博士学位。2007年和2013年先后在中国社会科学院亚洲太平洋研究所和外交学院国际关系研究所从事博士后研究。主要研究方向为国际投资与贸易、亚洲区域经济合作，同时研究企业竞争力指数评价方法与国际竞争力问题。曾经在《管理世界》等国内权威和核心期刊上发表论文30多篇，出版专著5部，主持国家社会科学基金项目、国际合作基金项目以及各类政府项目10多项，科研成果曾经获得全国商务研究优秀成果奖、北京市社会科学研究优秀成果奖、河南省社会科学研究优秀成果奖等多个奖项。同时一直致力于服务地方经济工作，频繁参与政府决策咨询和企业发展咨询，曾经于2010年挂职洛阳市商务局副局长，连续多年参与河南省《政府工作报告》的起草与解读工作，经常到各类企业考察并帮助企业开展对外贸易和跨国投资。近年来重点关注中国白酒企业发展问题，在提高中国白酒企业整体竞争力和走上国际市场方面开展了大量研究。

王　东 中国食品安全工程白酒大数据研究院副院长，管理学博士，河南千萃文化传播有限公司董事长。多年来一直从事中国酒文化研究，擅长酒类品牌策划和酒类产品的会议会展，同时从事酒类营销咨询工作，与全国多家白酒企业保持良好合作关系，对白酒行业发展状况与问题有比较深入的了解。

辛士波 北京工商大学数学与统计学院副教授，管理学博士，硕士生导师，新商科专业委员会常务理事，中国商业统计学会理事。2009年毕业于中国矿业大学（北京），获博士学位。一直从事宏观经济统计分析、金融计量和企业竞争力评价等方面的研究和教学工作，主讲课程"统计学""时间序列分析""应用数理统计"等，在《中国软科学》等国内外期刊发表论文20多篇，主持或参与省部级及以上课题10多项，出版专著1部，编写教材1部。近年来，指导学生参加中国研究生数学建模竞赛、全国市场调查与分析大赛等多个赛事，获全国一等奖6项、二等奖4项，省部级奖多项。

徐　玲 北京工商大学数学与统计学院院长助理，硕士生导师。中国人民大学统计学博士，清华大学社会科学学院博士后。主要研究方向为宏观经济统计分析、文化竞争力、休闲经济。在《数量经济技术经济研究》《经济与管理研究》《北京社会科学》等核心刊物发表论文多篇，并有1篇被中国人民大学书报资料中心转载。已出版专著1部、合著2部。主持北京市社会科学基金项目重点项目1项，参与国家社会科学基金项目及省部级项目多项。

王　康 北京工商大学数学与统计学院经济统计系主任，副教授，统计学博士，全国工业统计学教学研究会青年统计学家协会理事，中国人民大学竞争力与评价研究中心兼职研究员。毕业于中国人民大学统计学院统计学专业，获博士学位。主要研究方向为经济统计学、应用计量经济学、企业创新理论与政策、企业竞争力评价与指数。曾经在《管理世界》《统计研究》等国内权威和核心期刊上发表论文10多篇，主持北京市自然科学基金项目等多项，并作为主要参与人参与国家社会科学基金重大项目等课题20多项。参与编写著作4部。近年来多次为政府部门编制自由贸易港（城市）指数、全国城市综合信用指数、船舶行业企业知识产权创新指数等。

序　言

　　白酒是中国的国酒，中华民族最鲜明的文化符号之一，也是传承中华民族优秀文化的重要载体。时至今日，白酒仍在深刻地影响着人们的生活。人们高兴时喝酒、悲伤时喝酒，热闹时喝酒、寂寞时喝酒，送别时喝酒、团聚时喝酒，成功时喝酒、失败时也喝酒——很多重要的时刻和场合都离不开酒，酒已经成为人们表达心意、抒发情感的重要手段。除了对人们生活产生影响以外，酒对人们工作等方面的影响也很大，很多重要的商业合作是在酒桌上谈成的。中国是礼仪之邦，在礼尚往来中，白酒是最为常见的礼品之一。目前，白酒在中国人的消费中占据了很大比重。

　　同时，白酒行业在国民经济中占有重要地位。中国糖酒网调查显示，中国白酒生产企业在18000家以上；据国家统计局官方统计，2018年中国有规模以上白酒企业1445家。以传统的角度来看，酒类行业属于轻工业，而实际上酒类行业尤其是白酒行业是名副其实的重资产行业。白酒酿造完成后需要3~5年的熟化期，此期间的白酒储藏占用了企业大量资金。当然，大量资金沉淀并继续流向白酒行业的主要原因还是社会需求，这不仅包括人们的直接消费，还包括其他工业生产方面的需求。这些巨大的需求催生了贵州茅台这样市值12000多亿元的企业，以及众多市值超过千亿元和百亿元的白酒企业。不难看出，酒类行业尤其是白酒行业在国民经济中有多么重要的地位。

　　中国是世界上最早开始酿酒的国家之一，掌握先进的白酒酿造技术，拥有较高的白酒产量和广泛的消费群体。然而，中国白酒在国际蒸馏酒市场的占比

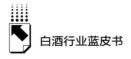

不到 1%，与其产量占世界蒸馏酒 40% 的比重相比，有较大差距。究其原因，不是中国白酒不愿意或不需要进入国际市场，而是中国白酒的竞争力不足。

目前，中国白酒行业经过多年的发展和调整后进入"后调整时代"。"强者愈强、弱者愈弱"的"马太效应"开始显现，一线白酒企业通过产品系和价格带的扩展实现挤压式增长，中小白酒企业的市场份额被逐步挤压，产品和品牌进一步向一线企业聚焦，中小白酒企业的传统优势和文化特色被削弱和忽视。这是一个不利于竞争的状态，限制了中国白酒行业整体竞争力的提高。因而，中国白酒行业需要一个由综合指标体系构成的竞争力评价指数，让其告诉白酒经营者怎样才能提升竞争力，进而提高企业的经济效益。

完成这样一个指数编制工作是非常困难的，面临的最大困难是数据获取问题。杨宏恩教授带领的团队经过坚持不懈的努力完成了此项工作。该团队针对中国白酒行业的现实状态，以提高中国白酒行业整体竞争力为基本目标，以帮助中国白酒产品走上国际市场为远期目标，以提升中国白酒的文化内涵、健康水平、风味特色为导向，基于客观性、可比性、系统性等原则，制定出一套包括五大类 15 个具体指标的评价指标体系，从多个视角评价白酒企业的竞争力，并据此提出白酒企业提高竞争力可以采取的不同措施。通过这套评价方法，杨宏恩教授带领的团队表达了"大企业也有短处，小企业也有亮点"的理念，强调企业无论大小都具有独特优势，这个理念是有利于竞争的，是应该提倡的。

本书是国内唯一以白酒企业竞争力指数评价为主要内容的蓝皮书，拥有系统的指标体系和丰富的实际数据，具有较高的创新价值。尽管目前该蓝皮书可能存在不少需要完善之处，但有理由相信，该蓝皮书及其竞争力指数能够成为中国白酒企业发展的"风向标"，能够为中国白酒企业整体竞争力的提升和国际市场影响力的提升做出重要贡献。

中国工程院院士

2019 年 8 月 6 日

摘　要

　　白酒是中华民族鲜明的文化符号，是中国五千年优秀文化的重要载体。白酒与人们的生活息息相关，同时白酒行业在整个国民经济中占有重要地位。当前，我国白酒行业发展正面临国际竞争力整体偏弱、白酒市场竞争混乱、新冠肺炎疫情多点散发等复杂形势。因此，需要一个由综合指标体系构成的竞争力评价指数，引导白酒行业通过不同途径提升自身竞争力以应对当前复杂形势。对中国白酒企业综合竞争力进行评价，反映中国白酒行业发展态势，指导白酒企业生产与定价；引导白酒企业有序竞争，构建白酒行业良性竞争机制；帮助白酒企业和白酒产品"走出去"，获取贸易利益并传播中国文化；通过持续评价全球蒸馏酒，提升中国白酒的国际话语权和影响力。

　　基于上述背景及意义，本书总报告以研究白酒企业竞争力历史变迁为核心，旨在通过其特征与原因的分析发现其内在因素与规律。总报告在对指数编制方法微调的基础上，利用2001～2019年白酒企业历史数据，以研究期内均在规模以上企业目录中的白酒企业、排名前200的白酒企业、快速发展（即竞争力评价指数连续快速提升）的白酒企业为研究对象，研究白酒企业竞争力变化的整体状况、区域特征、香型特征，并深入探讨白酒企业竞争力变化的原因，据此选取7家快速发展的白酒企业进行经验剖析。在总报告基础上，本书行业篇以白酒行业发展过程中遇到的诸多新问题为主线，立足白酒行业的新变化以及热点问题，研究疫情防控常态化时期酱酒热冷现象及背后的思考、新国标的发布及实施对白酒行业的影响、数字化智能化转型背景下白酒行业的发展，探讨了深挖酒文化和积极履行社会责任的必要性及其对白酒企业发展的重要影响。基于以上内容，本书案例篇依据 2020~2021 年白酒企业发展的实际情况，设立创新商业模式实现快速发展、打造酒庄文化赋能白酒企业转型升级、深耕光瓶酒市场并抓住机遇实现快速发展、智能化酿造和产业结构调整助力"双碳"目标实现、资本与白酒企业的高效融合带动白酒企业高速发展等五大专题，对 5 家典型的白酒企业进行案例展示及研究。

关键词： 竞争力评价指数　酒文化　企业社会责任　白酒企业

目 录 ⟍⟋

I　总报告

II　行业篇

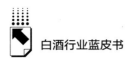

Ⅲ 案例篇

Ⅳ 附 录

皮书数据库阅读**使用指南**

总 报 告
General Report

B.1
中国白酒企业竞争力的历史变迁
及其特征与原因分析

摘 要： 本年度总报告以研究中国白酒企业竞争力的历史变迁及其规律为主要目的，首先阐述了研究的背景与意义，然后在对企业竞争力指数编制方法进行微调的基础上，利用 2001~2019 年历史数据，以研究期内均在规模以上企业名单中的白酒企业、四个年度竞争力指数排名均在前 200 的白酒企业、从非规模企业进入规模以上企业名单的白酒企业、快速发展（即竞争力指数连续快速提升）的白酒企业为研究对象，研究了白酒企业竞争力变化的整体状况、发展特征及原因。最后，本报告对 7 家快速发展的典型企业进行经验剖析。研究发现，我国白酒行业整体竞争激烈且存在"马太效应"，头部企业竞争优势明显且排名稳定，其中企业主营产品及产地是影响竞争力的重要因素；竞争力变化的区域特征表现为各区域竞争主体的白酒竞争力水平存在较大波动性，主要受到区域内头部白酒企业竞争力强弱和区域内白酒企业数量的影响；香型特征表现为白酒产品以浓香型、酱香型、清香型、兼香

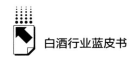

型为主，其余香型白酒波动发展，其主要原因在于四类香型白酒独特的香型口味、优良的产品质量、悠久的发展历史，以及居民收入水平提高、政府政策支持、企业梯队带动作用等；经验剖析发现企业竞争力持续提升的主要原因包括持续提升产品品质、借助中国酒文化提升企业品牌价值、多角度加快企业数智化发展进程、积极承担企业社会责任等。

关键词： 白酒企业　区域特征　香型特征　"马太效应"

一　中国白酒企业竞争力指数编制的背景、意义与方法

白酒作为中华民族鲜明的文化符号，是中华民族五千年优秀文化的恒定载体。中国白酒的酿制工艺发展至今，已然形成了成熟且完整的酿制产业链。与世界其他六大蒸馏酒相比，中国白酒产量和消费量同时位居世界第一。与此同时，中国白酒却面临国际竞争力不足、国际市场占有率低、获取贸易收益和传播优秀文化的功能没能充分发挥等诸多问题。综合考察白酒行业国内外环境变化，编制竞争力指数给予中国白酒企业正确的评价，将有助于更好地引导白酒企业和产品走出国门，占领国际市场，同时也能通过酒文化的输出来扩大中华文化的影响力，提升中国文化软实力。

（一）中国白酒企业竞争力指数编制背景

1. 中国白酒企业的国际竞争力整体偏弱，中国白酒市场正遭受洋酒的冲击与反噬

作为世界酒文化大国、酒生产大国、酒消费大国，中国白酒产量位居世界第一，依托强大国内消费市场实现强劲增长，但中国白酒产品国际市场占有率很低。国家统计局数据显示，2021年中国白酒产量715.6万千升，同

比下降 3.4%；销售收入为 6033.48 亿元，同比增长 18.6%。① 反观中国白酒国际化进程，2021 年中国白酒出口量和出口额分别仅为 1.6 万千升和 36.44 亿元（约合 5.6 亿美元），分别占白酒产量和销售额的 0.2% 和 0.6%。② 根据联合国贸易数据库发布的数据，2021 年全球威士忌出口额为 103.7 亿美元，白兰地出口额为 61.8 亿美元，伏特加出口额为 18.9 亿美元，朗姆酒出口额为 13.8 亿美元，金酒出口额为 13.4 亿美元。从上述数据可知，中国白酒与其他五大蒸馏酒在出口额数据上形成了鲜明的对比，白酒出口额不足出口额排在第 5 位的金酒的一半，排名第一的威士忌其出口额是白酒的 18.5 倍。由此可见中国白酒企业并没有真正"走出去"，中国白酒品牌在国际上认可度较低。与此同时，诸多国外知名白酒品牌涌入中国，给中国的白酒品牌造成了一定冲击。

2. 中国白酒市场竞争混乱，无序竞争已然抑制中国白酒企业的发展和创新

受全球新冠肺炎疫情冲击和中国供给侧结构性改革的影响，中国白酒行业产能过剩问题突出，挤压式增长竞争格局依然长期存在，这些因素对我国白酒企业健康快速发展造成一定影响。当前，中国白酒行业尤为显著的特征是"强者愈强、弱者愈弱"，"马太效应"日益形成。一线白酒企业通过产品系和价格带的扩大实现挤压式增长，中小白酒企业的市场份额被进一步挤压，产品和品牌向一线企业集聚，极大地提升了白酒行业的集中度，最终导致白酒市场失衡。中国酒业协会发布的数据显示，中国规模以上白酒企业数量由 2016 年的 1578 家下降到 2021 年的 965 家，且 2021 年八大头部白酒企业③产量占全国白酒产量的 20.67%，其利润之和占规模以上白酒企业总利润的 74%，盈利前十的白酒企业利润之和更是占规模以上白酒企业总利润的 83% 以上，市场集中度明显提升。这种竞争局面导致更多资本入局白酒产业，扰乱白酒市场的竞争秩序，抑制中国白酒产业的发展创新。

---

① 数据来自国家统计局和中国酒业协会。
② 数据来自国家海关总署。
③ 八大头部白酒企业：茅台、五粮液、洋河、泸州老窖、汾酒、郎酒、古井、牛栏山。

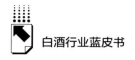

3. 中华民族伟大复兴需要文化自信，亟须白酒等标志性文化产品"走出去"

2014年2月习近平总书记在中央政治局第十三次集体学习中首次提出"文化自信"，他曾多次强调和阐释文化自信的要义，认为中国文化自信是建立在五千多年文明传承基础上的；而且强调，文化自信是理论自信、道路自信、制度自信的基础。在中华民族实现伟大复兴的重要时期，我国尤其需要提升文化影响力、增强文化软实力、实现文化自信，让更多的国家认可中华文化，从而更愿意与我国友好合作和共同发展。实现文化自信的重要手段之一就是中华民族标志性的文化产品"走出去"，向世界讲述中国文化故事，宣扬中国价值观念。白酒是中华民族鲜明的文化符号，是中华优秀文化的恒定载体，同时白酒产业体量巨大且贴近人民生活，因此白酒是适合"走出去"的标志性文化产品。

4. 中国白酒企业的发展面临挑战与机遇，新形势下的发展需要引导

新冠肺炎疫情的反复给中国经济带来诸多不确定性，同样给白酒企业带来巨大的不确定性。但是，新冠肺炎疫情的持续扩散和反复不仅给白酒企业造成了巨大的挑战，同时也带来了巨大的机遇。一方面，作为聚会、企业年会和走亲访友等活动的重要媒介，新冠肺炎疫情的发生给餐饮渠道的白酒消费增长按下了暂停键；另一方面，新冠肺炎疫情反复给白酒企业带来营销渠道和管理模式上的创新，将数字化思维引入白酒电商营销渠道和内部管理，从而实现在线销售和即时办公的一体化，提升管理效率和配置效率，增强白酒企业竞争力。因此，基于目前的状况，白酒企业应对企业管理、产品生产和营销做出及时调整，重新制定市场规划策略以及采取有效应对疫情的市场行动，构建新的白酒品牌推广模式，及时了解白酒产品的走势，预见未来可能面临的问题并采取积极的应对措施。对此，白酒企业需要正确且全面的引导。

（二）中国白酒企业竞争力指数编制意义

基于以上特殊背景，中国白酒企业竞争力指数编制对白酒各方参与者以

及整个行业具有重要意义。

第一，编制白酒企业竞争力指数有利于反映中国白酒企业的发展态势，指导白酒企业生产与定价。作为白酒企业发展的"晴雨表"，企业竞争力指数的编写有利于正确评价白酒企业的可持续发展能力，同时也便于企业培养和累积这项具有长期价值的无形资产，逐步获取品牌效应。再者，作为一个综合性指标，白酒企业竞争力指数能够清晰地告诉白酒企业提升竞争能力的关键点，从而指导企业在经营过程中有目的性地调整业务管理流程，提高资源配置效率，便于企业补足弱势、强化现实优势和挖掘自身潜在优势，形成企业的核心竞争力，进而指导白酒企业进行差异化生产和定价，提升经济效益。

第二，白酒企业竞争力指数的编制有利于引导白酒企业有序竞争，规范市场竞争秩序。当前我国白酒市场面临产能过剩和市场秩序混乱等诸多问题，客观的白酒企业竞争力指数一方面能够合理有效地引导外部资本流入白酒市场，促使白酒企业的竞争策略从低端价格战转向高端技术竞争，进而实现有序竞争。另一方面能够为国家规范白酒企业的生产、流通、销售和售后各环节提供事实依据，实现白酒企业的规范化、市场化、生态化发展。综合来看，通过编制中国白酒企业竞争力指数有助于白酒行业建立良好的竞争格局。

第三，白酒企业竞争力指数有利于帮助白酒企业和白酒产品"走出去"，获取贸易利益和传播中国文化。中国白酒兼具商品和文化属性，其国际化程度本质上就是白酒品质国际化和白酒文化国际化的程度。通过编制白酒企业竞争力指数一方面能够帮助识别白酒企业和产品是否达到出口门槛，推动高竞争力企业和产品有序布局海外市场，促进白酒企业和白酒产品"走出去"，获取巨大贸易利益。另一方面通过白酒这张"文化名片"，将其打造成中西方文化交流的重要纽带，增强品牌传播的跨文化影响能力，提升文化软实力，实现文化自信，进而实现中华民族的伟大复兴。

第四，借助白酒企业竞争力指数来持续评价全球蒸馏酒，提升中国白酒的国际话语权和影响力。近代中国落后的历史使我国在很多方面尤其是文化

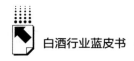

产品评价方面失去了话语权，酒产品方面也是这样。没有国际酒类评价的话语权也是白酒不被世界更多国家认可的重要原因，当然也是白酒国际市场销量很小的重要原因。作为世界六大蒸馏酒之一，中国白酒在国际蒸馏酒市场份额占比不足1%，与其固态发酵蒸馏酒的传统特色工艺和产量世界第一的地位不匹配。因此借助白酒企业竞争力指数来持续评价全球蒸馏酒，不仅能够满足国内白酒行业拓展海外市场的现实需要，还能进一步提升中国白酒的国际话语权和影响力。

（三）中国白酒企业竞争力指数编制方法①

科学合理的指数编制方法是确保指数计算结果可靠性和公正性的关键，也是任何一个指数报告的核心技术优势所在。同时，为了确保竞争力指数在不同年度之间的可比性和参考价值，本报告将保持指标稳定性作为重要的评价原则。但是，评价指标体系也不是一直不变的，本报告认为，有两种情况可以对指标体系做出调整。一种情况是，一套指标体系使用多年，而白酒行业因为宏观经济环境的变化而发生了明显变化；另一种情况是，针对不同的评价目标进行临时性或阶段性的调整。2022年度指标的调整就属于后一种情况。截至2022年，本蓝皮书已连续两年针对所有规模以上白酒企业当年表现（采用上一年度数据）进行竞争力评价和排序。但是，考虑到中国白酒企业竞争力变迁的历史与规律也具有极其重要的研究价值，本年度针对规模以上白酒企业的历史数据开展研究，以展示我国白酒企业竞争力的变迁历程及其内在影响因素。对此，本报告基于历史研究的需要和特殊性，对指标体系进行相应的微小调整。

1. 指标体系的层次结构

在进行中国白酒企业竞争力指标体系设计时，复杂的层次结构会增加指标选取的工作量和加大工作难度，导致边际效益递减；层次结构过于简单会导致指标体系不够全面具体，这样的指标体系难以正确衡量企业竞争力水

---

① 参照《中国白酒企业竞争力指数报告（2019）》和《中国白酒企业竞争力指数报告（2020）》。

平。科学合理的层次结构需要衡量指标层级、指标数量、指标隶属度等方面的协调性。

因此，指数编制工作应充分考量指标层级、指标数量、指标隶属度情况。在已有的指数编制相关报告中，二级层次结构较为常见。二级层次结构能保证指标体系的全面性和数据获取的可操作性，各级指标数量参考依据如下：一级指标下设 3~5 个二级指标，一级指标数量控制在 5~7 个，二级指标数量控制在 10~30 个。本报告对中国白酒企业竞争力指数的编制同样采用上述指标体系层次结构。

2. 指标选择的原则

考虑到指标体系的科学性、实用性和权威性，在指标筛选时需要坚持一定的原则，只有对中国白酒企业竞争力做出正确评价，其计算结果才能对白酒企业的发展规划和战略决策起到正确的引导作用。本报告选择指标的原则如表 1 所示。

表 1　指标选择的原则

原　则	内容简介
代表性	着眼于整个产业发展的实际,选择能代表广大企业共同特征的指标
可比性	要求选择的指标便于比较,做到不同企业同时期可以比较,同一企业不同时期可以比较
系统性	覆盖企业经营各个方面,考虑企业各个方面的相互影响
客观性	尽量避免纯粹主观的因素,站在第三方角度考虑企业表现,确保结果客观准确
综合性	立足全方位、多角度选取指标,对白酒企业竞争力进行综合评价
可操作性	尽量选择易于获取、准确且便于统计或计量分析的指标

3. 指标体系的建立

根据前文所述，基于本年度研究我国白酒企业竞争力历史变迁的需要，本年度指标体系做出以下微调：整个指标体系由 5 个一级指标组成，每个一级指标下面设置 2~4 个（根据实际情况数目不等）二级指标，共计 15 个二级指标（见表 2）。

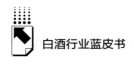

表2　中国白酒企业竞争力指标体系

指标体系	一级指标	二级指标
中国白酒企业 竞争力	品牌现实价值	固定资产原价
		所有者权益合计
		开工时间+4年
	资本营运能力	资产负债率
		应收账款周转率
		存货周转率
		利润率
	市场营销能力	市场占有率
		销售费用占比
		出口交货值
	人力资源能力	主要领导政治地位
		从业人员合计
		管理费用占比
	企业社会责任	公益捐款或基金或相关奖项
		单位总资产所缴纳的增值税额和所得税额

4. 具体指标解读

（1）品牌现实价值

①固定资产原价

固定资产原价用来衡量企业固定资产的大小和新旧程度，是分析白酒企业固定资产结构变化水平和反映白酒企业现实价值的重要依据，其在一定程度上代表了白酒企业的现实价值。固定资产原价在国家统计局数据库中有明确指标，所以本研究直接使用。

②所有者权益合计

所有者权益合计是企业投资人对企业净资产的所有权，可以反映所有者投入资本的大小和保值增值情况，在国家统计局数据库中有对规模以上企业的直接统计，所以本研究直接使用。

③开工时间+4年

开工时间一定程度上反映了白酒企业的历史积累和现实生产能力，也可以反映该品牌在中国白酒行业的知名度等。一般来说，成立时间越长的白酒品牌越容易积累口碑以及文化底蕴。由于企业在开工前就已经进行了一段时间的筹备，因此在核算企业年龄时以企业开工（成立）时间再加4年来计算。

（2）资本营运能力

①资产负债率

资产负债率表示公司经营中自有资产和借入资金的比率，是评价企业负债水平与衡量企业利用外部资金和筹措外部资金扩大经营规模的能力的综合指标。一定程度的负债能够给企业运营提供充足的资金，促进企业的扩张，但是过度的负债会增加企业的负担。通过与白酒行业中研究专家以及白酒企业管理人员沟通交流，本研究将最佳的资产负债率定为60%，偏离度越大得分越低。在对研究团队获取的白酒企业的资产和负债数据进行计算后，得到白酒企业的资产负债率。

②应收账款周转率

应收账款周转率表示公司一定时期内主营业务收入净额同应收账款平均余额的比率。应收账款周转率通常用来衡量企业应收账款周转速度及管理效率，公司的应收账款如能及时收回，公司的资金使用效率便能大幅提高。应收账款周转率在相应数据库中没有直接数据，研究中通过对相关指标的数据进行计算获得。计算公式如下：

$$应收账款周转率 = \frac{当期销售净收入（主营业务收入）}{（期初应收账款余额 + 期末应收账款余额）/2} \quad （公式1）$$

③存货周转率

存货周转率用于反映存货的周转速度、存货的流动性及存货资金占用量是否合理。存货周转率高表明企业具有较强的营销能力和存货管理能力、较高的资金使用效率和短期偿债能力与较高的盈利能力和经营水平。存货周转率在相应数据库中没有直接数据，研究中通过对相关指标的数据进行计算获得。计算公式如下：

$$存货周转率 = \frac{主营业务成本}{（期初存货 + 期末存货）/2} \quad （公式2）$$

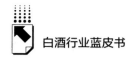

④利润率

利润率是剩余价值率的转化形式，可以反映企业一定时期利润水平和企业利润计划的完成情况，还可以比较各企业之间和同一企业不同时期的经营管理水平和经营绩效。白酒企业的利润率采用以下公式计算：

$$利润率 = \frac{利润总额}{营业成本} \qquad (公式3)$$

（3）市场营销能力

①市场占有率

市场占有率反映企业某一产品的销售量在市场同类产品中所占比重。在本报告的研究中，对每个白酒企业的市场占有率计算较为容易，但对不同企业市场占有率的赋分较为困难。本报告在指数评价时的做法是，先核算中国白酒行业中所有规模以上白酒企业的工业销售产值总额，每家企业的市场占有率则为自身的工业销售产值与全国工业销售产值总额的比值。

②销售费用占比

销售费用占比表示在企业销售过程中出现的以销售为目的的费用支出所占的比重。销售费用占企业总收入的比重越小，则表明企业的销售能力、竞争力与获利能力越强。本报告利用国家统计局数据库中规模以上白酒企业的"销售费用"与"营业收入"指标的比值来测度每家白酒企业的销售费用占比。

③出口交货值

出口交货值是衡量白酒企业的产品进入国际市场的一个重要指标，是现阶段衡量我国企业融入世界经济的一个主要参数。白酒企业在出口的过程中，接触国际同类企业的生产工艺以及经营管理经验，有助于其竞争力的提升和企业规模的发展壮大。而且在我国白酒市场竞争日趋激烈的背景下，"走出去"是白酒企业发展壮大的必经之路，也是国家鼓励的发展方向。在国家统计局数据库中有"出口交货值"指标，因而本研究直接使用。

（4）人力资源能力

①主要领导政治地位

主要领导政治地位是指白酒企业的主要管理人员、董事会成员等主要领导参与政治活动或取得政治身份的情况。一般认为，具有政治地位的企业领导者具有更多的政府资源，进而拥有更多的其他资源，可以获得政府的支持或者来自其他方面的商业机会。在本研究中，评分的依据主要是看白酒企业主要领导任职或兼职于什么级别的官方或半官方组织。

②从业人员合计

从业人员合计是指白酒企业从事生产、销售、管理和服务的人员总数，从业人员规模在一定程度上反映了企业的产量以及销售额。在研究中利用国家统计局数据库中规模以上白酒企业的"期末人数"指标进行测度。事实上，除了白酒企业的人员规模，人员结构更能反映企业的人力资源能力，鉴于数据的可得性，此次评估未做本方面的研究，后期将会进一步改进。

③管理费用占比

管理费用占比是指企业管理过程中的费用支出所占的比重，该比重越小，说明企业的管理效率越高，因而管理中节约的费用越多，管理活动为企业创造的利润就越多，这也是企业竞争力的体现。在本研究中，管理费用占比利用国家统计局数据库中规模以上白酒企业"管理费用"与"营业收入"的比值进行测度。

（5）企业社会责任

①公益捐款或基金或相关奖项

公益捐款是指企业出于公益目的的捐款额，公益基金是指企业为开展公益活动而独立或参与建立的基金，相关奖项是指白酒企业因参与公益、慈善活动而获得的政府颁发的奖励证书。上述行为均是企业出于利他动机而实施的承担企业社会责任的行为，都是在传播正能量，都会因为企业形象的改善和消费者的赞赏而获得未来竞争力。在研究的赋值方面，本报告采取了科学的综合打分方法。

②单位总资产所缴纳的增值税额和所得税额

增值税是以商品生产流通环节或提供劳务的增值额为计税依据而征收的一种流转税，企业所得税是对企业生产经营所得和其他所得征收的一种税，

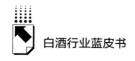
缴税是每家企业应尽的法律义务。一般认为，积极缴税也是企业履行社会责任的一种形式，企业纳税信用也是决定企业社会形象的重要因素之一。在本研究中，考虑到企业规模各不相同，为了更客观地进行比较，选取单位总资产所缴纳的增值税额和所得税额，即"增值税额和所得税额"之和与"资产总额"的比值来衡量企业是否积极纳税。

5. 指标赋权说明

为反映不同指标对中国白酒企业竞争力产生的不同影响，本研究根据各项指标的重要程度确定其权重。确定指标权重的方法有很多，按照计算权重时的数据来源不同可分为主观赋权法、客观赋权法和组合赋权法。主观赋权法可以根据实际的决策问题和知识经验合理地确定各属性权重的排序，缺点在于决策或评价结果具有较强的主观随意性，而客观赋权法与主观赋权法优缺点正好相反。组合赋权法可以兼顾决策者对属性的偏好，减少赋权的主观随意性，但缺点是计算复杂，需要获得主观权重和客观权重，且需判断权重的加权方法。

鉴于组合赋权法兼具主客观赋权法的优点且缺点容易克服，本研究选择组合赋权法作为指标权重的确定方法。主观权重是基于调研过程中企业工作人员和学者的专业意见，通过层次分析法计算得到的；客观权重是通过熵值法计算得到的。为降低主观随意性、提高指标选取的客观性，本报告采用组合赋权法对指标权重进行计算，将得到的组合权重确定为中国白酒企业竞争力指标权重。

二 中国白酒企业竞争力历史变迁的整体状况

随着社会经济体制的不断变革，中国白酒行业发生了剧烈变迁。新中国成立后，各行各业生产力逐步恢复，中央政府开始进行"公私合营"并逐步建立社会主义计划经济体制。政府对各地"私人烧酒作坊"进行社会化改造并成立国营酒厂，从而开启白酒工业化"新时代"，助力酒业实现复兴。但处于计划经济阶段的白酒行业仍面临严重的供需失衡局面。改革开放以来中国逐步向社会主义市场经济体制过渡，中国经济实现快速发展，居民生活水平不断提高，二者共同促使白酒产业井喷式增长。尤其是21世纪以来，白酒企业发展进入高速增长时期，2001~2019年我国规模以上白酒企业数量基本维持在千家以上（见图1），市场竞争不断加剧促使白酒企业更加关注如何通过提升自身市场竞争力来赢取市场份额。基于此，本报告选取2001年、2007年、2013年和2019年四个年度（以下简称"四个年度"）来研究21世纪以来中国白酒企业的变迁特征及其原因。

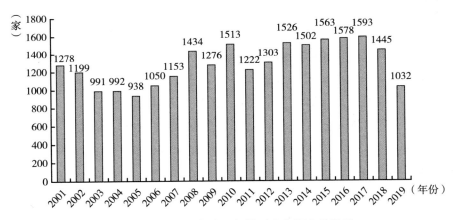

图1　2001~2019年中国规模以上白酒企业数量

资料来源：中国工业企业数据库。

　　本报告在对往年白酒企业竞争力指数构建和排名方法进行研究的基础上，进行了临时性的细微调整，以五大类指标进行综合计算后的竞争力指数作为综合竞争力指数，来反映白酒企业的发展状况及潜力。基于白酒企业综合竞争力指数，本节将从多角度分析中国白酒企业的动态变化特征及其原因。具体来讲，本节主要包含以下四个方面的内容：一是四个年度均在规模以上的白酒企业竞争力分析，二是四个年度竞争力指数排名始终在前200的白酒企业特征分析，三是2001~2007年从非规模进入规模以上且持续存续的白酒企业统计分析，四是持续快速发展的白酒企业统计分析。

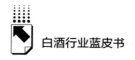

（一）四个年度均在规模以上的白酒企业竞争力分析

本节对四个年度均在规模以上的白酒企业及竞争力指数特征进行多角度分析。在完全自由竞争的白酒行业中，企业间竞争异常激烈，行业中新进、退出、收购、兼并现象时有发生，因此选择四个年度均在规模以上的白酒企业作为分析对象，一方面能够避免数据不连续造成的分析偏误问题；另一方面能详尽地剖析白酒企业特征，为其实现竞争力提升提供客观依据。另外，为保证本报告分析的准确性，本研究团队通过网络查询等方式，对样本期白酒企业名称发生变更的情况进行更正统一。

整体来看，四个年度均在规模以上的白酒企业共计 207 家，占每年度全国规模以上白酒企业数量的比重为 20%。从白酒企业竞争力指数的排名来看，四个年度竞争力指数一直稳居前三的白酒企业是贵州茅台酒厂（集团）有限责任公司和四川省宜宾五粮液集团有限公司，这与二者强大的行业地位和赢利能力密不可分。统计数据显示，2019 年贵州茅台酒厂（集团）有限责任公司和四川省宜宾五粮液集团有限公司的年利润分别为 585 亿元和 255 亿元，二者合计占规模以上白酒企业利润总额的 58%。[①] 其他规模以上白酒企业竞争力指数排名在四个年度间均发生诸多变化（见表 3）。

为分析四个年度间排名变化明显的白酒企业特征，本报告进一步对白酒企业竞争力指数排名上升情况进行统计描述。对四个年度排名持续上升的白酒企业进行分析，排名上升幅度居于前三的白酒企业为贵州国台酒业股份有限公司、江油市李白故里酒业有限公司和贵州金沙窖酒酒业有限公司，其排名分别从 2001 年的 762 名、760 名和 680 名上升至 2019 年的 30 名、90 名和 29 名。另外，表中统计的持续增长企业还有江苏今世缘酒业股份有限公司、广东石湾酒厂集团有限公司、四川省宜宾市华夏酒业有限公司、内蒙古太仆寺旗草原酿酒有限责任公司、陕西省太白酒业有限责任公司、玉蝉集团有限公司、四川省古川酒业有限公司、四川泸州三溪酒类（集团）有限责

---

① 数据来自中国工业企业数据库。

任公司、四川省宜宾竹海酒业有限公司、辽宁三沟酒业有限责任公司这 10 家企业。通过对比发现，经过多年快速发展后进入前 100 的企业相对较多，但进入前 50、前 20、前 10 的企业呈现下降趋势，这充分反映了白酒行业中竞争力排名越靠前的企业其稳定性越强，这些企业的竞争优势明显（见表 3）。

表 3　四个年度均在规模以上企业名单的白酒企业

企业名称	省（区、市）	中国白酒企业竞争力指数排名			
		2001 年	2007 年	2013 年	2019 年
贵州茅台酒厂（集团）有限责任公司	贵州省	1	1	1	1
四川省宜宾五粮液集团有限公司	四川省	2	3	2	2
四川沱牌舍得集团有限公司	四川省	3	8	24	11
酒鬼酒股份有限公司	湖南省	4	20	29	16
安徽古井贡酒股份有限公司	安徽省	5	14	3	5
安徽金种子集团有限公司	安徽省	6	17	22	54
山西杏花村汾酒集团有限责任公司	山西省	7	5	10	7
泸州老窖股份有限公司	四川省	8	6	12	4
四川郎酒集团有限责任公司	四川省	9	11	11	9
四川剑南春集团有限责任公司	四川省	10	2	6	6
赤峰顺鑫宁城老窖酒业有限公司	内蒙古自治区	11	255	183	338
江苏洋河酒厂股份有限公司	江苏省	12	4	8	3
山东兰陵美酒股份有限公司（2001 年原称：山东兰陵企业集团）	山东省	13	27	91	55
四川水井坊股份有限公司	四川省	14	12	14	24
安徽口子酒业股份有限公司	安徽省	15	10	9	10
贵州醇酒业有限公司（2001 年原称：贵州醇酒厂）	贵州省	16	28	140	214
伊力特实业股份有限公司	新疆维吾尔自治区	17	25	25	17
安徽迎驾贡酒股份有限公司	安徽省	18	30	18	12
江苏双沟酒业股份有限公司	江苏省	19	18	4	14
河南仰韶酒业有限公司	河南省	20	189	90	38
江西四特酒有限责任公司	江西省	21	45	17	18
陕西西凤酒厂集团有限公司	陕西省	23	7	7	23
河南省张弓酒业有限公司	河南省	24	49	36	78
湖北枝江酒业股份有限公司	湖北省	25	19	19	46

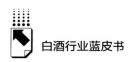
续表

企业名称	省(区、市)	中国白酒企业竞争力指数排名			
		2001 年	2007 年	2013 年	2019 年
安徽双轮酒业有限责任公司(2001 年原称:安徽高炉酒厂)	安徽省	26	26	40	116
河北衡水老白干酒业股份有限公司	河北省	27	21	21	20
北京红星股份有限公司	北京市	28	38	59	19
内蒙古河套酒业集团股份有限公司	内蒙古自治区	29	16	13	32
四川省绵阳市丰谷酒业有限责任公司	四川省	30	23	28	15
济南趵突泉酿酒有限责任公司	山东省	32	46	81	122
广东省九江酒厂有限公司	广东省	33	51	83	75
山东景芝酒业股份有限公司	山东省	34	43	26	60
安徽明光酒业有限公司	安徽省	35	78	161	269
曲阜孔府家酒酿造有限公司	山东省	36	67	106	358
广东顺德酒厂有限公司	广东省	37	53	66	50
河北邯郸丛台酒业股份有限公司	河北省	38	62	46	98
山东金贵酒业有限公司	山东省	39	64	520	725
天津津酒集团有限公司	天津市	41	24	49	87
青海互助青稞酒股份有限公司	青海省	42	70	45	43
宜昌稻花香酿酒厂	湖北省	43	9	15	35
山东秦池酒业有限公司	山东省	44	66	272	504
江苏汤沟两相和酒业有限公司(2001 年原称:江苏汤沟酒业有限公司)	江苏省	47	215	67	34
内蒙古蒙古王实业股份有限公司	内蒙古自治区	50	129	117	103
湖北白云边股份有限公司	湖北省	51	15	5	13
河南省宝丰酒业有限公司	河南省	52	79	75	51
汝阳杜康酿酒有限公司	河南省	53	37	255	233
江苏今世缘酒业股份有限公司	江苏省	56	29	16	8
内蒙古骆驼酒业集团股份有限公司	内蒙古自治区	57	52	54	184
重庆诗仙太白酒业有限公司(2001 年原称:重庆市太白酒厂)	重庆市	63	22	44	538
河南省宋河酒业股份有限公司(2001 年原称:河南省宋河酒厂)	河南省	64	33	34	41
赊店老酒股份有限公司	河南省	66	85	105	136
山东扳倒井股份有限公司	山东省	67	34	23	39

续表

企业名称	省(区、市)	中国白酒企业竞争力指数排名			
		2001 年	2007 年	2013 年	2019 年
桂林三花股份有限公司	广西壮族自治区	68	48	70	73
金徽酒股份有限公司	甘肃省	72	92	37	22
安徽皖酒制造集团有限公司	安徽省	74	65	178	178
承德乾隆醉酒业有限责任公司	河北省	76	32	32	42
河南豫坡酒业有限责任公司(2001 年原称:河南省豫坡酒厂)	河南省	77	1006	777	93
江苏五琼浆酒业有限公司	江苏省	78	300	764	640
古贝春集团有限公司	山东省	79	54	191	59
湖南湘窖酒业有限公司	湖南省	81	35	41	44
湖南武陵酒有限公司(2001 年原称:常德武陵酒业有限公司)	湖南省	83	334	139	106
山东黄河龙集团有限公司(2001 年原称:山东黄河龙酒业集团股份有限公司)	山东省	87	81	143	518
安徽文王酿酒股份有限公司	安徽省	88	82	43	70
河南林河集团有限公司	河南省	91	1152	182	197
河南祥龙四五酒业有限公司(2001 年原称:河南四五酒厂)	河南省	92	270	197	246
贵州董酒股份有限公司	贵州省	93	50	85	56
四川省宜宾高洲酒业有限责任公司	四川省	96	60	53	58
山东沂蒙老区酒业有限公司(2001 年原称:山东古泉春酒业集团有限公司)	山东省	99	145	202	140
江西堆花实业有限责任公司	江西省	103	94	119	335
重庆市江津酒厂(集团)有限公司	重庆市	104	36	42	91
贵州青酒厂	贵州省	105	69	20	471
江西临川酒业有限公司	江西省	107	102	746	761
新疆三台酒业(集团)有限公司	新疆维吾尔自治区	108	95	789	525
黑龙江省玉泉酒业有限责任公司	黑龙江省	109	150	123	185
太原酒厂有限责任公司	山西省	112	166	585	119
广东石湾酒厂集团有限公司	广东省	113	100	76	26
山东颐阳酒业有限公司	山东省	117	242	512	264
蓬莱酒业有限公司	山东省	121	148	293	359
五莲银河酒业有限公司	山东省	123	188	420	555

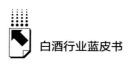

续表

企业名称	省(区、市)	中国白酒企业竞争力指数排名			
		2001年	2007年	2013年	2019年
浮来春集团股份有限公司	山东省	125	120	210	209
吉林省榆树钱酒业有限公司	吉林省	126	176	974	423
山东东阿酒厂(有限责任公司)	山东省	129	87	131	357
桂林湘山酒业有限公司	广西壮族自治区	130	130	130	201
山东金钢山酒业有限公司	山东省	132	403	248	306
陕西泸康酒业(集团)股份有限公司	陕西省	133	73	244	253
山东百脉泉酒业有限公司(2001年原称:济南百脉酿酒(集团))	山东省	135	86	128	162
酒泉市酒厂有限责任公司(2001年原称:酒泉市酒厂)	甘肃省	136	152	289	191
四川古蔺仙潭酒厂有限公司	四川省	137	80	79	85
江西章贡酒业有限责任公司(2001年原称:赣南果业股份有限公司)	江西省	140	61	61	79
四川江口醇酒业(集团)有限公司	四川省	141	42	30	40
湖南德山酒业营销有限公司	湖南省	144	105	109	226
陕西省太白酒业有限责任公司(2001年原称:陕西省太白酒厂)	陕西省	145	41	38	27
宜宾红楼梦酒业股份有限公司	四川省	149	178	57	53
山东玲珑酒业有限公司	山东省	154	126	445	678
陕西省城固酒业有限公司(2001年原称:陕西省城固酒厂)	陕西省	158	113	188	66
陕西秦洋长生酒业有限公司(2001年原称:国营陕西洋县酒厂)	陕西省	159	253	329	107
山东四君子集团有限公司	山东省	160	75	121	260
辽宁道光廿五集团满族酿酒有限责任公司	辽宁省	163	125	247	536
黑龙江省富裕老窖酒业有限公司	黑龙江省	165	93	93	275
甘肃红川酒业有限责任公司(2001年原称:甘肃省红川酒厂)	甘肃省	170	169	360	82
花冠集团酿酒股份有限公司(2001年原称:山东花冠酒业有限公司)	山东省	171	96	226	83
沈阳天江老龙口酿造有限公司	辽宁省	173	128	258	570
贵州珍酒酿酒有限公司	贵州省	176	99	185	145

续表

企业名称	省(区、市)	中国白酒企业竞争力指数排名			
		2001 年	2007 年	2013 年	2019 年
包头转龙酒业有限责任公司	内蒙古自治区	179	119	364	457
肇庆市西江酒厂有限公司(2001 年原称:肇庆市西江酿酒厂)	广东省	180	493	137	105
山东青州云门酒业(集团)有限公司	山东省	183	139	333	173
十里香股份公司	河北省	185	226	653	180
四川省文君酒厂有限责任公司	四川省	190	143	530	274
黑龙江北大仓集团有限公司	黑龙江省	194	98	147	62
信丰恒隆麦饭石酒业有限公司	江西省	196	297	152	677
河南姚花春酒业有限公司	河南省	198	107	92	186
贵州贵酒有限责任公司	贵州省	199	171	68	84
山西梨花春酿酒集团有限公司	山西省	201	160	212	481
德州又一村酿酒有限公司	山东省	204	219	174	287
清远市酒厂有限公司	广东省	207	127	124	175
安徽泗州酒业有限公司	安徽省	216	434	814	764
福建省建瓯黄华山酿酒有限公司	福建省	218	277	200	157
河南棠河酒业股份有限公司	河南省	222	192	138	694
林州红旗渠酒业有限公司	河南省	223	103	104	565
四川远鸿小角楼酒业有限公司	四川省	224	40	39	137
山东万德酒业集团有限公司	山东省	225	298	723	652
江西七宝山酒业有限责任公司	江西省	230	286	678	765
湖北三峡酒业有限公司	湖北省	233	375	187	343
北京二锅头酒业股份有限公司(2001 年原称:国营北京大兴酒厂)	北京市	234	228	498	262
河南省宋河酒业股份有限公司	河南省	235	33	34	41
保定五合窖酒业有限公司	河北省	237	117	55	121
四川省宜宾市华夏酒业有限公司	四川省	239	111	52	25
湖北汉光酒业有限公司	湖北省	251	606	1186	796
辽宁三沟酒业有限责任公司	辽宁省	253	149	136	101
鸡泽县酒厂	河北省	254	741	919	712
贵州鸭溪酒业有限公司	贵州省	261	358	62	367

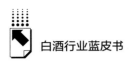

企业名称	省(区、市)	中国白酒企业竞争力指数排名			
		2001 年	2007 年	2013 年	2019 年
山东金彩山酒业有限公司	山东省	268	153	397	255
河南皇沟酒业有限责任公司	河南省	269	259	35	61
湖北省石花酿酒股份有限公司	湖北省	274	381	154	64
天津渔阳酒业有限责任公司	天津市	275	191	529	302
亳州市板桥酒业有限责任公司	安徽省	278	132	1257	746
安徽九华山酒业股份有限公司	安徽省	285	209	165	475
四川省春泉酒厂	四川省	298	211	614	539
四川省古川酒业有限公司	四川省	300	122	99	80
辽宁凤城老窖酒业有限公司	辽宁省	302	184	348	393
榆林市普惠酒业集团有限公司	陕西省	303	352	394	654
四川泸州三溪酒类(集团)有限责任公司	四川省	307	208	160	94
内蒙古太仆寺旗草原酿酒有限责任公司	内蒙古自治区	309	204	150	45
吉林省大泉源酒业有限公司	吉林省	313	273	193	514
吐鲁番白粮液酒业有限责任公司	新疆维吾尔自治区	316	235	552	314
贵州酒中酒(集团)有限责任公司	贵州省	321	236	365	731
伊犁肖尔布拉克酒业有限责任公司	新疆维吾尔自治区	331	190	246	618
四川省宜宾市叙府酒业股份有限公司	四川省	333	137	50	76
钟祥市文峰酒业有限公司	湖北省	334	417	488	181
江苏品王酒业集团股份有限公司	江苏省	335	72	82	490
江苏双沟酿酒厂	江苏省	337	611	743	705
湖北楚乡酒业有限公司	湖北省	342	659	1263	875
鹤岗市龙江酒业有限责任公司	黑龙江省	358	221	628	797
广东省阳春酒厂有限公司	广东省	364	332	573	238
重庆市笛女酒业有限责任公司	重庆市	373	862	1276	585
四川省崇阳酒业有限公司	四川省	377	426	572	307
贵州省仁怀市茅台镇云峰酒业有限公司	贵州省	382	203	213	154
广东长乐烧酒业股份有限公司	广东省	393	202	159	267
四川省岳池特曲酒业有限公司	四川省	398	260	271	354
山东欣马酒业有限公司	山东省	399	167	196	541
湖北尧治河楚翁泉酒业有限公司	湖北省	416	491	590	167
内蒙古威林酒业有限责任公司	内蒙古自治区	418	435	448	483

续表

企业名称	省（区、市）	中国白酒企业竞争力指数排名			
		2001 年	2007 年	2013 年	2019 年
四川省宜宾君子酒业有限公司	四川省	433	389	80	81
山东日照尧王酒业集团有限公司	山东省	434	114	310	578
黑龙江鹤城酒业有限公司	黑龙江省	447	180	977	808
江西锦江酒业有限责任公司	江西省	472	206	144	616
内蒙古百年酒业有限责任公司	内蒙古自治区	474	141	89	241
四川宝莲酒业有限公司	四川省	488	409	330	445
江苏震洲五醒浆酒业有限公司	江苏省	490	133	249	391
贵州省仁怀市茅台镇远明酿制酒厂	贵州省	492	703	674	560
河北燕南春酒业有限公司	河北省	498	603	1195	619
山东洛北春集团有限公司	山东省	499	499	1322	888
吉林省梅河酒业有限公司	吉林省	511	643	668	647
河北将军岭酒业有限公司	河北省	524	525	630	667
四川省宜宾竹海酒业有限公司	四川省	553	422	336	99
湖南屈原酒业有限公司	湖南省	554	690	655	203
贵州怀庄酒业（集团）有限责任公司	贵州省	570	336	180	252
玉蝉集团有限公司	四川省	597	456	189	69
福建省武夷酒业有限公司	福建省	641	558	944	702
四川省绵竹宣公酒业有限公司	四川省	643	861	1091	534
唐山孤竹国酒业有限公司	河北省	655	681	995	759
四川省宜宾宜泉曲酒厂	四川省	656	649	78	858
绵竹丰淳酒业有限责任公司	四川省	672	679	511	574
贵州金沙窖酒酒业有限公司	贵州省	680	101	65	29
湖北楚天传媒珍珠液酒业有限公司	湖北省	689	274	393	170
承德大清猎苑酒业有限公司	河北省	718	785	854	591
贵州省仁怀市茅合酿酒（集团）有限责任公司	贵州省	731	251	533	378
河南柘城王贡酒业有限公司	河南省	750	463	929	624
江油市李白故里酒业有限公司	四川省	760	233	145	90
广西丹泉酒业有限公司（2001 年原称：南丹县酒厂）	广西壮族自治区	761	134	405	96
贵州国台酒业股份有限公司	贵州省	762	218	120	30
四川隆昌云川酒业有限公司	四川省	804	605	578	331

企业名称	省(区、市)	中国白酒企业竞争力指数排名			
		2001年	2007年	2013年	2019年
贵州省仁怀市茅台镇乡巴佬酒厂	贵州省	814	407	440	506
贵州省仁怀市茅台镇酒神酒厂	贵州省	818	469	666	660
广西桂平乳泉液酒业有限公司	广西壮族自治区	820	328	311	334
四川川沱酒业有限公司	四川省	894	700	459	225
陕西金醇古酒业有限责任公司	陕西省	899	714	567	852
甘肃古河州酒业有限责任公司	甘肃省	905	116	358	582
湖北东方明珠酒业有限责任公司	湖北省	914	600	414	263
贵州五星酒业集团茅台镇五星酒厂	贵州省	919	438	110	123
四川省三苏酒业有限责任公司	四川省	954	357	950	308
罗山县天湖古酒酿造有限公司	河南省	1040	897	1085	605
贵州省仁怀市茅台镇京华酒业(集团)有限公司	贵州省	1054	380	242	627
丽江泸沽湖酒业有限公司	云南省	1070	523	323	626
贵州省仁怀市茅台镇国贵酒业有限公司	贵州省	1074	686	1205	443
河南省九鼎酒业有限公司	河南省	1090	749	660	1022
泸州筐泉酒业有限公司	四川省	1100	667	895	134

资料来源:中国工业企业数据库(2001~2019)。

　　作为构成白酒企业竞争力特征的重要因素,白酒香型、产地分布特征及其利润规模在四个年度均在规模以上的白酒企业中表现出一定的规律。从白酒香型来看,如图2所示,从四个年度均在规模以上的白酒企业香型分布情况来看,企业数量位居前四的香型依次是浓香型、酱香型、清香型、兼香型,其中主营浓香型和酱香型白酒的企业数量分别为130家和27家,二者合计约占四个年度均在规模以上企业总数的76%。中国酒业协会统计数据显示,2020年浓香型和酱香型白酒市场份额分别为51%和27%,但该年度酱香型白酒贡献白酒行业31%的销售收入和45%的利润,未来有望反超浓香型白酒。

　　从白酒产地特征来看,图3为四个年度均在规模以上的白酒企业地域分

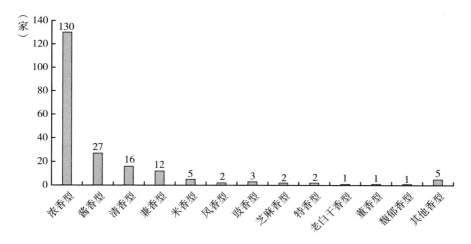

图2 四个年度均在规模以上的白酒企业香型分布

说明："其他香型"指除以上十二种主要香型以外的香型汇总，比如陶香型、竹香型等。

资料来源：经中国工业企业数据库（2001~2019）数据测度分析得出。

布情况，可以看出规模以上白酒企业主要分布在我国四川、山东、贵州、河南、安徽、湖北和河北等地。我国重要白酒产地可以划分为川黔（四川、贵州）、苏皖（江苏、安徽）、鲁豫（河南、山东）、两湖（湖北、湖南）和华北（河北、山西、内蒙古、陕西）五大区域。从白酒产地可以看出，中国规模以上白酒企业的地域分布特征基本符合行业对白酒产地的划分原则。我国规模以上白酒企业地域分布不均衡的特征与白酒行业受限于产地的水源、粮食产量、气候特征等诸多地域因素有重要关系。

在利润方面，与历年规模以上白酒企业利润总额变化趋势相似，四个年度均在规模以上的白酒企业也实现持续快速增长，其利润总额从2001年的36.32亿元增长至2019年的1294.55亿元，年均增速为21.96%，略高于规模以上白酒企业利润总额21.94%的年均增速。从利润占比来看，四个年度均在规模以上白酒企业利润总额占比在样本期发生波动，但整体来看其占比均在80%以上。综上所述，四个年度均在规模以上的白酒企业不仅实现了自身的快速增长，同时还对历年规模以上白酒企业利润总额的提升做出了重要贡献（见表4）。

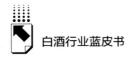

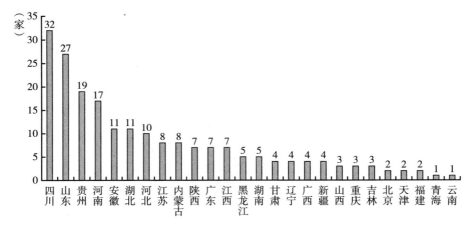

图3 四个年度均在规模以上的白酒企业地域分布

资料来源：经中国工业企业数据库（2001~2019）数据测度分析得出。

表4 四个年度均在规模以上的白酒企业利润情况

单位：亿元，%

年份	四个年度均在规模以上 白酒企业利润总额	规模以上白酒 企业利润总额	占比
2001	36.32	40.57	89.5
2007	138.16	164.00	84.2
2013	660.93	805.00	82.1
2019	1294.55	1441.76	89.8

资料来源：经中国工业企业数据库（2001~2019）数据测度分析得出。

（二）四个年度竞争力指数排名始终在前200的白酒企业特征分析

通过对我国规模以上白酒企业历史数据的梳理，本节将对四个年度竞争力指数排名始终在前200的白酒企业进行多角度分析。四个年度竞争力指数排名始终在前200的白酒企业是中国白酒行业方阵中的"主力军"，对其竞争力指数进行分析有利于探究其竞争力持续稳定的原因。

如表5所示，四个年度竞争力指数排名始终在前200的白酒企业有66

家。其中，竞争力指数排名始终在前100的规模以上白酒企业有46家；排名始终在前50的白酒企业有贵州茅台酒厂（集团）有限责任公司、四川省宜宾五粮液集团有限公司、山西杏花村汾酒集团有限责任公司、四川剑南春集团有限责任公司、安徽古井贡酒股份有限公司、泸州老窖股份有限公司、四川郎酒集团有限责任公司、江苏洋河酒厂股份有限公司、安徽口子酒业股份有限公司、江苏双沟酒业股份有限公司、四川沱牌舍得集团有限公司、酒鬼酒股份有限公司、四川水井坊股份有限公司、伊力特实业股份有限公司、安徽迎驾贡酒股份有限公司、江西四特酒有限责任公司、陕西西凤酒厂集团有限公司、湖北枝江酒业股份有限公司、河北衡水老白干酒业股份有限公司、内蒙古河套酒业集团股份有限公司、四川省绵阳市丰谷酒业有限责任公司、宜昌稻花香酿酒厂；排名始终在前20的白酒企业有贵州茅台酒厂（集团）有限责任公司、四川省宜宾五粮液集团有限公司、山西杏花村汾酒集团有限责任公司、四川剑南春集团有限责任公司、安徽古井贡酒股份有限公司、泸州老窖股份有限公司、四川郎酒集团有限责任公司、江苏洋河酒厂股份有限公司、安徽口子酒业股份有限公司、江苏双沟酒业股份有限公司。

表5　四个年度竞争力指数排名始终在前200的白酒企业

企业名称	省（区、市）	中国白酒企业竞争力指数排名			
		2001年	2007年	2013年	2019年
贵州茅台酒厂（集团）有限责任公司	贵州省	1	1	1	1
四川省宜宾五粮液集团有限公司	四川省	2	3	2	2
四川沱牌舍得集团有限公司	四川省	3	8	24	11
酒鬼酒股份有限公司（2001年原称：湖南湘泉集团有限公司）	湖南省	4	20	29	16
安徽古井贡酒股份有限公司	安徽省	5	14	3	5
安徽金种子集团有限公司	安徽省	6	17	22	54
山西杏花村汾酒集团有限责任公司	山西省	7	5	10	7
泸州老窖股份有限公司	四川省	8	6	12	4
四川郎酒集团有限责任公司	四川省	9	11	11	9
四川剑南春集团有限责任公司	四川省	10	2	6	6
江苏洋河酒厂股份有限公司	江苏省	12	4	8	3

续表

企业名称	省（区、市）	中国白酒企业竞争力指数排名			
		2001 年	2007 年	2013 年	2019 年
山东兰陵美酒股份有限公司（2001 年原称：山东兰陵企业集团）	山东省	13	27	91	55
四川水井坊股份有限公司（2001 年原称：四川全兴股份有限公司）	四川省	14	12	14	24
安徽口子酒业股份有限公司	安徽省	15	10	9	10
伊力特实业股份有限公司（2001 年原称：新疆兵团农四师伊犁酿酒总厂）	新疆维吾尔自治区	17	25	25	17
安徽迎驾贡酒股份有限公司	安徽省	18	30	18	12
江苏双沟酒业股份有限公司	江苏省	19	18	4	14
河南仰韶酒业有限公司	河南省	20	189	90	38
江西四特酒有限责任公司	江西省	21	45	17	18
陕西西凤酒厂集团有限公司	陕西省	23	7	7	23
河南省张弓酒业有限公司	河南省	24	49	36	78
湖北枝江酒业股份有限公司	湖北省	25	19	19	46
安徽双轮酒业有限责任公司（2001 年原称：安徽高炉酒厂）	安徽省	26	26	40	116
河北衡水老白干酒业股份有限公司	河北省	27	21	21	20
北京红星股份有限公司	北京市	28	38	59	19
内蒙古河套酒业集团股份有限公司	内蒙古自治区	29	16	13	32
四川省绵阳市丰谷酒业有限责任公司	四川省	30	23	28	15
济南趵突泉酿酒有限责任公司	山东省	32	46	81	122
广东省九江酒厂有限公司	广东省	33	51	83	75
山东景芝酒业股份有限公司	山东省	34	43	26	60
广东顺德酒厂有限公司	广东省	37	53	66	50
河北邯郸丛台酒业股份有限公司	河北省	38	62	46	98
天津津酒集团有限公司	天津市	41	24	49	87
青海互助青稞酒股份有限公司	青海省	42	70	45	43
宜昌稻花香酿酒厂	湖北省	43	9	15	35
内蒙古蒙古王实业股份有限公司	内蒙古自治区	50	129	117	103
湖北白云边股份有限公司	湖北省	51	15	5	13
河南省宝丰酒业有限公司	河南省	52	79	75	51
江苏今世缘酒业股份有限公司	江苏省	56	29	16	8

续表

企业名称	省(区、市)	中国白酒企业竞争力指数排名			
		2001 年	2007 年	2013 年	2019 年
内蒙古骆驼酒业集团股份有限公司	内蒙古自治区	57	52	54	184
河南省宋河酒业股份有限公司(2001 年原称:河南省宋河酒厂)	河南省	64	33	34	41
赊店老酒股份有限公司	河南省	66	85	105	136
山东扳倒井股份有限公司	山东省	67	34	23	39
桂林三花股份有限公司	广西壮族自治区	68	48	70	73
金徽酒股份有限公司〔2001 年原称:甘肃陇南春酒业(集团)公司〕	甘肃省	72	92	37	22
安徽皖酒制造集团有限公司	安徽省	74	65	178	178
承德乾隆醉酒业有限责任公司	河北省	76	32	32	42
古贝春集团有限公司	山东省	79	54	191	59
湖南湘窖酒业有限公司(2001 年原称:湖南省邵阳市酒厂)	湖南省	81	35	41	44
安徽文王酿酒股份有限公司	安徽省	88	82	43	70
贵州董酒股份有限公司	贵州省	93	50	85	56
四川省宜宾高洲酒业有限责任公司	四川省	96	60	53	58
重庆市江津酒厂(集团)有限公司	重庆市	104	36	42	91
黑龙江省玉泉酒业有限责任公司	黑龙江省	109	150	123	185
广东石湾酒厂集团有限公司	广东省	113	100	76	26
山东百脉泉酒业有限公司〔2001 年原称:济南百脉酿酒(集团)〕	山东省	135	86	128	162
四川古蔺仙潭酒厂有限公司	四川省	137	80	79	85
江西章贡酒业有限责任公司(2001 年原称:赣南果业股份有限公司)	江西省	140	61	61	79
四川江口醇酒业(集团)有限公司	四川省	141	42	30	40
陕西省太白酒业有限责任公司(2001 年原称:陕西省太白酒厂)	陕西省	145	41	38	27
宜宾红楼梦酒业股份有限公司(2001 年原称:四川宜宾红楼梦酒厂)	四川省	149	178	57	53
陕西省城固酒业有限公司(2001 年原称:陕西省城固酒厂)	陕西省	158	113	188	66

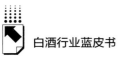
续表

企业名称	省（区、市）	中国白酒企业竞争力指数排名			
		2001 年	2007 年	2013 年	2019 年
贵州珍酒酿酒有限公司（2001 年原称：贵州珍酒厂）	贵州省	176	99	185	145
黑龙江北大仓集团有限公司	黑龙江省	194	98	147	62
河南姚花春酒业有限公司	河南省	198	107	92	186
贵州贵酒有限责任公司	贵州省	199	171	68	84

资料来源：经中国工业企业数据库（2001～2019）数据测度分析得出。

从表 5 可以看出，白酒企业竞争力越强，其竞争力排名往往越稳定。但随着竞争力排名的下降，白酒企业间的竞争越发激烈，企业竞争力排名稳定性也出现下降，这导致我国白酒行业出现了"强者愈强、弱者愈弱"的行业态势。

接下来，分别从香型、产地分布、利润占比等特征来探索四个年度竞争力指数排名均在前 200 的白酒企业情况。从白酒香型来看，和前述始终为规模以上的白酒企业香型分布特征相似，四个年度竞争力指数排名均在前 200 的白酒企业主营产品仍以浓香型、酱香型和清香型白酒为主，其企业数量分别为 40 家、5 家和 5 家。其中，浓香型白酒企业数量占比为 61%，反映出企业竞争力水平提升与其主营产品存在一定关系（见图 4）。

图 5 反映了四个年度竞争力指数排名均在前 200 的白酒企业的地域分布特征。从图 5 可以看出，四川、安徽、山东、河南和贵州五地的白酒企业数量占据了一半以上。这五个省份从古至今就是我国重要的白酒产地，这反映出我国白酒企业竞争力的形成和长期保持与白酒的产地优势关系密切。

在利润方面，无论是全国规模以上白酒企业还是四个年度竞争力指数排名均在前 200 的白酒企业，在样本期均实现突飞猛进增长。进一步从利润占比来看，2001～2013 年，四个年度竞争力指数排名均在前 200 的白酒企业利

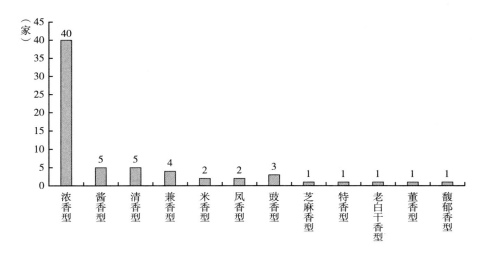

图 4　四个年度竞争力指数排名均在前 200 的白酒企业的香型分布

资料来源：经中国工业企业数据库（2001~2019）数据测度分析得出。

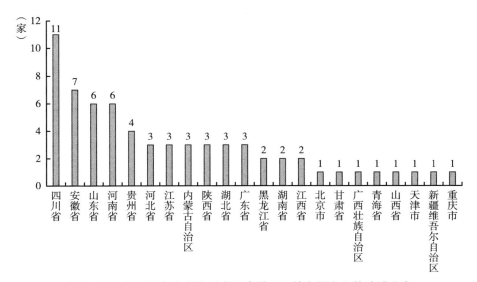

图 5　四个年度竞争力指数排名均在前 200 的白酒企业的地域分布

资料来源：经中国工业企业数据库（2001~2019）数据测度分析得出。

润总额占比出现急剧下降，从 2001 年的 89.7% 跌落至 2013 年的 77.6%，减少了 12.1 个百分点。尽管 2019 年占比出现大幅回升，但仍未超过 2001 年。

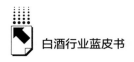

值得注意的是，四个年度均在规模以上的 207 家白酒企业利润总额占比与四个年度竞争力指数排名均在前 200 的白酒企业利润总额占比极其接近，而四个年度竞争力指数排名均在前 200 的白酒企业数量仅有 66 家，这充分阐释了头部方阵企业的贡献程度高和竞争力强的客观事实，也间接佐证"马太效应"在白酒行业客观存在。

表 6　四个年度竞争力指数排名均在前 200 的白酒企业利润情况

单位：亿元，%

年份	四个年度竞争力指数排名均在前 200 的白酒企业利润总额	规模以上白酒企业利润总额	占比
2001	36.41	40.57	89.7
2007	132.94	164.00	81.1
2013	624.61	805.00	77.6
2019	1265.60	1441.76	87.8

资料来源：经中国工业企业数据库（2001~2019）数据测度分析得出。

（三）2001~2007年从非规模进入规模以上且持续存续的白酒企业统计分析

本节以 2001~2019 年为窗口期，重点统计分析 2001~2007 年为非规模，而在 2007 年及以后持续存续且为规模以上的白酒企业竞争力指数排名变化情况及其分布特征。整体来看，2001~2007 年从非规模进入规模以上且始终保持在规模以上的新进白酒企业有 145 家，相对于我国规模以上白酒企业上千家的市场体量而言，2001~2007 年新进且之后始终保持在规模以上的白酒企业数量不足 10%。这一方面反映出我国白酒企业竞争异常激烈，另一方面也折射出 2001~2007 年进入规模以上且持续存续的白酒企业具有较强的竞争力。

在 2001~2007 年从非规模进入规模以上且始终保持在规模以上的新进白酒企业中，始终保持在前 100 的白酒企业仅 1 家，为云南茅粮酒业集团有限公司；始终保持在前 200 的白酒企业有 5 家，分别为甘肃滨河九粮酒业有限责任公司、亚洲酿酒（厦门）有限公司、云南茅粮酒业集团有限公司、四川凸酒酒业有限公司和四川省宜宾吉鑫酒业有限公司，占2001~2007年从非规模进入规模以上且始终保持在规模以上的新进白酒企业总数的比重不足4%。进一步对2007年及以后持续存续的规模以上白酒企业进行分析，截止到2019年跃入前30的白酒企业仅1家，为四川凸酒酒业有限公司；上升到前50的白酒企业有5家，分别是云南茅粮酒业集团有限公司、泸州华明酒业集团有限公司、四川凸酒酒业有限公司、四川省宜宾吉鑫酒业有限公司和贵州钓鱼台国宾酒业有限公司；排名进入前100的白酒企业有12家，占比明显提升；而进入前200的白酒企业数量增至41家，约占2007年及以后持续存续的规模以上白酒企业总数的28%，其中在2007~2019年进入且始终保持在前200的白酒企业有21家，占2001~2019年进入且始终保持在前200的企业数量的51%。可以看出，在近20年间，虽然规模以上白酒企业的竞争相对比较激烈，但是头部企业的排名相对稳定，这体现出我国白酒行业"强者愈强"的格局。（见表7）。

表7　2001~2007年从非规模转为规模以上的白酒企业竞争力指数排名

企业名称	省(区、市)	中国白酒企业竞争力指数排名			
		2001年	2007年	2013年	2019年
甘肃滨河九粮酒业有限责任公司	甘肃省	—	55	135	139
亚洲酿酒(厦门)有限公司	福建省	—	83	142	151
云南茅粮酒业集团有限公司	云南省	—	97	71	47
安徽金不换白酒集团	安徽省	—	109	251	189
泸州华明酒业集团有限公司	四川省	—	121	208	33
泸州凯乐名豪酒业有限公司	四川省	—	131	717	164
哈尔滨龙江龙有限公司	黑龙江省	—	147	704	727
天津义聚永酒业酿造有限公司	天津市	—	155	494	278
安徽临水酒业有限公司	安徽省	—	158	286	373

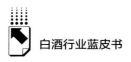

续表

企业名称	省(区、市)	中国白酒企业竞争力指数排名			
		2001 年	2007 年	2013 年	2019 年
四川凸酒酒业有限公司	四川省	—	165	102	28
山东鲁源酒业有限公司	山东省	—	168	931	283
四川金盆地(集团)有限公司	四川省	—	179	146	130
江苏太平洋酒业有限公司	江苏省	—	182	644	465
四川邛崃金六福崖谷生态酿酒有限公司	四川省	—	183	294	97
四川省宜宾吉鑫酒业有限公司	四川省	—	195	48	36
四川省东圣酒业股份有限公司	四川省	—	200	428	318
四川八百寿酒业有限公司	四川省	—	212	277	369
四川桂康酒业集团有限公司	四川省	—	217	56	193
山东济宁心心酒业有限公司	山东省	—	220	385	586
河南康力酒业有限公司	河南省	—	223	690	634
焦作市七贤村酒业有限公司	河南省	—	225	108	1017
山东诸城密州酒业有限公司	山东省	—	227	233	494
安徽金口酒业有限公司	安徽省	—	230	760	656
四川唐朝老窖(集团)有限公司	四川省	—	239	94	77
山东蒙山酿酒有限公司	山东省	—	240	588	365
广东三友酿酒股份有限公司	广东省	—	245	343	737
江西李渡酒业有限公司	江西省	—	247	596	295
安徽宣酒集团股份有限公司	安徽省	—	250	31	65
青海万元工贸实业基地	青海省	—	264	379	421
鹤庆乾酒有限公司	云南省	—	276	231	376
泸州巴蜀液酒业(集团)有限公司	四川省	—	279	298	561
重庆石松酒业有限责任公司	重庆市	—	282	69	710
陕西白水杜康酒业有限责任公司	陕西省	—	287	223	435
吉林省洮儿河酒业有限公司	吉林省	—	306	282	375
四川华蓥山酒业有限责任公司	四川省	—	312	986	668
山东社汇酒业有限公司	山东省	—	320	1139	973
山东红太阳酒业集团有限公司	山东省	—	324	469	488
贵州省仁怀市茅台镇糊涂酒业(集团)有限公司	贵州省	—	325	77	114
朝阳凌塔酿造科技开发有限公司	辽宁省	—	326	694	814
四川宜宾巴蜀液酒厂	四川省	—	330	84	1007

续表

企业名称	省(区、市)	中国白酒企业竞争力指数排名			
		2001 年	2007 年	2013 年	2019 年
宜宾川兴酒业有限责任公司	四川省	—	333	164	72
内蒙古敖汉华海酒业有限责任公司	内蒙古自治区	—	337	1291	532
泸州陈年窖酒厂	四川省	—	339	151	149
靖边县芦河酒业有限责任公司	陕西省	—	348	401	437
河南固始双板桥酒业有限公司	河南省	—	350	380	141
山东梁山酿酒总厂有限公司	山东省	—	359	963	643
河北广府太极酒业有限公司	河北省	—	361	407	936
河南省养生殿酒业有限公司	河南省	—	374	570	599
当阳双河酒业有限公司	湖北省	—	394	1398	346
南充三友酒业有限公司	四川省	—	410	198	125
四川省泸州市仙泉曲酒厂	四川省	—	442	982	194
四川泸州金碧留香酒业有限公司	四川省	—	449	103	115
山东今缘春酒业有限公司	山东省	—	450	738	417
四川省德阳西眉酒厂	四川省	—	454	768	276
湖南锦江泉酒业股份有限公司	湖南省	—	459	664	298
贵州黄果树酒业有限责任公司	贵州省	—	468	1200	722
肇庆市西江酒厂有限公司	广东省	—	493	137	105
贵州省仁怀市茅台镇老掌柜酒业有限公司	贵州省	—	502	302	299
湖北绿林酒业有限公司	湖北省	—	504	162	166
河南汉白明月酒厂	河南省	—	506	896	1028
赤壁市三国酒业有限公司	湖北省	—	508	331	176
泸州醇窖酒厂	四川省	—	521	495	165
泸州国粹酒业有限公司	四川省	—	526	97	138
贵州省仁怀市茅台镇台郎酒厂	贵州省	—	528	295	418
内蒙古滦源酒业有限责任公司	内蒙古自治区	—	533	868	495
贵州钓鱼台国宾酒业有限公司	贵州省	—	540	215	31
辽宁忠华酒业有限责任公司	辽宁省	—	549	601	642
老河口光化特酒业有限公司	湖北省	—	551	1160	757
安徽省淮酒业有限公司	安徽省	—	565	716	755
湖南雁峰酒业有限公司	湖南省	—	566	873	935
四川泸州富源酿酒厂	四川省	—	576	1027	446
陕西柳林酒业有限公司	陕西省	—	594	1364	512

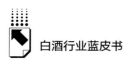

续表

企业名称	省（区、市）	中国白酒企业竞争力指数排名			
		2001 年	2007 年	2013 年	2019 年
四川泸州五斗粮酒业有限公司	四川省	—	596	579	144
四川天之骄子实业有限公司	四川省	—	597	354	110
四川射洪县太乙曲酒厂	四川省	—	598	806	215
四川酿王酒业有限公司	四川省	—	608	335	102
四川绵阳沸泉酒业有限公司	四川省	—	621	1352	917
泸州市纳溪区仙龙酒业有限公司	四川省	—	627	1337	133
扶沟县固城泉阁酒业有限公司	河南省	—	628	171	190
四川广汉金雁酒业有限公司	四川省	—	632	539	413
浏阳市名河酒业有限公司	湖南省	—	633	1180	774
泸州羽丰酒业有限责任公司	四川省	—	640	946	142
湖北黄山头酒业有限公司	湖北省	—	653	47	71
四川省宜宾市长兴酒业有限公司	四川省	—	658	157	74
河南东坡酒业集团有限公司	河南省	—	660	111	350
四川省泸州五丰酒业有限公司	四川省	—	664	853	227
泸州世家酒业有限公司	四川省	—	676	410	111
安徽省天仙河酒业有限公司	安徽省	—	692	597	552
四川泸州康庆坊酒业有限公司	四川省	—	696	432	442
商粮酒业有限公司	河南省	—	718	1403	899
贵州省仁怀市茅台镇珍品酒厂	贵州省	—	731	409	670
郴州东江湖酒业有限公司	湖南省	—	751	540	319
张家界惊梦酒业食品有限责任公司	湖南省	—	755	1082	684
信阳市鸡公山酒业有限公司	河南省	—	764	228	188
贵州无忧酒业（集团）有限公司	贵州省	—	775	750	548
济南今朝酒业有限公司	山东省	—	784	799	579
四川广安龙女酒业有限公司	四川省	—	786	1346	572
沈阳爱新觉罗祖家坊酒业有限公司	辽宁省	—	787	538	387
湖北百丈潭酒业有限公司	湖北省	—	793	626	487
湖北武当酒业股份有限公司	湖北省	—	805	129	143
湖北监利粮酒酒业股份有限公司	湖北省	—	807	562	385
湖北银池酒业有限责任公司	湖北省	—	809	1239	756
泸州市江阳区金润酒业有限公司	四川省	—	823	1020	416
宜宾新宇酒业有限公司	四川省	—	825	127	249

续表

企业名称	省(区、市)	中国白酒企业竞争力指数排名			
		2001 年	2007 年	2013 年	2019 年
湖南省鼎谷一酒业有限公司	湖南省	—	838	1482	781
河南省新境界酒业有限公司	河南省	—	843	864	980
四川省红茅烧酒业有限公司	四川省	—	850	812	297
鹤壁市淇河酒业有限公司	河南省	—	851	474	89
四川省万寿酒业有限公司	四川省	—	853	471	303
四川泸蓉酒业有限责任公司	四川省	—	855	416	120
四川绵竹竹叶春酒业有限责任公司	四川省	—	857	1416	719
安徽楚井坊酒业有限公司	安徽省	—	869	848	521
泸州联源实业有限公司	四川省	—	871	181	152
四川大明坊酒业有限公司	四川省	—	881	672	212
四川汉碑酒业有限公司	四川省	—	882	1441	254
山东沂蒙山酒业有限公司	山东省	—	900	482	535
山东孟尝君酒业有限公司	山东省	—	901	1264	1024
江西陶令酒业有限公司	江西省	—	902	922	556
河南陈氏酒业有限公司	河南省	—	903	632	300
四川万家福酒业有限公司	四川省	—	910	689	466
吴川市梅泉酒业有限公司	广东省	—	940	1144	869
吉林省林海雪原酿酒有限责任公司	吉林省	—	942	1156	929
安徽管仲酒业有限公司	安徽省	—	953	436	364
陕西省关中酒有限公司	陕西省	—	959	1404	736
泗洪县双沟镇白酒酿造有限公司	江苏省	—	966	863	897
泸州和谐酒业有限公司	四川省	—	973	1192	697
四川将台酒业有限公司	四川省	—	984	1233	680
泌阳县俸皇酒业有限责任公司	河南省	—	985	881	497
四川泸州市新佳荔酒业有限公司	四川省	—	986	1212	942
泸州市美酒源酒业有限公司	四川省	—	989	580	217
安徽洞封皖酒业有限公司	安徽省	—	1009	1329	557
泸州赖公高淮酒业有限公司	四川省	—	1010	964	410
云南省丘北普者黑酒业有限责任公司	云南省	—	1018	1197	839
重庆钓鱼城酒业有限公司	重庆市	—	1029	860	987
湖南好味园酒业有限公司	湖南省	—	1034	1120	558
泸州市双源酒厂	四川省	—	1035	1060	304

续表

企业名称	省(区、市)	中国白酒企业竞争力指数排名			
		2001 年	2007 年	2013 年	2019 年
福建省建瓯市信德酿造有限公司	福建省	—	1053	1307	604
陕西玉华酒业有限责任公司	陕西省	—	1058	1312	802
湖南九嶷山酒业有限公司	湖南省	—	1075	943	741
湖北京山坪坝老街酒业有限公司	湖北省	—	1080	624	265
泸州八仙液酒业有限公司	四川省	—	1083	809	128
延边边城酒业有限公司	吉林省	—	1089	1037	896
四川省通江银耳酒业有限责任公司	四川省	—	1096	1078	841
河南省淮河酒业有限公司	河南省	—	1107	1511	908
贵州省木黄酒业有限公司	贵州省	—	1147	1396	492

资料来源：经中国工业企业数据库（2001~2019）数据测度分析得出。

从白酒香型来看，2001~2019 年从规模以下转为规模以上的白酒企业主营产品为浓香型、酱香型和清香型白酒，三种香型白酒企业新增数量分别为 92 家、18 家和 15 家，合计占 2001~2019 年从规模以下转为规模以上白酒企业总数的 86%，而新增浓香型白酒企业占达到 63%，这充分反映出不同香型白酒产品受资本青睐的差异。与该现象对应的是中国按香型分类的白酒市场现状（见图 6）。中国酒业协会统计数据显示，2020 年浓香型、酱香型、清香型白酒市场份额分别为 51%、27% 和 15%，三者合计占白酒市场总额的 93%。

接下来探讨 2001~2019 年从规模以下转为规模以上白酒企业的地区分布特征。首先从地区分布来看，如图 7 所示，2001~2019 年从规模以下转为规模以上的白酒企业主要分布在四川省、河南省、山东省、湖北省、安徽省，其数量分别为 53 家、14 家、11 家、10 家、9 家，合计占白酒企业总数的 67%。毫无疑问，这些新增规模以上白酒企业主要聚集在我国白酒重要产区。一般来讲，这些产区一方面拥有得天独厚的地理气候条件和厚重的历史文化底蕴，另一方面得益于本地区宽松的产业政策。以新增规模以上白酒企业数量最多的四川和河南两省为例，四川省和河南省分处长江流域和黄河流域，特殊的气候、土壤和水源孕育出具有地域特色的白酒产品和文化底

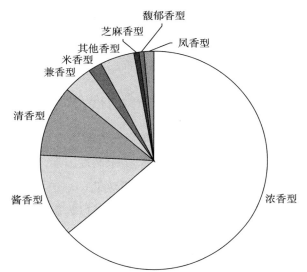

图6　2001~2019年从规模以下转为规模以上的白酒企业香型分布

资料来源：经中国工业企业数据库（2001~2019）数据测度分析得出。

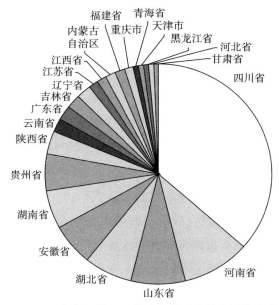

图7　2001~2019年从规模以下转为规模以上的白酒企业地区分布

资料来源：经中国工业企业数据库（2001~2019）数据测度分析得出。

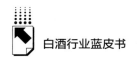

蕴，进而能为区域内白酒企业增长提供动力。而且近年来四川省和河南省分别出台《推动四川白酒产业高质量发展的若干措施》和《河南省酒业振兴发展行动方案（2022—2025年）》，以力推白酒产业快速发展。

（四）持续快速发展的白酒企业统计分析（2001~2019年）

进入21世纪以来，中国白酒企业面临更为激烈的市场竞争，为更好厘清其发展所需的各种条件以及所面临的众多限制性因素，本报告选取四个年度竞争力水平持续提升的白酒企业作为分析对象。一方面可以呈现持续增长企业所共有的香型、地域等特征，另一方面也可以为后续案例分析提供选取对象。

如表8所示，样本期持续发展的白酒企业共计18家，其中四个年度均在规模以上的白酒企业有13家，占四个年度均在规模以上白酒企业总数的6.3%；而由非规模上升为规模以上的白酒企业有5家，占四个年度均在规模以上白酒企业总数的比重极小，这充分说明企业规模越稳定，其后续的发展越有动力。

从区域特征来看，如表8所示，四个年度排名持续攀升的白酒企业主要集中在四川和贵州两省，其数量分别为10家和3家，二者合计占比达72%。其原因在于：一方面四川省是我国传统名酒的集聚地，《2021中国工业食品年鉴》统计数据显示，2021年四川省的白酒产量大约占全国白酒产量的53%，其在白酒行业中的传统优势以及良好的市场环境，为该省新兴白酒企业发展提供了优渥土壤；另一方面在于四川省政府对白酒行业发展的大力支持，白酒行业是四川省经济快速发展的支柱型产业，政府为充分发挥川酒产业优势，提出了"川酒振兴"战略。而贵州省作为与四川省齐名的传统名优白酒生产地区，却仅有贵州金沙窖酒酒业有限公司、贵州国台酒业股份有限公司与贵州钓鱼台国宾酒业有限公司3家公司进入统计序列。这与贵州省茅台酒厂（集团）有限责任公司一家独大，在发展过程中不断进行品牌收购和创新有很大关系，其对省内其他酱酒品牌的收购限制了贵州省新兴白酒企业的发展。但在茅台对贵州省白酒市场的规模垄断优势下，这3家公司可以从中脱颖而出也充分说明了其自身实力的强劲。近20年来，我国酱酒市场不断发展壮大，为贵州省的新兴酱酒企业提供了生存和发展的空间。

表8 2001~2019年规模以上快速发展白酒企业竞争力指数排名

企业名称	省（区、市）	企业性质	主营香型	中国白酒企业竞争力指数排名			
				2001年	2007年	2013年	2019年
江苏今世缘酒业股份有限公司	江苏省	国企	浓香型	56	29	16	8
四川省宜宾市华夏酒业有限公司	四川省	国企	浓香型	239	111	52	25
广东石湾酒厂集团有限公司	广东省	民企	豉香型	113	100	76	26
陕西省太白酒业有限责任公司	陕西省	国企	兼香型	145	41	38	27
四川凸酒酒业有限公司	四川省	民企	浓香型	—	165	102	28
贵州金沙窖酒酒业有限公司	贵州省	国企	酱香型	680	101	65	29
贵州国台酒业股份有限公司	贵州省	民企	酱香型	762	218	120	30
贵州钓鱼台国宾酒业有限公司	贵州省	国企	酱香型	—	540	215	31
内蒙古太仆寺旗草原酿酒有限责任公司	内蒙古自治区	国企	清香型	309	204	150	45
玉蝉集团有限公司	四川省	民企	浓香型	597	456	189	69
宜宾川兴酒业有限责任公司	四川省	民企	浓香型	—	333	164	72
四川省宜宾市长兴酒业有限公司	四川省	民企	浓香型	—	658	157	74
四川省古川酒业有限公司	四川省	民企	浓香型	300	122	99	80
江油市李白故里酒业有限公司	四川省	民企	浓香型	760	233	145	90
四川泸州三溪酒类（集团）有限责任公司	四川省	民企	浓香型	307	208	160	94
四川省宜宾竹海酒业有限公司	四川省	国企	浓香型	553	422	336	99
辽宁三沟酒业有限责任公司	辽宁省	民企	浓香型	253	149	136	101
泸州世家酒业有限公司	四川省	民企	浓香型	—	676	410	111

资料来源：经中国工业企业数据库（2001~2019）数据测度分析得出。

但反观一些竞争力水平下降的企业所在省份，其经验教训也值得总结反思。以山东省为例，山东金贵酒业有限公司、五莲银河酒业有限公司和山东秦池酒业有限公司在样本期排名出现连续下滑，其共性原因可归纳为以下三

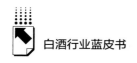

个方面：一是投机心理作祟，急功近利、恶性炒作，20世纪90年代山东酒企利用广告炒作，盲目扩张市场，其产量跟不上市场需求，以致后期出现秦池酒勾兑事件，山东省酒企因此受到严重影响；二是对市场研判出现失误，迷信白酒降度，拉低品牌形象，偏离主流市场；三是品牌定位不清晰、产品系列混乱、产品数量庞杂，缺乏看家"大单品"。

从白酒产品香型来看，四个年度快速增长的白酒企业主营产品类型主要集中在浓香型和酱香型这两类产品上，其中主营浓香型和酱香型的白酒企业数量分别为12家和3家，合计占比为83%。其原因在于，一方面这些快速增长的白酒企业多分布在四川和贵州两省，而这些地区又是著名的浓香型和酱香型白酒产区；另一方面当前市场需求偏向浓香型和酱香型白酒产品，从而助推企业和资本入局这两类香型酒产品的生产制造。进一步从白酒企业所有制来看，四个年度快速增长的白酒企业性质可分为两类，即国有企业和民营企业，其中国有白酒企业7家，民营白酒企业11家。从其数量占比来看，高度市场化和高管理效率的民营企业成为竞争力持续提升的主力军。但从其竞争力排名来看，在这18家快速增长的白酒企业中，2019年排名居于前50的国有企业数量高达6家，而民营企业仅占3个席位，其他民营企业均位列50名之后，这充分反映了企业所有制对企业成长具有重要作用（见表8）。

三　中国白酒企业竞争力历史变迁的区域特征及其原因

竞争力是白酒产业发展的"晴雨表"，也代表白酒产业未来可持续发展的能力。因此对中国各区域白酒产业的竞争力进行探析，将有助于厘清中国各区域白酒产业发展状况，提升白酒产业的竞争力，实现白酒产业可持续发展，为进一步提升中国白酒产业综合竞争力提供决策参考。

本节结合前文测算的历年白酒企业竞争力指数，将其按省（区、市）进行加总，以此来衡量各区域的白酒产业竞争力水平变化，为其白酒产业实现高质量发展提供事实依据。具体来讲，首先从整体层面来分析各省（区、市）的白酒竞争力水平变化特征。其次，从品牌现实价值、企业社会责任、人力资源能力、市场营销能力和资本运营能力等 5 个一级指标来进一步探讨各区域层面白酒企业竞争力水平的变化情况。最后，分析各区域层面白酒企业竞争力特征形成的原因。

（一）中国各区域白酒企业竞争力水平整体特征分析

根据白酒企业竞争力指数的测算结果，本报告分别对 2001 年、2007 年、2013 年和 2019 年四个年度全国 31 个省（区、市）的白酒企业整体竞争力水平进行测度，并对不同年份各区域白酒企业竞争力整体水平进行多角度分析。

表 9 为四个年度 31 个省（区、市）白酒企业竞争力指数总分和白酒企业数量的动态发展情况。总体来看，四个年度中各省（区、市）白酒企业竞争力指数呈现较大的波动性，这一方面受各区域白酒企业竞争力指数水平影响，另一方面也受各区域规模以上白酒企业数量的干扰。具体来讲，2001 年、2007 年和 2013 年白酒企业竞争力指数总分持续提升的省（区）有四川省、河南省、吉林省、内蒙古自治区和辽宁省；而在此期间江西省、江苏省、山西省、新疆维吾尔自治区、甘肃省、天津市、北京市和浙江省等 8 个省（区、市）白酒企业竞争力指数总分出现持续下降，其余各省（区、市）白酒企业竞争力水平呈现较大波动。2019 年除贵州省、重庆市、云南省、福建省、江西省、山西省、北京市和青海省等区域的白酒企业竞争力指数实现增长外，其余各省（区、市）的白酒企业竞争力水平均出现了不同程度的下降。

基于上述分析，可以发现各省（区、市）白酒企业整体竞争力水平的变化与各省（区、市）内头部白酒企业竞争力的强弱和各省（区、市）内规模以上白酒企业数量呈现密切关联。以四川省为例，其白酒企业竞争力指数总分从 2001 年的 11525.60 分上升至 2013 年的 26451.30 分，竞争力水平实现了快速提升。这离不开此时间段内该省规模以上白酒企业数量的增加，即从 2001 年的 142 家增加到 2013 年的 331 家。且四川省进入白酒企业二百强的企业数量也从 2001 年的 18 家上升至 2013 年的 47 家，头部企业数量

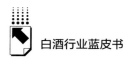
表9　四个年度31个省（区、市）白酒企业竞争力指数总分
和规模以上白酒企业数量

单位：分，家

省（区、市）	白酒企业竞争力指数总分				规模以上白酒企业数量			
	2001 年	2007 年	2013 年	2019 年	2001 年	2007 年	2013 年	2019 年
四川省	11525.60	16579.50	26451.30	24665.80	142	205	331	301
贵州省	5356.07	3832.19	7925.63	9979.34	67	47	99	123
河南省	6936.84	7225.33	11334.20	7215.55	86	89	133	89
安徽省	4909.63	4893.04	7117.39	6481.96	60	60	88	80
山东省	10574.10	13680.90	13201.60	4339.63	129	168	165	53
湖北省	5506.78	3473.98	5286.98	4336.05	69	43	66	53
湖南省	2651.99	2178.98	3659.48	3396.90	33	27	46	42
陕西省	2025.29	1636.66	2079.44	2836.14	25	20	26	35
河北省	5441.92	3840.50	4566.25	2524.83	67	47	57	31
重庆市	1294.56	973.47	1923.62	2190.60	16	12	24	27
江苏省	5496.32	5318.17	3387.87	1699.05	68	66	42	18
云南省	1507.96	816.46	1439.19	1695.19	19	10	18	21
福建省	1201.48	886.30	1425.24	1617.62	15	11	18	20
江西省	4126.43	1634.00	1212.06	1548.31	52	20	15	19
黑龙江省	3452.86	3223.35	4513.26	1537.26	43	40	57	19
广东省	5199.12	1795.84	1928.39	1149.45	65	22	24	14
吉林省	3904.89	4405.84	6079.00	1122.57	49	55	77	14
内蒙古自治区	2861.57	4228.12	4781.03	1071.85	35	52	60	13
山西省	2900.17	981.35	885.17	985.74	36	12	11	12
新疆维吾尔自治区	1232.02	1149.78	1130.15	819.78	15	14	14	10
辽宁省	3434.66	5345.45	7083.41	810.78	43	67	89	10
甘肃省	3820.82	1878.18	1353.00	664.62	48	23	17	8
广西壮族自治区	2703.54	813.44	1044.44	497.97	34	10	13	6
天津市	1369.59	656.81	642.82	410.35	17	8	8	5
北京市	1390.80	419.44	322.42	343.70	17	5	4	4
青海省	327.12	331.81	165.45	246.80	4	4	2	3
西藏自治区	157.90	79.85	—	82.65	2	1	—	1
浙江省	869.28	482.85	475.80	80.22	11	6	6	1
上海市	245.71	83.92	239.58	—	3	1	3	—
宁夏回族自治区	408.81	566.07	243.59	—	5	7	3	—
海南省	246.30	82.64	—	—	3	1	—	—

注：表中数据按当年省（区、市）白酒企业整体竞争力指数加总而得；"—"意味着数据缺失。
资料来源：经中国工业企业数据库（2001～2019）数据测度分析得出。

位居前列。2013~2019 年，对于四川省而言，尽管进入白酒企业二百强的企业数量持续增长，2019 年增加到 74 家，但该省规模以上白酒企业数量出现下降，拉低了 2019 年四川省白酒企业竞争力水平。

在表 9 的基础上，表 10 进一步根据当年各省（区、市）白酒企业竞争力指数对各省（区、市）进行排名，以便更直观地分析白酒企业竞争力动态变化情况。由表 10 可知，四个年度中四川省的白酒企业竞争实力一直稳居第一；贵州省的排名则在波动中上升，在经历了 2007 年短暂下跌后一路跃升至 2019 年的第 2 名；河南省则一直稳居第 3 名。安徽省的白酒企业竞争力指数则从 2001 年的第 9 名持续上升至 2019 年的第 4 名。作为昔日白酒强省的山东则从 2001 年的第 2 名跌落至 2019 年的第 5 名。值得一提的是，江苏省、广东省和江西省在短暂进入白酒企业竞争力指数排名前十后又迅速退出白酒强省行列；而湖南省、陕西省和重庆市的白酒企业厚积薄发，其 2019 年的白酒企业竞争力指数分别上升至第 7 名、第 8 名和第 10 名。

表 10　四个年度 31 个省（区、市）白酒企业竞争力指数排名

省（区、市）	白酒企业竞争力指数排名			
	2001 年	2007 年	2013 年	2019 年
四川省	1	1	1	1
贵州省	7	10	4	2
河南省	3	3	3	3
安徽省	9	6	5	4
山东省	2	2	2	5
湖北省	4	11	8	6
湖南省	18	13	12	7
陕西省	19	16	14	8
河北省	6	9	10	9
重庆市	23	20	16	10
江苏省	5	5	13	11
云南省	20	22	17	12
福建省	25	21	18	13
江西省	10	17	20	14
黑龙江省	13	12	11	15

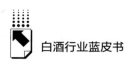

续表

省（区、市）	白酒企业竞争力指数排名			
	2001 年	2007 年	2013 年	2019 年
广东省	8	15	15	16
吉林省	11	7	7	17
内蒙古自治区	16	8	9	18
山西省	15	19	23	19
新疆维吾尔自治区	24	18	21	20
辽宁省	14	4	6	21
甘肃省	12	14	19	22
广西壮族自治区	17	23	22	23
天津市	22	24	24	24
北京市	21	27	26	25
青海省	28	28	29	26
西藏自治区	31	31	—	27
浙江省	26	26	25	28
海南省	29	30	—	—
上海市	30	29	28	—
宁夏回族自治区	27	25	27	—

注：表中数据按当年省（区、市）白酒企业竞争力指数排序而得；"—"意味着数据缺失。

资料来源：经中国工业企业数据库（2001~2019）数据测度分析得出。

（二）中国各区域白酒企业竞争力水平单类指标评价分析

白酒企业竞争力指数由 5 个一级指标得分加权后得到，这 5 个一级指标分别为品牌现实价值、资本营运能力、市场营销能力、人力资源能力和企业社会责任。基于前文对 31 个省（区、市）白酒企业竞争力指数的测算逻辑，本节对 5 个一级指标进行多角度分析。

从 31 个省（区、市）分指标白酒企业竞争力指数得分情况来看，2001年、2007 年和 2013 年四川省、河南省、吉林省、内蒙古自治区和辽宁省在白酒品牌现实价值、资本营运能力、市场营销能力、人力资源能力和企业社会责任 5 个方面的竞争力指数总分持续提升，而这些省份 2019 年的白酒企业竞争力指数总分出现下降。从 5 个一级指标来看，四个年度中江苏省、新疆维吾尔自治区、甘肃省和天津市等省（区、市）的竞争力指数总分均出现持续下降，在此期间黑龙江省和广西壮族自治区的白酒品牌现实价值竞争力指数总分持续下降。四个年度中浙江省在白酒品牌现实价值、市场营销能力、人力资源能力和企业社会责任等方面的竞争力指数总分均处于下降状态。2001年、2007年和2013年江西省、山西省和北京市5个一级指标的得分逐步下降，而2019年各一级指标的竞争力指数总分出现上升。2001年、2007年和2013年青海省白酒企业品牌现实价值、市场营销能力和企业社会责任竞争力指数总分经历持续下降后，又在2013～2019年出现反弹。江苏省、新疆维吾尔自治区和天津市白酒企业资本营运能力和市场营销能力竞争力指数总分经历了和青海省相似的变化过程。甘肃省和浙江省的白酒企业市场营销能力竞争力指数总分在2001年、2007年和2013年出现持续下降，同时该省白酒企业社会责任竞争力指数总分也出现了类似的变化。

从31个省（区、市）分指标白酒企业竞争力指数排名的动态变化过程来看，在四个年度中，5个一级指标均在上游区（1～10位）的省份分别是四川省、贵州省、河南省、安徽省、山东省和河北省，处于中游区（11～20位）的省是黑龙江，而天津市、北京市、青海省和浙江省则一直在下游区（21～31位）徘徊。以一直处于上游区的省份为例，2001～2019年除四川省和河南省5个一级指标得分一直稳居第1位和第3位外，其他省份白酒企业在各个维度上的竞争指数排名均出现变动；贵州省和安徽省在5个一级指标上的竞争力指数排名分别从2001年的第7位、第9位上升到2019年的第2位、第4位；山东省的白酒企业在品牌现实价值和企业社会责任指标上的竞争力指数排名从2001年的第2位下降到2019年的第5位，其他3个一级指标的竞争力指数排名则从2001年的第2位下降到2019年的第6位；同时河北省在5个一级指标上的竞争力指数排名从2001年的第6位跌落至2019年的第9位。在5个一级指标方面，四个年度各省（区、市）所处的上游、中游、下游区间也发生了变化。从中游区跃入上游区的省（区、市）分别是湖南省和陕西省，重庆市则从下游区挤进上游区，福建省从下游区上升到中游区，江苏省和广东省则从上游区跌落到中游区，从中游区跌落到下游区的省（区）有甘肃省和广西壮族自治区（见表11～表15）。

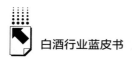

表11 四个年度31个省（区、市）白酒企业品牌现实价值竞争力指数总分及排名

单位：分

省（区、市）	白酒企业品牌现实价值竞争力指数总分				白酒企业品牌现实价值竞争力指数排名			
	2001年	2007年	2013年	2019年	2001年	2007年	2013年	2019年
四川省	12036.40	17377.10	27804.30	25955.30	1	1	1	1
贵州省	5664.35	4043.68	8352.35	10530.70	7	10	4	2
河南省	7329.08	7595.83	12020.70	7604.77	3	3	3	3
安徽省	5163.07	5149.24	7429.09	6810.59	9	6	5	4
山东省	11059.90	14385.20	13887.70	4586.76	2	2	2	5
湖北省	5803.88	3649.19	5560.65	4558.41	4	11	8	6
湖南省	2815.47	2299.85	3832.52	3567.64	18	13	12	7
陕西省	2126.97	1725.36	2187.96	2971.53	19	16	14	8
河北省	5726.51	4061.17	4826.72	2662.71	6	9	10	9
重庆市	1368.60	1026.56	2005.37	2305.39	23	20	16	10
江苏省	5762.81	5613.80	3573.51	1795.86	5	5	13	11
云南省	1599.37	862.01	1507.80	1781.69	20	22	17	12
福建省	1271.30	936.07	1498.70	1694.74	25	21	18	13
江西省	4356.22	1724.28	1283.02	1632.93	10	17	20	14
黑龙江省	3645.02	3402.79	4751.33	1614.84	13	12	11	15
广东省	5502.42	1903.93	2025.03	1205.20	8	15	15	16
吉林省	4109.97	4628.52	6401.62	1182.61	11	7	7	17
内蒙古自治区	3023.71	4460.20	5049.74	1128.02	16	8	9	18
山西省	3056.92	1040.32	946.64	1032.58	15	19	23	19
新疆维吾尔自治区	1290.23	1211.14	1196.50	865.72	24	18	21	20
辽宁省	3618.59	5622.02	7428.74	851.64	14	4	6	21
甘肃省	4041.62	1982.59	1439.79	701.72	12	14	19	22
广西壮族自治区	2873.01	856.37	1099.30	527.66	17	23	22	23
天津市	1434.19	691.74	678.08	435.61	22	24	24	24
北京市	1457.05	443.45	344.24	361.89	21	27	26	25
青海省	341.14	352.61	176.61	260.41	28	28	29	26
西藏自治区	167.13	83.65	—	86.28	31	31	—	27
浙江省	913.00	509.67	499.22	81.95	26	26	25	28
宁夏回族自治区	425.02	598.91	257.00	—	27	25	27	—
海南省	261.17	86.57	—	—	29	30	—	—
上海市	261.04	91.13	249.10	—	30	29	28	—

注：表中数据按当年省（区、市）企业品牌现实价值竞争力指数加总而得；"—"意味着数据缺失。

资料来源：经中国工业企业数据库（2001~2019）数据测度分析得出。

表 12　四个年度 31 个省（区、市）白酒企业资本营运能力竞争力指数总分及排名

单位：分

省（区、市）	白酒企业资本营运能力竞争力指数总分				白酒企业资本营运能力竞争力指数排名			
	2001 年	2007 年	2013 年	2019 年	2001 年	2007 年	2013 年	2019 年
四川省	12100.90	17468.30	27796.30	25928.40	1	1	1	1
贵州省	5627.88	4021.70	8369.32	10497.10	7	10	4	2
河南省	7311.17	7571.22	12006.70	7583.23	3	3	3	3
安徽省	5170.77	5162.89	7505.01	6857.75	9	6	5	4
湖北省	5806.98	3660.39	5526.87	4548.88	4	11	8	5
山东省	11108.10	14427.80	13872.50	4539.20	2	2	2	6
湖南省	2796.99	2289.14	3846.43	3596.60	18	13	12	7
陕西省	2140.63	1732.27	2196.49	3007.69	19	16	14	8
河北省	5737.61	4043.63	4794.95	2649.40	6	9	10	9
重庆市	1360.03	1019.38	2051.83	2306.45	23	20	15	10
江苏省	5776.55	5587.79	3546.50	1965.00	5	5	13	11
云南省	1592.25	863.21	1529.37	1807.73	20	22	17	12
福建省	1261.68	930.69	1499.56	1722.25	25	21	18	13
江西省	4363.08	1722.16	1263.24	1634.43	10	17	20	14
黑龙江省	3626.47	3395.28	4754.68	1615.72	13	12	11	15
广东省	5463.82	1878.34	2031.31	1207.66	8	15	16	16
吉林省	4122.80	4628.48	6419.42	1190.27	11	7	7	17
内蒙古自治区	2993.95	4445.22	5031.02	1115.90	16	8	9	18
山西省	3053.58	1033.66	910.28	1041.74	15	19	23	19
辽宁省	3626.06	5627.99	7497.33	868.50	14	4	6	20
新疆维吾尔自治区	1296.82	1214.92	1198.38	861.89	24	18	21	21
甘肃省	4030.01	1989.23	1408.10	694.39	12	14	19	22
广西壮族自治区	2862.30	856.53	1085.26	524.42	17	23	22	23
天津市	1443.27	688.87	658.12	430.17	22	24	24	24
北京市	1461.64	446.00	327.65	348.99	21	27	26	25
青海省	343.43	348.79	172.19	259.42	28	28	29	26
浙江省	915.87	506.57	506.98	90.54	26	26	25	27
西藏自治区	165.36	83.47	—	85.46	31	31	—	28
上海市	254.83	88.83	245.42	—	30	30	28	—
海南省	257.47	89.09	—	—	29	29	—	—
宁夏回族自治区	432.84	593.19	262.19	—	27	25	27	—

注：表中数据按当年省（区、市）企业资本营运能力竞争力指数加总而得；"—"意味着数据缺失。

资料来源：经中国工业企业数据库（2001~2019）数据测度分析得出。

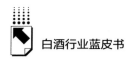

表 13　四个年度 31 个省（区、市）白酒企业市场营销能力竞争力指数总分及排名

单位：分

省（区、市）	白酒企业市场营销能力竞争力指数总分				白酒企业市场营销能力竞争力指数排名			
	2001 年	2007 年	2013 年	2019 年	2001 年	2007 年	2013 年	2019 年
四川省	12171.50	17512.60	27834.70	25998.40	1	1	1	1
贵州省	5634.65	4039.30	8290.57	10481.90	7	9	4	2
河南省	7301.56	7648.78	11868.90	7602.72	3	3	3	3
安徽省	5170.78	5154.56	7564.39	6811.65	9	6	5	4
湖北省	5800.68	3664.30	5600.66	4581.76	5	11	8	5
山东省	11190.30	14399.10	13879.20	4572.96	2	2	2	6
湖南省	2778.83	2295.67	3871.30	3568.34	18	13	12	7
陕西省	2128.12	1704.18	2180.06	2975.50	19	17	14	8
河北省	5720.54	4032.96	4788.95	2655.73	6	10	10	9
重庆市	1360.10	1023.29	2018.41	2309.89	23	19	16	10
江苏省	5824.72	5606.62	3579.57	1778.28	4	5	13	11
云南省	1573.60	855.07	1507.86	1771.47	20	22	17	12
福建省	1258.08	931.79	1499.39	1696.80	25	21	18	13
江西省	4322.66	1717.81	1280.09	1623.64	10	16	20	14
黑龙江省	3631.13	3371.87	4731.20	1621.69	13	12	11	15
广东省	5461.97	1881.00	2040.50	1216.85	8	15	15	16
吉林省	4103.57	4652.19	6420.73	1176.81	11	7	7	17
内蒙古自治区	3010.03	4434.31	5016.57	1129.12	16	8	9	18
山西省	3041.66	1022.43	923.03	1040.91	15	20	23	19
新疆维吾尔自治区	1297.43	1194.59	1173.00	863.60	24	18	21	20
辽宁省	3607.10	5634.69	7534.63	846.09	14	4	6	21
甘肃省	4001.67	1960.27	1410.30	702.69	12	14	19	22
广西壮族自治区	2822.19	854.26	1100.36	524.27	17	23	22	23
天津市	1447.23	687.98	678.86	428.61	22	24	24	24
北京市	1469.51	437.97	340.98	369.28	21	27	26	25
青海省	344.61	340.04	171.44	258.39	28	28	29	26
西藏自治区	165.18	83.91	—	89.33	31	31	—	27
浙江省	912.73	507.22	495.99	82.41	26	26	25	28
海南省	260.77	87.99	—	—	29	30	—	—
宁夏回族自治区	432.31	589.77	255.73	—	27	25	28	—
上海市	259.99	88.66	256.01	—	30	29	27	—

注：表中数据按当年省（区、市）企业市场营销能力竞争力指数加总而得；"—"意味着数据缺失。
资料来源：经中国工业企业数据库（2001~2019）数据测度分析得出。

表 14 四个年度 31 个省（区、市）白酒企业人力资源能力竞争力指数总分及排名

单位：分

省（区、市）	白酒企业人力资源能力竞争力指数总分				白酒企业人力资源能力竞争力指数排名			
	2001 年	2007 年	2013 年	2019 年	2001 年	2007 年	2013 年	2019 年
四川省	12153.80	17362.00	27653.30	25965.50	1	1	1	1
贵州省	5637.54	4050.43	8442.45	10504.20	7	10	4	2
河南省	7318.66	7504.49	11807.20	7598.71	3	3	3	3
安徽省	5196.33	5153.15	7486.22	6814.88	9	6	5	4
湖北省	5784.87	3683.89	5565.89	4580.74	4	11	8	5
山东省	11145.60	14342.80	13908.70	4575.03	2	2	2	6
湖南省	2797.09	2306.71	3872.45	3571.67	18	13	12	7
陕西省	2134.94	1749.96	2216.21	2981.35	19	16	14	8
河北省	5732.85	4060.41	4825.43	2669.96	6	9	10	9
重庆市	1369.84	1021.84	2017.35	2300.59	23	20	16	10
江苏省	5757.97	5547.78	3519.84	1876.88	5	5	13	11
云南省	1582.05	870.29	1541.78	1767.93	20	22	17	12
福建省	1261.83	936.53	1522.89	1702.16	25	21	18	13
江西省	4336.52	1719.43	1263.70	1624.72	10	17	20	14
黑龙江省	3622.50	3431.17	4781.63	1623.00	13	12	11	15
广东省	5449.66	1880.42	2028.63	1214.02	8	15	15	16
吉林省	4104.04	4680.15	6438.32	1181.98	11	7	7	17
内蒙古自治区	3010.91	4458.21	5063.57	1130.50	16	8	9	18
山西省	3053.01	1031.79	952.67	1033.51	15	19	23	19
新疆维吾尔自治区	1302.02	1233.76	1185.12	860.28	24	18	21	20
辽宁省	3613.97	5640.94	7397.47	847.10	14	4	6	21
甘肃省	4030.02	2007.26	1449.73	703.61	12	14	19	22
广西壮族自治区	2840.98	861.07	1131.07	524.39	17	23	22	23
天津市	1431.47	696.62	698.15	432.17	22	24	24	24
北京市	1466.26	441.82	346.29	364.08	21	27	26	25
青海省	345.16	370.03	175.09	260.38	28	28	29	26
西藏自治区	165.47	87.46	—	87.81	31	29	—	27
浙江省	909.61	507.77	501.35	82.02	26	26	25	28
上海市	258.71	85.41	264.47	—	30	30	27	—
海南省	259.36	83.71	—	—	29	31	—	—
宁夏回族自治区	431.91	607.68	256.30	—	27	25	28	—

注：表中数据按当年省（区、市）企业人力资源能力竞争力指数加总而得；"—"意味着数据缺失。

资料来源：经中国工业企业数据库（2001~2019）数据测度分析得出。

表15 四个年度31个省（区、市）白酒企业社会责任竞争力指数总分及排名

单位：分

省（区、市）	白酒企业社会责任竞争力指数总分				白酒企业社会责任竞争力指数排名			
	2001年	2007年	2013年	2019年	2001年	2007年	2013年	2019年
四川省	12259.60	17564.60	28173.40	25978.10	1	1	1	1
贵州省	5612.08	4010.04	8261.40	10501.60	7	9	4	2
河南省	7227.94	7711.49	11885.00	7582.36	3	3	3	3
安徽省	5140.78	5128.40	7488.69	6821.36	9	6	5	4
山东省	11183.90	14452.50	13953.80	4561.78	2	2	2	5
湖北省	5777.27	3627.96	5576.03	4554.69	5	11	8	6
湖南省	2756.02	2273.82	3846.22	3574.91	18	13	12	7
陕西省	2130.23	1703.55	2164.61	2995.79	19	17	14	8
河北省	5724.61	4005.44	4793.11	2650.87	6	10	10	9
重庆市	1352.51	1033.46	2037.48	2305.99	23	20	15	10
江苏省	5810.79	5624.36	3608.54	1989.62	4	4	13	11
云南省	1584.06	845.15	1490.20	1791.59	20	23	17	12
福建省	1269.41	928.58	1482.26	1698.71	25	21	18	13
江西省	4331.89	1713.36	1287.24	1631.74	10	16	20	14
黑龙江省	3644.65	3363.42	4739.89	1617.45	13	12	11	15
广东省	5472.74	1906.08	2023.32	1207.61	8	15	16	16
吉林省	4110.23	4603.76	6298.97	1174.68	11	7	7	17
内蒙古自治区	3021.31	4456.34	4996.58	1141.74	16	8	9	18
山西省	3059.57	1035.21	926.33	1040.32	15	19	23	19
新疆维吾尔自治区	1302.07	1200.16	1193.28	861.38	24	18	21	20
辽宁省	3608.43	5608.62	7401.63	852.56	14	5	6	21
甘肃省	3997.01	1943.63	1412.84	694.91	12	14	19	22
广西壮族自治区	2814.93	853.54	1085.48	517.73	17	22	22	23
天津市	1454.85	693.45	674.68	432.49	22	24	24	24
北京市	1469.19	436.72	338.00	366.35	21	27	26	25
青海省	349.65	335.94	175.36	260.56	28	28	29	26
西藏自治区	167.91	82.28	—	86.34	31	31	—	27
浙江省	925.81	510.07	501.31	85.58	26	26	25	28
宁夏回族自治区	431.56	590.71	248.67	—	27	25	28	—
上海市	257.86	85.54	248.92	—	29	30	27	—
海南省	256.31	86.85	—	—	30	29	—	—

注：表中数据按当年省（区、市）企业社会责任竞争力指数加总而得；"—"意味着数据缺失。
资料来源：经中国工业企业数据库（2001~2019）数据测度分析得出。

（三）区域特征形成原因分析

结合前文对 31 个省（区、市）白酒企业竞争力指数和分指标的特征描述，本节对各省（区、市）白酒企业竞争力特征的形成原因进行分析。

无论是按整体竞争力指数还是按各分指标竞争力指数来计算各省（区、市）排名，2001~2019 年四川省和河南省均处于第 1 名和第 3 名，意味着四川省和河南省的白酒企业有很强的竞争力。四川省因其特殊的区位优势、气候条件、技术工艺和历史传承，已然成为中国白酒的黄金产区、浓香型白酒的核心产区以及最大的白酒品牌输出地。白酒产业作为四川省最具比较优势的历史经典产业，其产业规模、产区资源、人才技术、名酒企业等方面的排名均处于全国领先地位。统计数据显示，2019 年四川省白酒产量为 366.7 万千升，占全国白酒总产量的 46.7%，其中省内规模以上白酒企业的销售收入为 2653 亿元，占全国规模以上白酒企业销售收入的比例为 47.2%，[①] 这表明四川省的白酒产业已实现"两瓶有其一"的目标。作为全国重要的白酒生产大省、消费大省和酒文化大省，在外省白酒品牌加快布局本省市场，挤压豫酒市场份额的背景下，河南省白酒企业依旧保持强劲的竞争实力，这一方面离不开河南省规模以上白酒企业数量的增多，数据显示河南省进入前 200 的白酒企业数量由 2001 年的 14 家增长至 2019 年的 16 家，其数量排名也从 2001 年的第 5 名上升至 2019 年的第 2 名。另一方面也离不开政府对当地白酒产业和企业的支持。如最近出台的《河南省酒业振兴发展行动方案（2022—2025 年）》，不仅提出要加大白酒产业政策支持力度，同时还针对重点白酒企业（如仰韶酒业、赊店老酒、洛阳杜康、宝丰酒业、五谷春和皇沟酒业等）制定明确目标，进一步扩大豫酒产品影响力和竞争力。

在四个年度中一直处于上游区的贵州省和安徽省，其白酒企业竞争力指数排名也实现突破，分别从 2001 年的第 7 名和第 9 名上升到 2019 年的第 2

[①] 《四川省新型冠状病毒肺炎疫情防控工作新闻发布会（第十一场）》，四川省人民政府网站，2020 年 2 月 28 日，https://www.sc.gov.cn/10462/10464/10797/2020/2/28/9281e688cab54243a08c84976011dd6e.shtml。

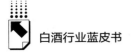
名和第 4 名。究其原因，贵州黔酒错失两次发展机遇：一次是 20 世纪 90 年代白酒广告大行其道，贵州所创建的一批知名酒企品牌将大量资金用于扩大产能，缺乏广告宣传，导致广告营销缺失、市场份额下降、资金链断裂，因此贵省州白酒企业竞争力指数排名出现下降；另一次是 21 世纪前 10 年，品牌塑造和营销创新成为白酒企业竞争的重要手段，但因贵州白酒企业规模普遍偏小、整体实力较弱和缺乏强有力的政策扶持，难以聚拢资金和人才，错失白酒品牌提升和重塑的良好机遇。进入 21 世纪第 2 个 10 年，黔酒迎来了重大发展机遇，实现飞速发展。在酱香白酒"茅台"热的引领下，凭借优质原料、独特工艺、得天独厚的环境和独一无二的品质，黔酒赢得消费者青睐，掀起"酱香热潮"，迅速集聚国内大量资金、技术、人才等要素。安徽省白酒企业竞争力指数排名出现上升的原因在于，21 世纪之初安徽老牌酒企的经营体制落后，导致安徽省内白酒企业重新洗牌，市场发生剧烈变化。此后在酒企多、分布散、税收贡献率低、龙头企业不强、酒企之间同质化竞争严重等问题的影响下，徽酒转变经营策略，收缩中端和低端白酒市场份额，集中优势力量锁定次高端白酒市场，促使白酒企业销售能力快速提升，尽力维持徽酒在本土市场的竞争力。

值得一提的是山东省在 2001 年、2007 年和 2013 年始终稳居第 2 位，但 2019 年其白酒企业竞争力指数排名跌落至第 5 位。本报告认为，山东省的白酒企业早期普遍走的是低端大众路线，辅之以广告宣传，在各种营销策略的助推下其白酒企业的规模急剧扩张，造就"鲁酒时代"。此后由于秦池酒勾兑事件爆发和国家对白酒行业加征消费税政策的实施，以中低端为主的鲁酒在品牌和销售上经历了双重打击，其白酒企业竞争力水平出现大幅下降。2001~2019 年广东省从上游区跌落到中游区。作为米香型白酒重要发源地之一的广东省由于其自身明星酒企较少且具有庞大的人口基数，省外白酒纷纷涌入本地市场，进一步加剧本地白酒企业的竞争，减缓粤酒振兴的速度。2001~2019 年吉林省和内蒙古自治区曾两度跃入上游区，分别是 2007 年和 2013 年。其原因在于，2001~2013 年中国经济进入高速增长期，各区域白酒企业品牌度不断提升、市场规模和份额不断增加，吉林省和内蒙古自治区

的白酒企业也不例外，其规模以上白酒企业数量分别从 2001 年的 49 家和
35 家增加至 2013 年的 77 家和 60 家，增长幅度远超其他省（区、市）。随
着中国反腐力度加大、中央八项规定出台以及"全国名酒下沉、泛区域品
牌北上"带来的高压竞争，吉林省和内蒙古自治区的白酒产业遭遇重大打
击，2019 年两地规模以上白酒企业数量分别下降至 14 家和 13 家。

湖南和陕西两省在 2001~2019 年实现快速发展，都从中游区跃入上游
区，且两省的白酒企业竞争力指数排名同时上升 11 位。从现实依据来看，
湖南省政府加大资金投入、扩大市场规模并持续推动技术升级。湖南省通过
龙头企业带动当地小型白酒厂商发展，其白酒企业数量从 2001 年的 33 家迅
速提升至 2019 年的 42 家，同时加快技术的推陈出新，带领各大酒企提质增
效。陕西省充分发挥秦酒的品牌效应，将白酒作为当地主导产业之一，成立
白酒创新研发基地，并以此推动白酒产业扩大规模和技术升级。同时陕西省
的白酒企业通过适应市场的需求变化，提高白酒的质量和标准，为秦酒发展
助力。故湖南省和陕西省的白酒企业竞争力水平在此期间有了较大幅度的
提升。

四　中国白酒企业香型竞争力发展历史与趋势

（一）中国白酒香型分类

为规范各种香型白酒的生产，相关部门制定了各种香型酒的生产执行标
准。2021 年 5 月 21 日，国家市场监督管理总局（标准委）发布了《白酒工
业术语》国家标准，此标准于 2022 年 6 月 1 日开始实施。目前，中国酒业
界官方公认的白酒香型一共有 12 种，即浓香型、酱香型、清香型、兼香型、
米香型、凤香型、豉香型、芝麻香型、特香型、老白干香型、董香型以及馥
郁香型。各香型类白酒的具体执行标准、特点及代表产品见表 16。

除此之外，随着科学技术的进步、酿酒工业的发展，白酒的香型呈现百
花齐放的局面，市面上也逐渐涌现了"竹香型""枣香型"等丰富多彩的白

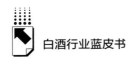
酒类型。本报告将国家标准中 12 种香型以外的其他香型白酒归类于"其他香型白酒"。

表 16 不同香型白酒的执行标准、特点及代表产品

香型	执行标准	特点	代表产品
浓香型	GB/T 10781.1—2006	无色透明、窖香优雅、绵甜爽净、柔和协调、尾净香长	五粮液、泸州老窖、剑南春、洋河大曲
酱香型	GB/T 26760—2011	酱香突出、入口细腻、酒体醇厚、回味悠长、空杯留香	茅台、郎酒、习酒、钓鱼台、国台、珍酒等
清香型	GB/T 10781.2—2006	清香纯正、醇甜柔和、自然协调、余味爽净	汾酒、宝丰、红星、牛栏山、江小白等
兼香型	GB/T 23547—2009	酱中带浓型，表现为芳香、舒适、细腻丰满、酱浓协调、余味爽净悠长	湖北白云边、口子窖、玉泉方瓶
米香型	GB/T 10781.3—2006	米香清雅、入口绵甜、落落爽净、回味悠长	桂林三花酒、全州湘山酒、广东长乐烧
凤香型	GB/T 14867—2007	清而不淡、浓而不艳、醇厚丰满、甘润挺爽、诸味协调、尾净悠长	陕西西凤酒
豉香型	GB/T 16289—2007	豉香浓郁、酒味绵柔甘甜，酒体甘冽丰满，酒液清澈	广东玉冰烧、九江双蒸等
芝麻香型	GB/T 20824—2007	清净典雅、绵柔丰满、入口细腻	山东景芝、江苏梅兰春
特香型	GB/T 20823—2007	酒体醇厚丰满、协调和谐，入口绵甜、圆润、后味爽净、无邪杂味	江西四特酒
老白干香型	GB/T 20825—2007	香气清雅、自然协调、绵柔醇厚、回味悠长	河北衡水老白干
董香型	DB52/T 550—2013	酒液清澈透明，香气优雅舒适，入口醇和浓郁，饮后甘爽味长	贵州董酒
馥郁香型	GB/T 22736—2008	色清透明、诸香馥郁、入口绵甜、醇厚丰满、香味协调、回味悠长，具有"前浓、中清、后酱"的特点	湖南酒鬼酒、湘泉酒

（二）中国白酒企业香型竞争力发展态势

1. 中国白酒企业香型竞争力变迁的特征

按照国标中的十二大香型（酱香型、浓香型、芝麻香型、清香型、馥

郁香型、董香型、豉香型、老白干香型、特香型、兼香型、米香型、凤香型）及其他香型（指除了以上 12 种主要香型以外的香型汇总，如陶香型、竹香型等）对各企业的竞争力指数进行分类汇总统计，计算各香型下中国白酒企业的竞争力指数得分。2001 年、2007 年、2013 年、2019 年不同香型白酒竞争力指数得分及排名如表 17 所示。从不同香型白酒竞争力指数得分及排名可知：不同香型白酒竞争力呈现"前 4 种香型白酒竞争力强劲且排名稳定，后 9 种香型白酒波动性发展"的特征。

表 17　四个年度不同香型白酒竞争力指数得分及排名

单位：分

香型	2001 年竞争力指数		2007 年竞争力指数		2013 年竞争力指数		2019 年竞争力指数	
	得分	排名	得分	排名	得分	排名	得分	排名
浓香型	46909.74	1	47635.47	1	64036.92	1	41806.15	1
清香型	7767.18	2	5153.82	3	10630.31	3	5593.00	3
酱香型	7613.85	3	7420.38	2	12577.61	2	14004.32	2
兼香型	2799.45	4	2559.68	4	3245.67	4	2382.77	4
米香型	2018.04	5	1382.43	5	1283.71	6	1058.78	6
凤香型	334.31	9	327.97	11	479.99	8	807.87	7
豉香型	314.09	12	420.25	8	329.87	9	339.35	9
芝麻香型	418.40	7	1145.12	7	2009.55	5	739.29	8
特香型	408.72	8	329.37	10	323.38	10	332.47	10
老白干香型	333.44	10	326.13	12	245.63	11	169.37	12
董香型	329.18	11	164.27	13	83.24	13	86.07	13
馥郁香型	251.96	13	333.27	9	244.24	12	259.53	11
其他香型	1794.40	6	1309.92	6	1143.52	7	1808.89	5

资料来源：经中国工业企业数据库（2001~2019）数据测度分析得出。

前 4 种香型白酒竞争力强劲且排名稳定。浓香型、清香型、酱香型和兼香型白酒的竞争力相对强劲。2001~2019 年这四类香型白酒的竞争力在全国 13 类香型白酒中排名靠前。其中，浓香型、兼香型两类白酒的竞争力比较稳定，2001~2019 年浓香型、兼香型白酒的竞争力指数排名分别为第 1 位和第 4 位；酱香型白酒的竞争力较强，2001 年酱香型白酒的竞争力居全国第 3

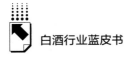
位，而 2007 年、2013 年、2019 年其排名上升至全国第 2 位；清香型白酒的竞争力略有下滑，2001 年清香型白酒的竞争力指数排第 2 位，而 2007 年、2013 年和 2019 年居全国第 3 位（见表 17）。

除浓香型、酱香型、清香型、兼香型等四类香型外，其他香型白酒的竞争力在 2001~2019 年均存在一定的波动。2001 年和 2007 年米香型白酒竞争力指数排第 5 位，2009 年和 2013 年排第 6 位。2001 年凤香型白酒的竞争力指数排第 9 位，2007 年下降到第 11 位，2013 年上升到第 8 位，2019 年排名进一步上升至第 7 位。2001 年豉香型白酒的竞争力指数排第 12 位，2007 年上升至第 8 位，2013~2019 年排名下降到第 9 位。2001~2007 年芝麻香型白酒的竞争力指数排第 7 位，2013 年上升至第 5 位，2019 年又下降到第 8 位。2001 年特香型白酒的竞争力指数排第 8 位，随后一直在第 10 位徘徊。2001 年老白干香型白酒的竞争力指数排第 10 位，2007 年下降到第 12 位，2013 年上升至第 11 位，2019 年又下降到第 12 位。2001 年董香型白酒的竞争力指数排第 11 位，随后一直在第 13 位徘徊。2001 年馥郁香型白酒的竞争力指数排第 13 位，2007 年上升至第 9 位，2013 年下降到第 12 位，2019 年又上升到第 11 位。2001 年和 2007 年其他香型白酒的竞争力指数排第 6 位，2013 年下降到第 7 位，2019 年又上升到第 5 位（见表 17）。

2. 中国白酒企业香型竞争力变化的原因

（1）独特的香型口味

独特的香型口味不仅是白酒企业获取消费者长期信赖的关键因素，而且还是白酒企业重要的技术资源。因此独特的香型口味是影响白酒企业市场竞争力的重要因素。浓香型、酱香型、清香型和兼香型等四类香型白酒均具有独特的香型口味。浓香型白酒具有无色透明、窖香优雅、绵甜爽净、柔和协调、尾净香长的特点。酱香型白酒具有酱香突出、入口细腻、酒体醇厚、回味悠长、空杯留香的特点。清香型白酒具有清香纯正、醇甜柔和、自然协调、余味爽净的特点。兼香型白酒具有酱中带浓、芳香、舒适、细腻丰满的特点。并且浓香型、酱香型、清香型和兼香型等四类香型白酒的香型口味不是区域性香型口味，而是全国大众性香型口味。而其他香型白酒的香型口味具有显著地域性，比如凤香型白酒主要符合陕西地区居民的口味、馥郁香型白酒主要符合湘西地区居民的口味。这说明浓香型、酱香型、清香型和兼香型等四种香型白酒均拥有大量的爱好者，消费市场广阔。

（2）优质的产品质量

产品质量是影响白酒企业市场竞争力的重要因素。企业只有提供优质的产品，才能获得消费者长期的信赖和支持。高超的技术工艺和优质的原材料是白酒企业生产优质产品的重要条件。

高超的工艺不仅能使白酒企业酿造优质的白酒，而且还有利于避免假冒伪劣产品。生产浓香型、酱香型、清香型和兼香型等四种香型白酒的企业均掌握高超的酿酒工艺。浓香型白酒采用蒸馏技术酿造，在蒸馏过程中温度高达40℃以上，比其他香型白酒酿造过程的温度高1倍左右，这样可以使易挥发物质挥发得更快。虽然浓香型白酒酿造过程中挥发的较多，但是保存过程中挥发的较少，保存3年挥发掉的酒才占2%。酒的挥发物越少，对人体的刺激性就越小。酱香型白酒采用纯粮固态发酵法，属于高温大曲发酵，经过一年的生产周期，两次投料、九次蒸煮、八次发酵、七次取酒，足年窖藏等古法酿造工艺流程。整个酿造过程没有添加任何香味、香气等外来物质，是天然产品。清香型白酒采用清蒸清糟酿造工艺、固态地缸发酵、清蒸馏酒，强调"清蒸排杂、清洁卫生"。兼香型白酒采用混蒸续精、高温堆积、泥窖发酵、缓慢蒸馏、储存勾调的酿造工艺酿制而成。

白酒主要通过对高粱、小麦等原材料的蒸馏、发酵制成。而高粱、小麦等粮食作物的质量影响其发酵效果。因此优质的原材料是酿造优质白酒的重要保障。浓香型、酱香型、清香型和兼香型等四类香型白酒均对原材料有着较高的要求。浓香型白酒采用糯高粱为主要原材料，且要求高粱籽粒饱满、成熟、干净、淀粉含量高。酱香型白酒主要采用有机红缨子糯高粱、优质小麦为原材料，且要求高粱具有粒小皮厚、颗粒坚实、均匀饱满、淀粉含量高、蛋白质含量中等、单宁含量适中、脂肪含量低等特点。清香型白酒主要以高粱和大曲为原材料，要求籽粒饱满、皮薄壳少。兼香型白酒的代表口子

窖则选用东北地区优质的粳高粱，淮北平原的小麦、大麦，西北地区的豌豆等多种粮食酿造。

（3）居民收入水平的提高

随着居民收入水平的提高，居民对健康问题的关注度日益提高。研究表明饮用适量优质白酒有益于身体健康。因此随着居民收入水平的提高，居民对优质白酒的消费量也日益增长。而浓香型、酱香型、清香型和兼香型等四类香型白酒企业是优质白酒的主要提供者。所以随着居民生活水平的提升，居民对浓香型、酱香型、清香型和兼香型四类香型白酒的需求也日益旺盛。因而浓香型、酱香型、清香型和兼香型四类香型白酒企业的市场竞争力日益强劲。同时，浓香型、酱香型、清香型和兼香型四类香型白酒企业还推出了健康型白酒，比如茅台推出了"茅鹿源"酱香型保健酒。这进一步提升了浓香型、酱香型、清香型和兼香型等四类香型白酒企业的市场竞争力。

（4）历史积淀

历史积淀是影响白酒企业市场竞争力的一个重要因素。历史积淀不仅能使白酒企业形成相对成熟的酿酒工艺技术，而且还能形成固定的白酒文化，从而提升白酒企业的影响力。浓香型、酱香型、清香型三种香型白酒均具有深厚的历史积淀。

清香型白酒历史悠久，源远流长，已有6000多年的历史。在长期的历史演化中，清香型白酒酿造技艺不断传承，不仅华北、西北、东北等地成为传统"根据地"，包括长江流域在内的诸多地区都以清香型白酒生产为主。20世纪90年代以前，解决温饱问题仍是当时国家的一个重要问题。而白酒生产需要消耗一定数量的粮食，因此白酒生产受到严格控制。清香型白酒具有生产周期短、成本低、粮耗低、出酒率高的特点，因此清香型白酒在当时具有较强的优势，并逐渐在白酒行业中居于主导地位。清香型在当时成为生产酒厂最多、分布最广、销量最大的白酒香型。1952年我国的白酒产量为10.8万千升，到1980年已增至215万千升，而清香型白酒产量占白酒总产量的比例近70%。其中，汾酒是当时清香型白酒的典型代表。这个时期汾酒成为白酒行业第一个销售额破亿元、利润破千万元的白酒，占当时全国

13 种名白酒产量的一半，并且从 1988 年开始连续多年位居白酒行业第一。尽管随着经济社会的发展，受社会发展环境、企业经营战略等因素影响，清香型白酒的产量逐渐被浓香型、酱香型等其他香型白酒超越，但在长期发展中形成的优势使其在白酒行业仍占有一定地位。

浓香型白酒已有 1000 多年历史，经过长期的演化发展，其酿造工艺更加完善，而且还逐渐形成了独特的浓香型白酒文化。在四川、江苏等地形成浓香型白酒的主要生产基地，且已经塑造了泸州老窖、五粮液、洋河大曲、古井贡、剑南春、全兴大曲、双沟、口子窖、杜康等知名品牌。改革开放为浓香型白酒提供了新的发展机遇。改革开放后，随着生产的进步和经济的发展，粮食供应不足等制约因素消失，清香型白酒最大的优势也随之消失。浓香型白酒凭借浓郁的口感、窖泥培养等酿造技术的推广以及评酒会上的出色表现，在全国逐渐培养起良好的消费习惯。1984 年白酒年产量达 350 万千升，浓香型白酒占比达 55%，并拥有众多知名品牌。随着消费类行业开启市场化改革，名优酒价格逐渐放开，五粮液、泸州老窖、古井贡、洋河等知名浓香型白酒品牌开启全国化扩张。浓香型白酒产量一度超过全国白酒总产量的 70%，成为全国第一大香型。其中五粮液通过几次扩建大大提升产能，并独创大商制和 OEM 模式，以低成本快速扩张，20 世纪 90 年代中期五粮液取代汾酒成为全国排名第一的酒企，并在 20 世纪末到 21 世纪初的 10 年间成为行业龙头。

酱香型白酒已有 2000 多年的历史，经过长期演化，酱香型白酒已成为我国常见的高端白酒。酱香型白酒凭借其优质的产品和独特的口味，在我国白酒消费市场中占有重要地位。但因其价格较高，在我国白酒消费市场所占份额有限。受居民收入水平的提高和 2012～2015 年白酒价格深度调整等因素的影响，库存基本出清，消费结构上政务消费占比持续下降，个人消费和商务消费占比提升。居民对酱香型白酒的消费逐渐增长。其中茅台凭借强大的品牌号召力，以及酱酒独特酿造工艺带来的口感和品质，逐渐超过五粮液成为中国第一白酒企业。酱香型白酒也在"茅台热"的影响下成为继浓香型之后的第二大香型。

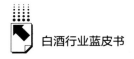
（5）政府政策支持

白酒企业的发展离不开政府政策支持，浓香型、酱香型、清香型等香型白酒企业保持稳定发展的主要原因之一就是各地政府先后出台的多项支持政策。

浓香型白酒主要分布在我国四川省、安徽省和江苏省，比如宜宾五粮液、泸州老窖、安徽古井贡酒、安徽迎驾贡酒、江苏洋河、江苏今世缘等。为推动浓香型白酒企业发展，相关地区先后出台了一系列政策举措。一是有关浓香型白酒企业转型升级的政策举措。四川省出台了《关于促进白酒产业转型升级健康发展的指导意见》。该意见从白酒产品的结构优化、白酒企业兼并重组等方面提出了相应的发展意见和政策举措。二是有关白酒产业集群的政策举措。江苏省印发了《关于支持打造淮河两岸白酒酿造产业集群的建议》。该文件着重从淮河两岸建设江苏白酒产业集群方面提出相关对策建议。三是有关培育白酒企业集团的政策。四川省印发《关于推进白酒产业供给侧结构性改革加快转型升级的指导意见》。该文件从白酒企业上市、兼并重组等角度为培育白酒企业集团提出了相应的对策举措。四是有关白酒产业高质量发展的举措。四川省印发了《推动四川白酒产业高质量发展的若干措施》。该文件从产业集群发展、产品质量提升、品牌影响力扩大、营销渠道拓展等方面，为四川省白酒企业高质量发展提出了相关对策建议。

酱香型白酒由于生产工艺的特殊性，对地理环境要求较高，所以，我国酱香型白酒产区较少，以茅台镇为主要产区。为推动酱香型白酒的发展，贵州省先后出台了多项政策。一是有关白酒产业振兴的政策举措。为推动酱香型白酒产业振兴发展，贵州省发布了《贵州省白酒产业振兴计划》。该文件主要从推动技术改革、加强人才队伍建设、加强品牌建设等方面提出相关政策举措。二是有关白酒产业转型升级的政策举措。为推动酱香型白酒产业转型升级，贵州省发布了《贵州省推动白酒行业供给侧结构性改革促进产业转型升级的实施意见》。该文件主要从优化产品层次、提升产品品质、推动白酒企业绿色发展等方面提出政策举措。三是有关白酒做大做强的政策。为推动酱香型白酒做大做强，贵州省提出在加强白酒梯队建设的同时，积极培植习酒、国台、金沙、珍酒、董酒等一批在全国范围内具有较强影响力的骨干企业，加快推动企业上市，培育一批国家级、区域级知名酒企。同时积极推动在赤水河流域建设全国白酒生产基地。

清香型白酒以山西汾酒、汾阳王酒、浙江同山烧、河南宝丰酒、青稞酒、河南龙兴酒、厦门高粱酒、天长帝酒等为代表。为促进清香型白酒发展，各地先后出台了一系列政策举措。一是有关支持山西省白酒发展的政策。山西省为推动当地白酒产业发展，投资12亿元，打造山西旱作高粱产业集群，为白酒酿造提供原料。同时有关县市也出台了促进白酒产业发展的政策，比如吕梁出台了《关于加快吕梁白酒产业高质量发展的实施意见》。该文件从原料基地、品牌建设、产业集群、平台搭建、酒旅融合、政策扶持等多维度入手，提出针对吕梁白酒高质量发展的政策建议。二是有关河南省的白酒扶持政策。河南省为推动豫酒发展印发了《关于服务支持河南酒业转型高质量发展的意见》，该文件从优化酒类企业证照审批服务流程、鼓励豫酒生产企业开展质量体系认证、严格酒类食品安全监管等17个方面，对豫酒企业的高质量发展提供政策支持。①

（6）企业梯队带动

由龙头企业、第二梯队、第三梯队等组成的企业梯队也是影响白酒企业市场竞争力的重要因素。龙头企业一方面通过技术引导、广告宣传、承担社会责任等途径引领本香型白酒企业发展；另一方面通过高质量的产品占领高端市场，使本香型白酒获取高端市场的细分市场。第二梯队和第三梯队白酒企业则通过提供不同等级质量的产品分别占领相应的细分市场，从而使该香型白酒占领更多的市场空间，最终提升该香型白酒的市场竞争力。目前浓香型、酱香型、清香型等香型白酒企业均具有相对完整的企业梯队。

五粮液和泸州老窖是浓香型白酒企业中的领头企业，2020年营业收入分别为573.21亿元和166.53亿元，占浓香型白酒销售额的比例分别为

① 张欣：《河南出新政促豫酒转型》，《中国工业报》2019年11月6日。

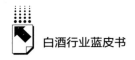

19.26%和5.59%。知名浓香型白酒品牌中的老窖特曲、窖龄酒、五粮醇等单品销售额超10亿元。洋河、剑南春、酒鬼酒、舍得、水井坊、古井贡、今世缘、口子窖等次高端和区域酒为第二梯队。营收体量呈现分化，其中洋河、剑南春、古井贡酒的营业收入超过100亿元，处在第二梯队的上游；今世缘、口子窖的营业收入在40亿~50亿元，处于中游；其余白酒企业营业收入在30亿元及以下，处在下游区间。

中国酱香型白酒市场集中度较高，头部企业市场占比较大，行业格局呈现"一超两强，层次分明"的特征。其中，"一超"即位于第一梯队的贵州茅台，2019年营业收入达854.3亿元，市场占有率超60%；第二梯队的四川郎酒和贵州习酒便属于"两强"，2019年营业收入分别为53.28亿元、79.80亿元，市场占有率分别为3.95%和5.91%；第三梯队为国台酒业、金沙酒业、贵州珍酒及钓鱼台酒业，市场占有率分别为1.40%、1.13%、0.74%及0.74%；第四梯队包括丹泉酒业、仙潭酒业、酣客、武陵酒等，市场占有率共22.85%。

汾酒是清香型白酒的龙头企业，在我国高端白酒市场拥有一定的影响力。2019年汾酒全年销售额达118亿元，跻身白酒行业"百亿俱乐部"，市值突破千亿元，且省外销售额超过省内销售额。劲牌和牛栏山二锅头为清香型白酒的第二梯队，其销售额均超过百亿元。湖北黄鹤楼、重庆江小白、河南宝丰、青海互助青稞、内蒙古河套酒业、湖北石花、天津津酒、云南玉林泉等属于清香型白酒的第三梯队和第四梯队，这些白酒企业在当地均有较大影响力，且占有相当大的市场份额。

五 竞争力持续提升的典型企业及其经验剖析

（一）江苏今世缘酒业股份有限公司

1. 企业背景

江苏今世缘酒业股份有限公司（以下简称"今世缘酒业"）是中国白

酒上市公司"十强"企业，总部位于江苏省淮安市涟水县高沟镇。现拥有"国缘""今世缘""高沟"三大主要品牌。

今世缘酒业此前为江苏传统酿酒企业高沟酒厂，拥有悠久的经营历史。随着时间的推移，川酒、鲁酒、皖酒以及国外洋酒纷纷进入江苏省白酒市场，面对激烈的市场竞争，高沟酒厂陷入经营困境。为早日摆脱经营困境，企业积极改善酒体配比，1996年创立今世缘品牌，重新获取市场青睐。1998年公司收入规模首次突破一亿元大关。面对白酒行业消费升级的趋势，2004年今世缘酒业推出"国缘"品牌，定位次高端，是"中国十大高端商务白酒品牌"。2013年白酒行业进行深度调整，因政务消费规模大幅减少，今世缘酒业开始转型聚焦婚喜宴市场。2014年公司于上交所上市。2015年白酒行业开始逐渐恢复，公司进入快速发展的黄金期。从高沟到今世缘再到国缘，公司于困境中重生，并逐渐发展成江苏省知名白酒品牌。①

2. 选择依据

根据2001年、2007年、2013年以及2019年白酒企业竞争力指数排名表，按照每家企业各项指标进行统计，对比分析各企业各项指标排名变化情况。根据分析，今世缘酒业各项指标排名情况如表18所示。

表18　四个年度今世缘酒业竞争力指数及各一级指标排名

年份	企业竞争力指数排名	品牌现实价值排名	资本营运能力排名	市场营销能力排名	人力资源能力排名	企业社会责任排名
2001	56	111	69	53	70	31
2007	29	112	19	11	340	7
2013	16	23	40	22	812	11
2019	8	14	13	11	11	8

资料来源：经中国工业企业数据库（2001~2019）数据测度分析得出。

由表18可知，今世缘酒业的企业竞争力指数排名情况呈现逐渐上升的趋势，由2001年的第56名提升至2019年的第8名，表明该企业的竞争力

① 《江苏今世缘酒业股份有限公司2020年半年度报告》。

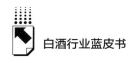

在不断提高。具体来看，该企业的品牌现实价值排名逐渐上升，2019 年排第 14 名，较 2001 年的第 111 名，上升了 97 名，排名上升幅度较大，表明该企业在品牌建设方面取得较大进步，形成了自身的品牌优势。该企业的人力资源能力指标排名在 2001~2013 年出现大幅下滑，2013 年下落到第 812 名，处于历年最低点，但该企业的人力资源能力在 2013~2019 年出现大幅提高。企业资本营运能力、市场营销能力以及企业社会责任等指标的排名均呈现波动上升的趋势。综上所述，今世缘酒业各项指标排名均大致呈上升趋势，表明 2001~2019 年该企业的竞争力不断提升，存在一定分析借鉴价值。

3. 经验剖析

（1）重视品牌文化内涵，提升品牌现实价值

提升品牌价值是保持企业竞争力的有效途径之一。品牌价值一方面可以提供给顾客最大的受让价值，即不断增大顾客的感知价值，减少顾客的感知成本；另一方面，价值创造是白酒企业利润增长的源泉，如增强顾客购买信心，提高品牌忠诚度，提升顾客重复购买率等。

2001~2019 年今世缘酒业品牌现实价值排名呈上升趋势，表明该企业在品牌的树立和打造方面具有显著优势。今世缘酒业借助文化内涵进行品牌传播，注重白酒物质寄托和精神寄托的双重属性，满足消费者的人文个性和时代诉求。在借助文化内涵传递品牌价值的过程中，今世缘酒业创新文化内涵，更新传播方式和途径，创造品牌口号，将文化有机地融入产品营销，借助文化赋能品牌，有力地促进了品牌建设。企业开展以文化营销为主题的市场营销活动，以婚喜宴市场为重点，充分发挥品牌优势，强化今世缘酒业特色文创产品的策划、生产、销售，借助文创产品进行市场营销，提升品牌价值。市场营销方面从只注重产品向产品和品牌文化相融合转变，建立个性化、全新的文化营销体系，全方位打造白酒品牌优秀形象。在消费升级的背景下，消费者更加偏好体验式消费等新型消费模式，企业依托今世缘国家 4A 级旅游景区载体，围绕品牌定位，弘扬企业文化、宣传企业形象、提升企业品质，提升消费者对

今世缘酒业文化的体验感受。[①]

（2）精准把握行业发展，促进企业结构升级

受白酒行业深度调整的影响，今世缘酒业连续两年收入下滑。在此期间，今世缘酒业为应对高端市场需求萎缩的趋势，开始将产品聚焦婚宴市场。同时，将发展重心由政务团购转向商务团购，拓宽团购渠道，进而带动大众消费，抵御市场风险。得益于及时精准的战略调整，在行业整体下行的背景下，企业营业收入仅出现小幅下降，股价震荡处于合理区间。该企业于2014年7月上市，成为江苏省内继洋河后第二家上市的白酒企业。2015年，随着行业从深度调整中逐步复苏，江苏省内消费升级，在此带动下，同时得益于国缘产品在南京等重点市场的多年培育，国缘产品迎来高速增长。国缘产品市场占比不断提升，企业结构持续优化，推动企业利润持续增加，2015年以来企业业绩增长明显。

（3）聚焦品牌核心理念，采取差异化精准营销策略

随着消费者观念的日益成熟，竞争者不断涌现，白酒企业必须从总体上把握白酒市场营销的各个因素和环节，产生持久不衰的品牌魅力，形成独特的品牌文化和效应，从而在白酒市场竞争中取得优势。在激烈的市场竞争中，今世缘酒业重视对市场的开发研究，围绕主营业务"酒"和品牌核心理念"缘"，国缘品牌凸显"成大事，必有缘"的品牌诉求和"更舒适的高端中度白酒"的品类价值；今世缘酒业突出"中国人的喜酒"品牌定位和"家有喜事，就喝今世缘"的品牌诉求；高沟品牌传播"品质好、性价高"的特性及"老朋友一起喝的酒"的情感价值，分别针对不同群体实施精准营销，有效促进了市场占有率的稳步提升。公司构建了"品牌+渠道"双驱动特色营销体系，深入推进"五力工程"，增强可持续发展后劲。公司拥有一支"忠诚公司、熟悉业务、能苦善战、敢于胜利"的营销队伍，通过营销方式转型，采用移动访销、厂商"1+1+N"深度协销、直分销结合等手段，将营销渠道网络建设下沉到乡镇，终端掌控延伸到门店。同时，公司发

---

① 《江苏今世缘酒业股份有限公司2019年半年度报告》。

挥品牌文化优势，开发了喜庆家、美酒银行、今世缘旅游等产品项目，积极探索白酒行业营销新模式，赢得新顾客。

（二）贵州金沙窖酒酒业有限公司

1. 企业背景

贵州金沙窖酒酒业有限公司（以下简称"金沙酒业"），是贵州老牌名酒生产企业和省重点扶持白酒生产企业，位于贵州省金沙县大水，地处赤水河流域酱香白酒集聚区——金沙产区。现拥有"摘要""金沙回沙"两大品牌。金沙酒业是贵州历史悠久的国营白酒生产企业之一，2007年原金沙窖酒厂增资扩股改制为贵州金沙窖酒酒业有限公司，现拥有员工3000余人，固定资产35亿元，年产基酒2.4万千升。销售市场遍及贵州、山东、河南、北京、广东、广西、江苏、湖南、湖北、安徽等31个省（区、市）。

2. 选择依据

根据白酒企业竞争力指数排名表，对比分析各企业各项指标排名变化情况，对竞争力指数排名持续提升的企业进行进一步分析。根据统计，金沙酒业各项指标排名情况如表19所示。

表19　四个年度金沙酒业竞争力指数及各一级指标排名

年份	企业竞争力指数排名	品牌现实价值排名	资本营运能力排名	市场营销能力排名	人力资源能力排名	企业社会责任排名
2001	680	786	641	658	641	626
2007	101	180	206	175	135	47
2013	65	153	18	76	57	743
2019	29	21	371	29	25	63

资料来源：经中国工业企业数据库（2001~2019）数据测度分析得出。

由表19可知，金沙酒业的企业竞争力指数排名呈现逐年上升的趋势，由2001年的第680名提升至2019年的第29名，上升651名，排名大幅提升，表明该企业的竞争力在不断增强。

　　具体来看，该企业的品牌现实价值、市场营销能力和人力资源能力排名呈现逐年上升的趋势，表现突出。其中品牌现实价值排名由 2001 年的第 786 名提升至 2019 年的第 21 名；人力资源能力排名由 2001 年的第 641 名提升至 2019 年的第 25 名，说明该企业的人力资源能力在不断提高；市场营销能力排名由 2001 年的第 658 名提升至 2019 年的第 29 名，排名提升幅度较大。2001～2019 年该企业在品牌建设、市场营销以及人力资源能力等方面取得较大进步。2001～2013 年资本营运能力指标排名上升，但在 2013～2019 年排名有所下滑；企业社会责任方面，2001～2007 年该企业排名有所提升，但 2007～2013 年排名出现下滑，2019 年排名再次回升。综上所述，金沙酒业各项指标排名均大致呈现上升趋势，表明该企业在 2001～2019 年竞争力不断提升，存在一定的分析价值。

　　3. 经验剖析

　　（1）加快产业改造升级，提高产品品质

　　产品是一切品牌的基础和前提。在产品本身方面，应加大技术创新和产品设计开发力度，不断改进工艺流程，提升产品品质。金沙酒业紧紧围绕优质白酒产业改造升级项目，继承和弘扬优秀酱香型白酒酿造历史文化和传统工艺技术，开展技术创新、装备创新和产品创新，加快关键技术研发，推动智能化、信息化改造，公司技术中心被认定为"省级企业技术中心"。2021 年，金沙酒业万吨酱香白酒扩建工程入选贵州省 2021 年"千企改造"工程升级龙头和高成长性企业名单，成为贵州省政府实现"工业大突破"的重点企业。①

　　（2）强化流通渠道建设，构建厂商命运共同体

　　在进行流通渠道建设时，企业应与经销商形成合作伙伴关系，让经销商成为企业利益体的一部分，共享信息、共担风险、共同获利，组建利益共同体，保证企业政策的严格执行。尊重供应商的合理利益，与批发商、零售商

---

　　①　郭旭、徐志昆：《贵州白酒品牌体系构建现状、存在问题及对策研究》，《贵州商学院学报》2020 年第 4 期。

等渠道分享品牌打造和品牌发展带来的效益，采用多种方式调动批发商、零售商的积极性。通过加强产品流通渠道建设，提高企业资源获利能力，转移企业市场操作风险。金沙酒业一直以构建厂商命运共同体为企业重要战略之一，曾多次强调要持续优化经销商结构，继续坚持扶大商、培优商策略，落实扶持大商和优商的政策，把大商引导成优商，把优商培育成大商。通过市场全国化、标准化、大商化、优商化，为实现"百亿金沙"的目标强基固本。

（3）发挥各种媒介的积极作用，构建品牌内涵传播体系

构建品牌内涵传播体系，确定与品牌内涵和品牌主张相符的传播形式、传播内容，在同质化产品中打造自身独特的品牌文化和品牌形象；处理好品牌与媒介的关系，构建完善的品牌内涵传播渠道体系，在品牌宣传和推广过程中，充分发挥各种媒介的积极作用，将消费者的感知和白酒产品特性与企业品牌个性联结在一起，形成独具一格的品牌文化，引发消费者的共鸣，获得市场青睐。2021年末，金沙酒业联合主流媒体，借助抖音、微博等社交平台开展话题营销，构建品牌理念；成功举办了中国酱酒文化节、中国金沙红高粱节等IP活动，通过深挖产区文化，为产区打造新名片；倾力打造《醉饮金沙梦回千年》沉浸式大型剧目和升级摘香盛宴高端品鉴会，打造品牌文化营销的创新式体验，通过与观众深度互动，提升品牌形象，丰富品牌内涵。在一系列品牌宣传推广活动的加持下，企业品牌的知名度和传播力均实现了提升。①

（三）内蒙古太仆寺旗草原酿酒有限责任公司

1. 企业背景

内蒙古太仆寺旗草原酿酒有限责任公司前身是太仆寺旗酿酒厂，始建于1949年，1998年转制为有限责任公司，2009年技改搬迁。注册资本5亿

---

① 郭旭、徐志昆：《贵州白酒品牌体系构建现状、存在问题及对策研究》，《贵州商学院学报》2020年第4期。

元，总资产8亿元，职工986人，占地面积42万平方米，建筑面积19万平方米。拥有自治区级研究开发中心、企业技术中心和全区白酒行业首家院士工作站，是内蒙古自治区扶贫龙头企业和农牧业产业化重点龙头企业。拥有"草原""草原王"两大白酒品牌，2015年"草原"牌白酒获得锡林郭勒盟首届盟长质量奖，2016年获得首届旗长质量奖和锡林郭勒盟首家自治区主席质量奖，并于同年获得美国巴拿马万国博览会金奖；"草原王"白酒在2019年当选为"2019年首届内蒙古白酒行业标志性品牌"，成为全区白酒行业的标杆企业。

2. 选择依据

根据2001年、2007年、2013年以及2019年白酒企业竞争力指数排名表，按照每家企业各项指标进行统计，对比分析2001~2019年企业各项指标排名变化情况。根据统计，内蒙古太仆寺旗草原酿酒有限责任公司各项指标排名情况如表20所示。

表20　四个年度内蒙古太仆寺旗草原酿酒有限责任公司竞争力指数及各一级指标排名

年份	企业竞争力指数排名	品牌现实价值排名	资本营运能力排名	市场营销能力排名	人力资源能力排名	企业社会责任排名
2001	309	221	329	387	439	240
2007	204	109	133	285	561	501
2013	150	161	775	472	195	145
2019	45	66	117	71	62	33

资料来源：经中国工业企业数据库（2001~2019）数据测度分析得出。

由表20可知，内蒙古太仆寺旗草原酿酒有限责任公司的企业竞争力指数排名呈现逐年上升的趋势，2019年排第45名，较2001年的第309名提升了264名，排名大幅上升，表明企业的综合竞争力在不断增强。具体来看，2001~2019年，该企业的人力资源能力提升速度较快，由2001年的第439名提升至2019年的第62名，上升377名，说明企业在人力资源上的竞争力不断提高；企业市场营销能力排名整体上升幅度较大，但上升过程中存在拐

点，2019 年排第 71 名，较 2001 年的第 387 名，上升了 316 名，2007 年市场营销能力排第 285 名，2013 年回落至第 472 名，2019 年排名又迅速上升；资本营运能力方面，指标排名在 2013 年有所下滑，回落至第 775 名，2019 年排名出现大幅上升，从 2013 年的第 775 名飙升至第 117 名；在品牌现实价值方面，指标排名从 2001 年的第 221 名提升至 2019 年的第 66 名，排名大幅提升，表明 2001～2019 年该企业在品牌建设方面取得较大进步；在企业社会责任方面，2019 年该企业排名较靠前，进入前 50，较 2001 年的第 240 名上升了 207 名。综上所述，内蒙古太仆寺旗草原酿酒有限责任公司各项指标排名均大致呈上升趋势，可以认为 2001～2019 年该企业的竞争力在不断提升，存在一定的分析借鉴价值。

3. 经验剖析

（1）利用地理文化独特性，创建优质特色品牌

白酒企业本质是从事自然资源的生产和加工的企业，区域独特的水质与土壤资源是企业产品特征的根本。与此同时，产品有效结合区域历史文化、民俗风情等人文特征，有助于白酒企业树立良好的品牌形象，扩大品牌的宣传效应，奠定品牌的基础价值。内蒙古太仆寺旗草原酿酒有限责任公司借助草原地理文化特征，以生产"草原""草原王"系列白酒为主，"草原"牌白酒被认定为生态原产地保护产品。企业不同规格、不同档次的产品有 60 余种，传统的工艺和区域内特有的地理文化资源禀赋赋予草原白酒独有的清香纯正、绵甜醇和、余味爽净、酒体协调的酒质特点。在加强区域特色品牌创建的同时，该企业注重产品质量管理。自 1979 年"草原"牌白酒被内蒙古自治区命名为第一批"优质产品"以来，该企业陆续获得太仆寺旗首届旗长质量奖、锡林郭勒盟首届盟长质量奖、锡林郭勒盟首家内蒙古自治区主席质量奖，内蒙古优秀民营企业，内蒙古消费者信得过产品，内蒙古自治区百强品牌、内蒙古自治区诚信示范单位，入选内蒙古农牧业品牌目录，进入中国酒业百强榜。

（2）重视产品质量，提高社会认可度

随着经济发展和消费升级，消费者对产品安全和品质要求越来越高，对

产品标准更加关注，质量是消费者选购商品的重要参考依据。自白酒行业进入调整期以来，内蒙古太仆寺旗草原酿酒有限责任公司在开发新产品以满足不同消费群体需求的同时，重点抓产品质量，用诚信换取消费者认可。"草原王"白酒在2019年当选"2019年首届内蒙古白酒行业标志性品牌"，成为全区白酒行业的标杆企业。这意味着"草原王"品牌的经营水平、产品质量及市场信誉均得到行业和社会的高度认可和肯定。随着企业规模的日益发展壮大、品牌知名度的日益提高，企业更加重视产品的全程质量管控。公司投入大量资金进行实验室建设和技术人员培训。企业在生产全过程推行全程质量否决法。全程质量否决法的推行，关系企业每位员工的经济利益，使参与生产的所有人员都成为质量监督员，有效保证了产品质量。这些举措对保证、提高产品质量起到了重要作用，也让员工对公司产生了信赖感和荣誉感。

（3）明确企业社会责任，为脱贫攻坚做贡献

在竞争日益激烈的市场环境中，企业自觉履行社会责任已成为提升品牌形象和竞争力的重要途径。当企业积极履行社会责任时，负责任的良好企业形象被社会感知，消费者对该企业产生的积极情感会转移到企业品牌中。长此以往，企业能够凭借品牌效应获取长期市场影响力。内蒙古太仆寺旗草原酿酒有限责任公司利用产业优势，从实际出发，致力于让当地更多的贫困人口脱贫，为实现稳定脱贫致富做出了有益探索，积极承担企业社会责任。近年来，该企业安置了下岗就业人员1000余人，为当地贫困农牧民提供低价的扶贫酒糟。同时，还根据贫困村、贫困户存在的实际困难，提供资金帮助。例如帮助贫困村解决饮水问题，为贫困村提供资金购买种公牛，为公司贫困户员工子女提供助学金等。

（四）四川省宜宾市华夏酒业有限公司

1. 企业背景

四川省宜宾市华夏酒业有限公司（以下简称"华夏酒业"）成立于1995年，地处国家名酒产地宜宾江安县城，地处金沙江、岷江、长江三江

交汇处，目前，酒工业园区面积达 20 万平方米，总资产逾 10 亿元，拥有
"华夏春"和"古龙洞"两大品牌，是中国酒都宜宾白酒五朵金花之一。

新中国成立之初，企业整合了十多家百年历史酿酒作坊，成立了地方
国营酒厂；20 世纪 80 年代，更名为四川宜宾古龙洞曲酒厂，在改革开放
背景下，依托传统酿造工艺和"五粮精酿"生产技术，推出自主品牌
"古龙洞"头曲酒，获得专家和消费者的广泛赞誉，被商业部授予部优产
品称号；1993 年，企业加大投资，兴建二期工程，极大地提高了企业的
生产能力；2002 年，企业完成股份制改造，成立了四川省宜宾市华夏酒
业有限公司。[①]

2. 选择依据

根据 2001 年、2007 年、2013 年以及 2019 年白酒企业竞争力指数排名
表，按照每家企业各项指标进行统计，对比分析 2001~2019 年企业各项指
标排名变化情况。根据统计，华夏酒业各项指标排名情况如表 21 所示。

表 21　四个年度华夏酒业竞争力指数及各一级指标排名

年份	企业竞争力指数排名	品牌现实价值排名	资本营运能力排名	市场营销能力排名	人力资源能力排名	企业社会责任排名
2001	239	320	360	229	309	114
2007	111	124	178	143	306	97
2013	52	30	576	163	243	60
2019	25	15	81	38	50	29

资料来源：经中国工业企业数据库（2001~2019）数据测度分析得出。

由表 21 可知，华夏酒业的企业竞争力指数排名呈现逐年上升的趋势，
从 2001 年的第 239 名飙升至 2019 年的第 25 名，排名上升 214 名，表明该
企业的综合竞争力正处于快速发展期。具体来看，与其他指标排名相比，该
企业 2019 年的品牌现实价值排名较靠前，位于第 15 名，排名上升速度较

---

① 白如彬、秦丽桦、杨波：《基于宜宾中小白酒企业的品牌战略研究》，《江苏商论》2011 年
第 2 期。

快，2001~2019年上升了305名；2001~2019年企业人力资源能力、企业社会责任指标排名均呈现逐年上升的趋势，但上升幅度不同，2019年企业社会责任排第29名，高于市场营销能力指标排名（第38名）与人力资源能力指标排名（第50名）；2001~2019年企业资本营运能力排名波动幅度较大，2001~2007年排名上升了182名，2013年排名出现急剧下滑，跌落至第576名，2019年又再次攀升至第81名。综上所述，华夏酒业各项指标均大致呈现上升趋势，可以认为2001~2019年该企业竞争力不断提升，存在一定的分析借鉴价值。

3. 经验剖析

（1）大力发展原浆酒，打造品牌原浆酒竞争优势

宜宾独特的水源和气候优势，使宜宾白酒具有浓香甘洌、品质优良的独特竞争优势。因此，宜宾企业生产的原浆酒（俗称散酒或原酒）成为省外其他白酒企业的调味基酒或者为别的企业贴牌生产的原料，产品供不应求。但是，由于基酒和贴牌生产的价格较低，缺乏品牌优势，企业盈利能力较弱，长期发展过程中缺乏品牌文化等无形资产，并且要面对其他企业发展壮大的竞争压力。[①] 为此，华夏酒业在保证原浆酒质量的同时，扩大原浆酒生产规模。目前，华夏酒业已顺利通过ISO9001—2008质量管理体系认证，获质量信用AAA等级称号，并通过与寅吾集团合作，兴建华夏酒业战略基地，形成年产五粮浓香型基酒2万千升的规模。此外，华夏酒业根据市场需求，发展品牌化散酒，如推出"古龙洞"散酒系列，首批上市产品包括二星、三星、四星、五星、头曲、原浆等，可满足不同消费层次消费者的需求，提高企业原浆酒的盈利能力，打造品牌原浆酒竞争优势。

（2）以原浆酒为基础，实施基酒加品牌策略

华夏企业在通过出售原浆酒保证企业生存发展的同时，也通过生产自有品牌的瓶装白酒，提高盈利能力，防止企业失去竞争优势。由于现有白酒市

---

① 白如彬、杨波：《基于宜宾白酒的中小企业发展战略研究》，《江苏商论》2011年第5期。

场竞争激烈，营销难度极大，品牌推广和促销成本巨大，企业在品牌化发展上面临极大的挑战和风险。为此，华夏酒业在确保原酒现有市场份额的前提下，大力发展原浆酒。在打造品牌原浆酒竞争优势的同时，以品牌瓶装酒发展为辅，实施精品品牌战略，提升品牌、文化等外延性价值。华夏酒业推出"华夏春"系列酒产品，该产品获得"四川名牌产品"称号，并在第十六届成都西博会中获得参展嘉宾和客商的一致好评。

（3）加强产品开发，满足市场多元化需求

企业通过加强外部合作，引进资金、品牌管理和营销经验，不断调整品牌结构。目前企业拥有"华夏春"和"古龙洞"等10多个品牌系列，每个系列产品又根据酒精度数不同分出不同的产品，产品覆盖高中低档全系列。① 在加强产品开发的同时，企业采取集中化发展策略，将有限的资源放在重点品牌的推广和建设上。2010年4月，华夏酒业携手寅吾集团，兴建华夏酒业战略基地，形成年产五粮浓香型基酒2万千升的规模，该项目将进一步壮大企业实力，提升"华夏春"的品牌影响力。

（五）玉蝉集团有限公司

1. 企业背景

玉蝉集团有限公司位于中国酒城泸州，是一家集酒类产销、房地产开发、文化传播、餐饮服务、教育投资等多元化产业于一体的综合性集团企业。集团所属玉蝉酒业起源于清朝乾隆年间的"洪春花曲坊"，是泸州第二大浓香型优质品牌原酒酿造基地，是文物窖池和非物质文化遗产"双保"单位，泸州首批"酒类骨干企业"之一，四川省酿酒协会理事单位，也是全国"重合同守信用"企业，通过了ISO9001—2015和HACCP双体系认证。② 其产品玉蝉老酒的产地位于北纬28°，中国白酒"金三角"的核心之地四川省泸州市。企业现拥有"国蝉""金蝉""玉蝉"

---

① 黄平、曾绍伦：《白酒产业转型发展研究综述》，《酿酒科技》2015年第6期。
② 《泸州玉蝉老酒香》，《中国周刊》2019年第11期。

三大品牌。

2. 选择依据

根据 2001 年、2007 年、2013 年以及 2019 年白酒企业竞争力指数排名表，按照每家企业各项指标进行统计，对比分析 2001～2019 年企业各项指标排名变化情况。根据统计，玉蝉集团有限公司各项指标排名情况如表 22 所示。

表 22　四个年度玉蝉集团有限公司竞争力指数及各一级指标排名

年份	企业竞争力指数排名	品牌现实价值排名	资本营运能力排名	市场营销能力排名	人力资源能力排名	企业社会责任排名
2001	597	461	706	688	545	616
2007	456	518	533	590	330	345
2013	189	156	312	373	1408	88
2019	69	36	67	83	96	473

资料来源：经中国工业企业数据库（2001～2019）数据测度分析得出。

由表 22 可知，玉蝉集团有限公司的企业竞争力指数排名呈现逐年上升的趋势，2019 年排第 69 名，与 2001 年的第 597 名相比，排名上升了 528 名，说明该企业的综合竞争力在持续提升。具体来看，在各项细分指标中，企业品牌现实价值排名靠前，在 2019 年排第 36 名，优于其他指标，说明企业在品牌建设与推广方面能力较强。但 2007 年企业品牌现实价值排名曾出现小幅下降，2013 年排名又飙升至第 156 名，说明企业在未来仍需关注品牌现实价值的波动，及时做出战略性调整以应对可能出现的相关问题。资本营运能力和市场营销能力的排名均呈现逐年上升的趋势，且上升速度较快，2001～2019 年排名分别上升了 639 名和 605 名。企业人力资源能力的排名出现波动上升，从 2001 年的第 545 名上升至 2007 年的第 330 名，2013 年排名出现断崖式下跌，跌落至第 1408 名，之后排名在短时间内迅速升高，2019 年排第 96 名，说明企业人力资源能力在短期内迅速提升。2001～2013 年企业社会责任排名持续上升，2013 年上升至第 88 名，2013～2019

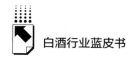

年排名出现下降，2019 年排名跌落至第 473 名，说明企业在社会责任方面仍存在提升空间。综上所述，玉蝉集团有限公司各项指标均大致呈现上升趋势，可以认为 2001～2019 年该企业竞争力不断提升，存在一定的分析借鉴价值。

3. 经验剖析

（1）促进企业技术创新，提高区域产业核心竞争力

玉蝉集团有限公司加强科研创造，利用技术进步保证产品质量，推动旗下白酒产业向生产的高端纵向演变。玉蝉集团有限公司采用先进的酒体检测分析设备与技术，对产品质量进行全方位监控分析，建有产品质量保障中心、酒体检验检测中心，配备专业检测人员，运用先进的设备、方法、模式改造传统工艺。与此同时，企业全力打造科技信息平台，为科研工作提供良好的服务平台，提高企业技术创新能力，以高质量、高性能、高适应度的产品引领白酒市场。

（2）全方位创新产品，打造个性化白酒品牌

玉蝉集团有限公司坚持走差异化、特色化、品牌化之路。借助地理环境优势，提供优质、品位独特的个性化白酒产品；凭借四川白酒酒业悠久的酿酒文化优势，发展特色酒文化，提供个性化产品服务；搭建人力资源平台，招纳各方人才，打造独一无二的酿酒人才优势，推动产品创新。通过一系列举措，形成以"国蝉""金蝉""玉蝉"为支柱的企业品牌竞争战略，着力打造体现集团公司个性化特征的玉蝉高端品牌，提升品牌价值。

（3）加快产业融合，推动商业模式创新

产业融合以及随之而来的商业模式创新，在企业可持续发展过程中的作用越发凸显。对白酒行业而言，产业融合指白酒产业与关联产业或白酒产业链的相互交叉、相互渗透、相互融合，逐渐发展成新产业的动态过程。玉蝉集团有限公司结合企业自身特点，一方面与高新技术产业融合，加强白酒生产与电商销售的合作，积极拥抱"互联网+"，布局电商渠道，形成新的产销模式，开展大数据背景下的营销创新，并借助泸州通江达海

的优越条件和完备的立体化交通体系，构建一个平面与空间相结合的销售平台；另一方面与服务业融合，结合企业自身特点，充分利用行业资源，探索"酒旅"融合发展，通过异业联盟迅速打开全国市场。比如玉蝉集团有限公司以酒业产销为核心，重点打造集观光游览、老酒收藏于一体的"玉蝉酒庄"，实现白酒生产、消费与文化旅游的融合。

（六）广东石湾酒厂集团有限公司

1. 企业背景

广东石湾酒厂集团有限公司（以下简称"石湾酒厂"）是一家酒业集团，前身是陈太吉酒庄，在原址不间断生产，迄今已有超过 190 年的历史。集团现有分布于广东佛山禅城、三水、阳春和湖南临澧的五大基地，达到年产 10 万千升白酒的生产能力。集团拥有四个核心品牌，其中，"石湾"2021 年品牌价值为 151.32 亿元；"陈太吉"品牌自 1830 年沿用至今，是中华老字号；"春花"牌和"禾花雀"牌均是广东老字号。

2. 选择依据

根据 2001 年、2007 年、2013 年以及 2019 年白酒企业竞争力指数排名表，按照每家企业各项指标进行统计，对比分析 2001~2019 年企业各项指标排名变化情况。根据统计，石湾酒厂各项指标排名情况如表 23 所示。

表 23　四个年度石湾酒厂竞争力指数及各一级指标排名

年份	企业竞争力指数排名	品牌现实价值排名	资本营运能力排名	市场营销能力排名	人力资源能力排名	企业社会责任排名
2001	113	166	231	113	237	35
2007	100	120	255	119	254	58
2013	76	147	74	139	599	67
2019	26	37	17	61	45	40

资料来源：经中国工业企业数据库（2001~2019）数据测度分析得出。

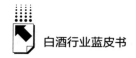

由表 23 可知，石湾酒厂的企业竞争力指数排名呈逐年上升趋势，且上升速度逐渐加快，从 2001 年的第 113 名上升到 2019 年的第 26 名。2007 年、2013 年、2019 年分别较上一统计年度上升 13 名、24 名、50 名，说明该企业的基础较好，竞争能力整体较强，综合能力提升速度在持续加快。

具体来看，2001～2019 年企业各项指标排名整体呈上升趋势（企业社会责任排名除外），但各指标排名在上升过程中曾出现暂时性小幅下降，之后指标排名迅速升高，说明企业综合发展潜力较强。从表 23 呈现的数据来看，2001～2007 年石湾酒厂资本营运能力指标的排名呈小幅下降趋势，2007年排名（第 255 名）较 2001 年排名跌落 24 名，在 2007～2019 年资本营运能力排名呈上升趋势，在 2019 年排第 17 名，高于其他指标排名，说明企业资本营运能力较强，市场竞争优势显著；在品牌现实价值方面，2001～2007年企业排名呈上升趋势，从第 166 名上升至第 120 名，2013 年下滑至第 147名，2019 年再次攀升至第 37 名；在人力资源能力方面，2001～2013 年企业排名出现下降趋势，从第 237 名跌落至第 599 名，但在 2019 年，排名迅速飙升至第 45 名，说明短时间内企业的人力资源能力显著得到提高；在市场营销能力方面，2001～2013 年企业的排名呈现下降趋势，2013 年排第 139名，较 2001 年下降了 26 名，但在 2019 年提升至第 61 名，上升速度较快；在企业社会责任方面，2001～2013 年企业排名出现下滑，从第 35 名跌落至第 67 名，在 2019 年回升至第 40 名。综上所述，石湾酒厂各项指标排名均大致呈上升趋势，可以认为 2001～2019 年该企业的竞争力不断提升，存在一定的分析借鉴价值。

3. 经验剖析

（1）保护传统产品，提升企业品牌竞争力

地理标志作为一种受保护的知识产权，不仅是产地标志，也是质量标志，推动具有地方特色的自然、人文资源优势转化为现实生产力，可以有效提高产品的市场竞争力，进一步提高企业的经济效益，促进企业持续健康发展，从而为企业带来巨大的社会经济效益。2015 年，石湾玉冰壶烧酒被批准为地理标志保护产品，大大加强了对传统产品石湾玉冰壶烧酒的法律保护，提高了企业和产品的知名度，保护了企业产品品牌、质量、特色和传统工艺，以及企业无形资产的价值，并且起到了防止假冒伪劣产品生产的作用，整体上增强了企业产品的竞争力。[①]

（2）积极承担社会责任，推动企业高质量发展

中国白酒酿造对产地自然环境具有很强的依赖性。酒的地域性体现在粮食作物、泥土、空气和水上，因此中国白酒品质和地理环境的关系不可分割，产区地理环境质量直接关系到白酒品质。石湾酒厂以务实的态度对待影响周边环境的企业环保问题，争做环境友好型企业，提高酿酒质量。比如，在米酒生产过程中，会由于酒精挥发、粮食发酵产生异味，在酒糟暂存的过程中同样会产生异味等。石湾酒厂抓紧落实对废气等污染源的防治措施，目前酒厂污染物浓度可达到国家标准限值，正常工况下各污染物均能达标排放，对周围环境的影响较小。此外，石湾酒厂在传承发展过程中注重酿酒环境的保护和培育以及资源整合，重视环保相关工作，不断进行设备设施的升级改造。2016 年，石湾酒厂通过资料数据比对，多方面地实地调研，投入大额资金进行技术改造，淘汰老旧的冷却系统，更换为环保的低耗能冷却水回用系统，保护当地水资源，有效降低能耗。

（3）构建合理的品牌梯队，优化产品结构体系

石湾酒厂现有白酒与养生酒两大产业体系，并形成"两大香型、两大品牌、四大产品档次"的"224 发展战略"。基于此，石湾酒厂以高端产品为引领，打造符合集团白酒产业发展实际和市场特征的品牌梯队体系，优化产品结构。豉香型石湾玉冰烧先后荣获国家优质酒、中国白酒香型（豉香）代表产品、国家地理标志保护产品"三大国誉"，并早在 1917 年就远销海外，以此形成第一梯队；清雅型石湾玉冰烧是一款成功市场化运作、成长迅速的中高档产品，在全国享有一定知名度，定位为第二梯队；石湾玉冰烧洞藏中档产品、其他大众产品定位为第三梯队。发挥陈太吉酒庄酒珍奢系列产

---

① 张宏、高璇：《企业社会责任、品牌资产和产品市场竞争力关系研究——基于不同战略选择的比较分析》，《中国物价》2021 年第 12 期。

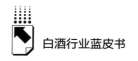

品的品牌带动效应，利用第二梯队产品形成对集团品牌的烘托效应，最终发挥集团白酒品牌建设的聚合效应。

（七）贵州国台酒业股份有限公司

1. 企业背景

贵州国台酒业集团股份有限公司（以下简称"国台酒业"）是天士力大健康产业投资集团打造的政府授牌的茅台镇第二大酿酒企业。拥有国台酒业、国台酒庄、国台怀酒、国台茅源四个生产基地，年产正宗大曲酱香型白酒过万吨。国台酒业的发展历程总体可以分为四个阶段。1999~2007 年，寻源立本阶段，国台酒业专注酿酒、存酒，但不卖酒，潜心学习茅台，做好国台，当时被行业称为"国台现象"；2008~2012 年，茁壮成长阶段，确立了酱香新领袖的品牌定位，销量迎来第一波爆发式增长，初步奠定了产区、品类、行业地位及高端消费者认知，以"国台现象"引发行业关注，谋划主板上市；2013~2015 年，调整蓄势阶段，外部行业经历深度调整期，内部经历扩投转型期，以二次创业的精神，建设国台酒庄，进行产业升级，实现营销创新；自 2016 年起，进入跨越式发展阶段，持续提质量、扩产能、拓市场、细网络、强品牌、夯基础，2017~2021 年，销售额分别为 5.72 亿元、11.77 亿元、18.88 亿元、45.70 亿元、102.00 亿元，国台酒业成为继茅台、习酒之后的贵州第三家百亿酒企。

2. 选择依据

根据白酒企业竞争力指数排名表，按照每家企业各项指标进行统计，对比分析企业各项指标排名变化情况，对竞争力指数排名持续提升的企业进行进一步分析。根据统计，国台酒业的各项指标排名情况如表 24 所示。

由表 24 可知，国台酒业的企业竞争力指数排名呈逐年上升趋势，从 2001 年的第 762 名上升至 2019 年的第 30 名，2001~2019 年排名分别上升 544 名、98 名、90 名，说明该企业的综合竞争力在持续提高。具体来看，2001~2019 年，企业品牌现实价值、人力资源能力和企业社会责任的排名逐年上升，2019 年三项指标的排名分别为第 27 名、第 29 名和第 32 名，其中品

表24　四个年度国台酒业竞争力指数及各一级指标排名

年份	企业竞争力指数排名	品牌现实价值排名	资本营运能力排名	市场营销能力排名	人力资源能力排名	企业社会责任排名
2001	762	797	926	477	826	777
2007	218	210	160	96	455	695
2013	120	35	897	807	160	261
2019	30	27	642	28	29	32

资料来源：经中国工业企业数据库（2001~2019）数据测度分析得出。

牌现实价值排名上升了587名、175名和8名，人力资源能力排名上升了371名、295名和131名，企业社会责任排名上升了82名、434名和229名，说明企业品牌现实价值在持续提高，人力资源能力在不断增强，所承担的社会责任在不断增加，并且人力资源能力提升速度较快。企业资本营运能力的排名波动上升，但上升幅度较小，在2019年企业各一级指标排名中较靠后，但企业整体竞争力排名靠前，说明企业的资本营运能力仍有较大提升空间。2001~2007年企业的市场营销能力排名大幅飙升，上升了381名；2007~2013年，排名又急速下跌，下降了711名；2013~2019年，排名从第807名上升至第28名，上升了779名。说明企业的市场营销能力存在不稳定因素，仍须持续加强。综上所述，国台酒业各项指标排名均大致呈上升趋势，可以认为2001~2019年该企业竞争力不断提升，存在一定的分析借鉴价值。

3. 经验剖析

（1）坚持技术创新，构建智能酿造体系

智能酿造是国台酒业的一个重要发展战略，国台酒业从顶层设计开始，推进智能酿造的创新实践，确保产品质量更加稳定可控。国台首创三级质量控制体系和智能品酒系统，注重传统工艺与现代技术的结合，积极打造企业独立的科研团队，同时与国内外顶级科研机构合作，联合创立了三级质量控制体系，实现了快速、无损的质量监控。与此同时，通过将红外光谱与计算机结合，研发智能品酒系统，实现人工品酒与仪器品酒相结合，克服了感官评定对酒品评价的影响，使传统酿酒工艺由经验控制上升到数字化、标准化的科学控制，确保食品安全及产品质量稳定。

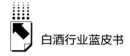

（2）延伸白酒产业链，打造可持续发展的产业链条

白酒企业通过纵向延伸产业链，促使白酒产业各环节联系更加紧密，使关联产业如运输业、粮食种植业、机械制造业等得到最大限度的扩张，产业规模不断扩大，产业链条的可持续性增强。国台酒业打造原粮基地，围绕核心产区，实施"公司+基地+农户"的三级管理模式，借助基地建设、标准化生产、过程监管以及生物育种技术等方面的优势，建立全链条长效管理机制，并通过订单形式，把国台酒业与农户紧密联系在一起，带动农户走向市场，使农产品收购、加工及销售与粮食增值利用有机结合。这不仅保证了国台酒业生产加工的优质原料供应，推动绿色可追溯体系的搭建，同时满足了大批农民的增收需求，并通过配套的搬运装卸、运输服务等，解决了大批农村劳动力的就业需求。

（3）发力高端，打造高价值标杆产品

随着我国居民可支配收入的增长，消费习惯和消费诉求出现了一些新变化，以往着重考虑价格和消费量的模式已发生变化，品质诉求成为消费者首先考虑的因素。在消费升级背景下，酱酒代表的中高端价位、高品质内涵契合消费者的品质诉求，成为主要的白酒产品。随着国台酒业产业基础的不断夯实、品牌势能与品质实力的进一步增强，发力高端成为企业的必然选择，因此国台酒业着力打造高品质酱酒。国台酒业采用制药的理念、技术和标准做酱酒，赋予高品质酱酒健康价值；借助"真实年份"概念，提高国台酱酒的品饮价值，在品牌和市场层面争取消费者的广泛认可；将国台酱酒的品饮价值转化为国台品牌和国台产品的差异化竞争力，提高产品的收藏价值和投资价值。由此可以看出，国台酱酒的"多重价值"促使国台酒业成为高端市场的有力竞争者。①

---

① 郭旭、徐志昆：《贵州白酒品牌体系构建现状、存在问题及对策研究》，《贵州商学院学报》2020 年第 4 期。

行业篇

Industry Reports

B.2

疫情防控常态化时期酱酒热冷发展的调研与分析

摘 要： 新冠肺炎疫情发生两年多来，全球疫情势头未减，随着酱酒的逐渐发展，疫情防控常态化时期酱酒的热与冷逐渐显露出来。本报告以酱酒发展状况为切入点，以2019年和2021年6月为节点将酱酒行业的发展分为稳定增长阶段、酱酒热阶段以及酱酒冷阶段，剖析各个阶段酱酒行业的发展状况与表现。本报告从疫情和酱酒行业特性等方面探究酱酒热与酱酒冷的原因。酱酒热主要是因为茅台酒的火爆以及越来越多酒业内和酒业外的公司纷纷入局酱酒；酱酒冷主要是因为各企业停止入局酱酒以及各地经销商销售状况不佳，减少了向厂家的进货。本报告还进一步分析了酱酒发展面临的机遇与挑战，最终从酱酒企业以及政府和行业协会两个角度提出了一些应对措施。

关键词： 酱酒发展 酱酒热 酱酒冷

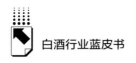
一 21世纪酱酒发展状况

酱香型白酒（以下简称"酱酒"）亦称茅香型白酒，是中国常见的一种白酒。酱酒采用传统工艺，长期贮藏、科学勾调、精心酿制。以贵州茅台、习酒、国台、钓鱼台等品牌的白酒为代表，酱酒具有酱香突出且香而不艳，酒体醇厚、入口细腻、回味悠长、空杯留香持久等特点。由于纯粮固态发酵特性和独特口味，酱酒受到很多消费者青睐，依据酱酒产品增长率，可将酱酒的发展分为稳定增长阶段、酱酒热阶段以及酱酒冷阶段。

（一）酱酒稳定增长阶段

近年来酱酒发展势头强劲，为研究酱酒的发展特征，绘制2010～2021年酱酒的产量及增长率，如图1所示。

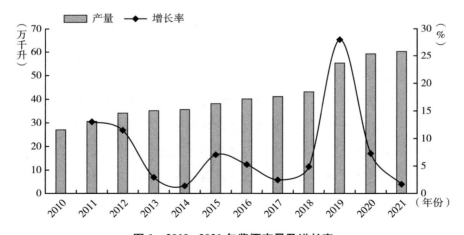

图1 2010～2021年酱酒产量及增长率

资料来源：国家统计局、前瞻产业研究院、浙商证券研究所。

由图1可知，酱酒的产量从2010年的28万千升逐渐上升至2018年的43万千升，产量一直保持稳定增长的趋势。可见，酱酒产量在2018

年以前处于稳定增长阶段，且呈现逐年稳步上涨的态势，发展势头较好。

（二）酱酒热阶段

2019~2021年上半年是酱酒热阶段。如图1所示，2019年酱酒产量的增长率瞬间飙升，从2018年不足5%上涨至近30%。可以说酱酒热从2019年开始萌芽，这一年很多机构和业内专家开始提出"酱酒热"的相关概念，2021年则是将这个小火苗吹大的一年，2021年酒业关键词中"酱酒热"可以说是"主角"一般的存在，它主要表现在舆论和资本市场两方面。

舆论方面酱酒热更多地体现为"茅台热"，"茅台热"一定程度上带动了酱酒热。自2016年以来，包含酱酒在内的绝大多数白酒无论从价格还是市场地位上都以茅台为标杆。与其他香型不同的是，大多数酱香型白酒都有"产自茅台镇""产自赤水河畔"等各种与茅台贴近的雷同因素，随着茅台酒供不应求现象加剧，酱酒市场充斥着"茅台替代品""超越茅台"的口号，酱酒热随之而来。全国糖酒商品交易会因其被酒水食品行业视为最重要的风向标，而得名"天下第一会"。2021年初在成都举办的第104届全国糖酒商品交易会，让众人第一次对"酱酒热"有了直观的感受。数十个以酱酒为主题的系列论坛、近半参展商为酱酒品牌、十余家白酒品牌举行酱酒相关的发布会，酱酒品牌展位较2018年增加了20%，酱酒成为交易会上绝对的热门品类。

资本市场的"酱酒热"主要表现在酒业内和酒业外的公司纷纷入局酱酒，酱酒公司争相上市。2019~2020年，第二个上市酱酒企业的争夺十分激烈，郎酒、国台和习酒都在争抢"酱酒第二股"的称号。2021年的酱酒热为热钱指明了方向，行业内外的公司纷纷进入酱酒行业，同时也有外来资金"染酱"。业外企业率先行动，岩石股份有意向收购高酱酒业、吉宏集团有意购买钓鱼台贡酒业、专注于食用菌生产和销售的众兴菌业公司有意购买贵州茅台镇的圣窖酒业、来伊份和中锐股份透露酱酒业务进展、食用油龙头鲁花更是在其会员商店里推出了两款酱香味食用油。业内其他香型企业也闻风

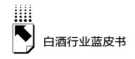

而动，水井坊于 2021 年 4 月宣布投资设立贵州水井坊国威酒业有限公司，其主营业务是生产和销售酱香型白酒。不久，周大福酒业与荣和烧坊达成合作意向，共同投资百亿元打造高端酱酒基地。海南椰岛与糊涂酒业成立合资公司、古井贡酒收购珍藏酒业股权、贵州醇筹措酱酒产能并购。

（三）酱酒冷阶段

酱酒遇冷和降温现象开始于 2021 年下半年，主要表现在资本市场和渠道库存两方面。

在资本方面，各企业停止入局酱酒的步伐，酱酒板块企业股价呈下跌趋势。吉宏股份和众兴菌业都是在 2021 年 6 月宣布"染酱"事宜，同时也是在 10 月宣布终止酱酒企业的收购事项。2021 年 10 月 18 日开盘，A 股在低开后震荡上行。但与绿色电力、农业股等不断上涨的板块相比，白酒股却纷纷下跌。其中，6 只白酒股惨遭跌停，作为酱酒业风向标的贵州茅台（600519）也无法幸免。截至当日收盘，贵州茅台以每股 1800 元的价格收盘，当日每股价格下跌 116.97 元，跌幅超过 6%，市值缩水 1400 多亿元。

在渠道端，酱酒遇冷体现在经销商酱酒的渠道库存方面，他们减少了向厂家进货。国内多地有关酒商自订或代理的酱酒类产品销售情况不佳，一些低端定制产品出现滞销，因此必须降低价格销售，致使经销商更加慎重地选择和采购酱酒。2021 年中国高端酒展览会上发布的《山东酱酒市场发展趋势调研报告》表明，目前酱酒的销售利润降低、开瓶率也远不如以前，导致经销商以消极的态度应对酒企的招商政策，甚至不再接受压货的情况。在 2022 年初召开的经销商大会上，与过去两年来一直追求增长的目标不同，国台和金沙两家酱酒企业都表示要积极"降速"。2022 年国台的销售目标是 115 亿元，并将市场供应量降低 7%，而且原则上不再招新商；金沙酒业的年销售目标仅定为 80 亿元，且 2022 年主攻品牌 IP 的打造。

总体来看，酱酒正沿着浓香型白酒发展的历史轨迹发展，其市场快速回归理性、行业分化逐步提速，整个酱酒市场逐渐进入深层次的耕耘与发展阶段。

二　酱酒热冷发展成因

（一）酱酒热原因

对于近年来的酱酒热现象，可从新冠肺炎疫情影响、茅台引领高端化以及高利润属性三方面进行原因探究，具体论述如下。

1. 新冠肺炎疫情对消费者的消费意识产生影响，酱酒行业逆势增长引起资本注意

新冠肺炎疫情的突袭而至让消费者更加注重健康，健康饮酒观念势必成为影响酒水购买的重要因素，消费者对白酒的诉求转变成"喝少一点，喝好一点"。他们普遍愿意选择高品质、健康的酒，酱香型白酒因其独特的酿造技术而具有一定的养生功能，使其更受消费者喜爱。同时，疫情反复，不少行业都受到了较大冲击，但酱酒在此背景下依然保持增长活力。疫情发生以来，茅台的价格在经历短暂回落后迅速增长，2020年茅台的目标是实现营收940亿元，最终营收949.15亿元，同比增长11.1%。习酒前期利润同比增长56%。金沙第一季度的销售额同比增长68%。2021年茅台的营收目标是1083亿元。酱酒行业在疫情肆虐的背景下依然保持强劲的发展势头，资本纷纷入局酱酒，产生"染酱"即股价上涨的局面，引发酱酒热潮。

2. 茅台的主导地位和酱酒行业的高准入门槛与酱酒产品较高的价格在消费者心中留下了"高端"的印象

被誉为国酒的茅台缔造的品牌神话与价格神话可谓是空前绝后。2016年飞天茅台的价格仅800多元一瓶，但是从2017年开始，茅台酒的价格便一路飙升，2018年茅台指定零售价为1499元，2020年飞天茅台指定零售价达到近3000元。然而这只是指定零售价，很多地方甚至更高。普通的茅台都很难买到，那些有收藏价值年份的茅台更是成为人们追求的对象。纵观近年来的收藏界和拍卖会，大家似乎都对特殊年份的茅台情有独钟，各种茅台

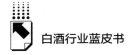
产品不断拍出高达五六百万元的天价。以茅台为首的高端酱酒品牌已远超其本身消费品的功能，具有了非常优质的金融产品属性。在茅台的影响下，酱酒的复杂工艺及高成本使其在消费者心中留下高端化烙印，而不断提升的定价也在持续加深这一烙印。

3. 酱酒较高的渠道利润吸引较多经销商

2010~2020 年酱酒收入和产量的占比情况如图 2 和图 3 所示。

图 2　2010~2020 年酱酒收入占比

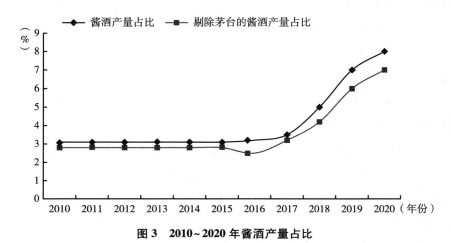

图 3　2010~2020 年酱酒产量占比

如图 2 和图 3 所示，2016 年前酱酒以 3%左右的产量贡献了行业 15%左右的收入，2016~2020 年酱酒的产量和收入均呈上升趋势，2020 年酱酒以 8%的产量贡献了白酒行业约 27%的收入。2021 年，酱酒产量约 60 万千升，占我国白酒总产量（715.63 万千升）的 8.4%，实现销售收入 1900 亿元，同比增长 22.6%，约占我国白酒行业销售收入（6033.48 亿元）的 31.5%；实现利润 780 亿元，同比增长 23.8%，约占我国白酒行业利润（1701.94 亿元）的 45.8%。目前我国酱酒市场还处在爆发式增长阶段，而且企业总体规模不大，价格透明度不高，这就导致酱酒的渠道利润率高于其他类型的白酒，从而形成了一个强大的渠道推动力。

（二）酱酒冷原因

1. 政府层面加强监管

2021 年 8 月 20 日，国家市场监督管理总局价监竞争局发布《关于召开白酒市场秩序监管座谈会的通知》，本次座谈会主要针对资本围猎酱酒、防范白酒过度涨价等问题展开讨论。早期的过度炒作使酱酒行业出现大量泡沫，短期内的投机行为对酱酒行业的长远发展是不利的。在诸多因素的影响下，酱酒行业逐渐回归"酒"的本质，既符合企业和消费者的利益诉求，又能吸引更多的长期投资，促进酱酒行业的发展。价格方面，每年 9 月酱酒行业开始进入新一轮提价潮，企业通过不断涨价制造旺销氛围，在一定程度上对市场秩序造成影响。此次座谈会为下半年稳定白酒消费市场提供了政策信号，要求白酒行业实行理性稳定的价格策略，不得以炒作为目的开展经营活动。政府的监管能够顺应酱酒行业的发展周期，有利于行业的规范发展与经营。

2. 酱酒热时期经销商已选好产品，市场逐渐回归理性

2021 年秋季第 105 届全国糖酒商品交易会在天津举办，与春季成都举办的全国糖酒商品交易会相比，酱酒有些遇冷。许多运营商、经销商早在春季全国糖酒商品交易会时期或各种招商活动中选好了酱酒品牌和满意的产品，到下半年对酱酒的需求减少，只需要考察有无更合适的产品。酱酒头部

品牌也已经基本完成了市场招商布局，不知名酱酒品牌企业略显暗淡。渠道客户选择酱酒品牌时更加理性冷静，不会盲目抢夺产品，他们更加注重酱酒的品质。

三　酱酒发展的机遇

（一）大众对酱酒品类的认知度较高

2021年2月，云酒大数据中心发布了《浓清酱三大香型热度排行榜》，该榜单基于百度指数、头条指数、微信指数等三大主要平台的年度数据，对三个主要平台的用户关注度和发展趋势进行了分析。在头条和微信平台上，酱香型热度均大幅领先，热度指数超过浓香型、清香型之和，其品类认知之高可见一斑。在三大香型的代表品牌"首位度"排行上，茅台在酱酒前十品牌的网络检索指数占比高达87.0%、清香型汾酒的占比为67.1%，浓香型五粮液以27.3%的比重排首位度榜首，这充分证明，"茅台热"带动了"酱酒热"。数据显示，对新增基金持有人来说，基金不仅是理财产品，更是一种社交工具，白酒是他们的热门关注方向。在当前茅台"一瓶难求"的背景下，酱香型白酒在青年女性群体中的渗透力甚至超过了新能源汽车特斯拉，这充分说明酱酒的热潮已经波及了生活的各个方面。

（二）酱酒是白酒行业的新一轮风口

从行业发展周期来看，酱酒是新一轮风口。20世纪50~70年代，清香型白酒出酒率高、周期短、耗粮低，在新中国成立初期物资匮乏的计划经济时代解决了人们"喝不上酒"的问题，满足了当时的市场需求；到20世纪80~90年代，浓香型白酒具有高、中、低价产品，工艺技术快速发展，解决了"喝好酒"的问题，消费市场需求潜力释放实现了香型转移；进入21世纪以来，酱香型白酒具有生产周期长、出酒率低的特点，其稀缺性强、健康属性强和造假难度高的独特属性受到消费者的广泛追捧，造成长时间供不应求的"卖方市场"局面，解决了"喝更具稀缺性酒"的问题。在如今这个追求个性化和标签化消费的时代，酱酒顺应了时代诉求，是白酒行业新一轮发展的风口。

（三）非核心产区的酱酒企业发展空间巨大

在非核心地区，酱香型长尾酒企将是今后市场的主要供给力量。2020年数据显示，贵州酱酒年投产量 35 万吨，占全国酱酒总产量的 48%，以被誉为"中国酒都"的仁怀地区为主。这里的代表品牌有茅台、习酒、国台、金沙、钓鱼台等，属于我国酱酒的核心产区。行业有一种说法是"茅台镇是核心产区"，这种说法来源于国家质检总局于 21 世纪初授权茅台酒"地理标志产品"，保护范围是以茅台镇为核心的 7.5 平方公里，该范围内是"茅台酒产地范围"。2012 年，贵州省对茅台酒的产地范围再次进行扩张，此次扩张了 7.53 平方公里，总面积共 15.03 平方公里。因此，赤水河流域是酱酒核心产区的说法更为精准，赤水河流域划分为上中游仁怀茅台产区、中下游二郎产区、下游土城产区。因为它们都地处北纬 28°附近，独特的地理气候、水质、土壤、空气、微生物等生态环境是其核心成因。同期内，川派酱酒的年投产量约 12 万千升，占酱酒总产量的 23%；2020 年鲁派酱酒的年投产量为 2.6 万千升，占酱酒总产量的 5%。酱酒要想达到优质水平，必须储存 5 年以上，仅凭核心产区的产能远不能满足全国消费者的需求，因此现在是非核心产区酱酒企业的大好时机。

四　酱酒发展的挑战

（一）商业链条热，尚未传导至大众消费

酱酒消费是一种潮流，但是要想形成一波大的消费热潮，还需要一段时间。酱酒热是由小众酱酒热引发的一个商业系统链条的传导过程。小众酱酒热首先吸引了资本的注意，促使它们选择进军酱酒市场，如珍酒的背后是华

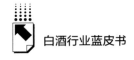

泽集团、国台的背后是天士力、金沙的背后是湖北宜化，这些企业首先有资金的支持，其次是有资源对接。资本一旦介入，就会形成"虹吸效应"，将原有的实力通过媒体进行放大，渠道商会被这种繁荣吸引过来。现在酱酒的"热"是从"小众热"传导到"资本热"，再传导到"渠道热"。但到了"渠道热"阶段，大众的消费需求还没有那么强烈，有些酱酒的实际售价要比零售指导价低得多。例如，53%vol 王子酒是一款经典的酱酒，其官方标价为每瓶 468 元，在酒仙网的标价为每瓶 468 元，折后价为每瓶 328 元；钓鱼台工匠 53%vol 酱香型白酒，在京东的标价为每瓶 1699 元，优惠后每瓶的价格为 989 元。大众消费热是酱酒真正火起来的根本原因。目前，广大消费者对酱酒的认识尚处于一种普遍的混乱状态，要想让广大消费者更加了解酱酒，还需要一段时日。

（二）品牌认知度低，品牌个性不足

酱酒的品牌认知度较低，品牌个性不足，还需长时间的推广和探索。云酒大数据中心发布了"浓清酱三大香型热度排行榜"，其中茅台在酱酒前十品牌的网络检索指数占比高达 87.0%。浓香型白酒方面，五粮液占据首位度榜首，同时洋河、泸州老窖、剑南春等均有较高的搜索指数。酱酒行业的品牌地位比浓香型白酒要低得多，在品类火爆的情况下，大部分品牌都在大力宣传和培育中。2021 年，郎酒推出了全新品牌，从"中高端两大酱香型白酒之一"变为"赤水河左岸的庄园酱酒"。此次升级，将其真实的生产、储存、老熟、勾调等特征向广大消费者展示，由广大消费者去品评。这意味着企业的战略思想从追求共性到强化个性。对更多处在上升期、推广期的酱酒品牌，若长期被限制在赤水河、老匠人、"12987"酿造技术等传统酱酒内涵中，极易陷入同质化的陷阱，品牌发展会遇到重重阻碍与挑战。各酱酒企业要根据自身状况，酿造具有当地特色、个性化突出、具有独特口味的酱酒。品牌美誉度和知名度要来自广大消费者的赞许和认同。酿造满足人民美好需要的酱香美酒，使酱酒市场越来越大，消费人群越来越多，酱酒才能更好、更稳、更长久地走下去。

（三）产业结构不平衡

酱酒的产业结构存在不平衡的问题，目前呈现后端能力稍强、前端能力稍弱的状况。酱酒全产业链包括原粮种植、酿造、品评勾调、生产管理、市场营销等多个环节。这一轮酱酒热中，市场营销人才相对紧缺。作为中国白酒三大香型之一，酱酒在酿造技艺方面具有深厚积累。从一线龙头到二线、三线酒企，人才队伍庞大，实力雄厚，乃至一些小规模酒企，在酿酒、品质方面同样具有较强的竞争力。但是在市场前端，随着销售额从几千万元迅速过亿元，甚至达到几亿元、十几亿元，销售网络遍布全国，很多酱酒企业已暴露出前端能力不足的短板。缺少市场人才、缺少组织架构对酱酒企业而言，是一个很大的隐忧。酱酒热兴起后，有不少操作过流通、批发渠道的酒类从业者转入。由于酱酒价格普遍较高，且主要通过圈层营销和团购出货，如果以前没有操作过五粮液、国窖1573等高端产品，不熟悉圈层营销拓展，就很难实现酱酒的有效营销。并且营销人员都有2~3个月的试用考核期，如果完不成业绩，大部分都会离职，所以营销人员流动性很大。同时，营销人才进入后也要考察其能否与公司匹配：大公司更欣赏懂管理、能运营市场、带团队的复合型人才，中小公司则更看重招商、回款能力。如果营销人员的能力与公司不匹配，则容易"一拍两散"。

市场前端的组织建设和人力建设是影响酱酒企业发展的重要因素，也是影响酱酒内部竞争格局的一个重要因素。酱酒发展必须采用"双核"驱动，把酒酿好，把市场做好。

五 酱酒行业采取的应对措施

（一）企业和经销商

1.正确处理发展和质量的关系

酱酒企业在下一轮风口及热潮中既要正确处理质量和产量的关系，也要

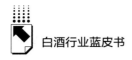

处理好质量和效益的关系。在利益的驱动下，酱酒市场普遍过热，需求过大，一些企业甚至不会对产品质量进行严格要求。按照传统的酿造技术，一次加工（包括储存、勾调）至少要3~5年。这意味着企业需要沉淀更多资金，准备更长时间，这对许多新入局者来说并不是好消息，代表着他们可能无法在火热的时机入局。在此背景下，以简化工艺、缩短生产周期、降低原料成本为目标的"串酒"成为一些企业的必然选择。"串酒"是一种由食用酒精和真正的大曲酒废弃的酒渣进行蒸馏而制得的液体型白酒。其投资周期短、生产成本低，这是一种"优势"，却会降低酱酒的质量，带来品质危机。质量永远是产品的生命、品牌的生命、企业的生命，是一个企业得以发展的基石与总抓手。如果不注重酱酒的质量，就可能会影响酱酒的声誉，摧毁酱酒在消费者心中的地位与形象，酱酒本身也很难得到高质量发展。

2. 做好长期"战役"的准备，学会继承与创新

纵观白酒香型的发展历程，米香、清香、浓香、酱香四大香型在历史上均占有举足轻重的地位。在古代，米酒曾长期占据重要地位。从新中国成立初期流行的清香型，到20世纪80年代崛起的浓香型，再到现在的酱香型，从消费者对白酒口感浓淡的喜好度来分析，其浓度呈现逐步递增的趋势。香型的兴起绝非一朝一夕之功，综合清香和浓香两个香型的发展历史，20世纪80年代末期，清香型白酒占据了70%的市场份额，其中以汾酒为首，汾酒占据了清香型白酒50%的市场份额。时隔15~20年，浓香型白酒逐步替代了清香型白酒，成为白酒第一品类。其市场数据也是惊人的相似，20世纪末，浓香型白酒占据了近70%的市场份额，号称浓香型白酒之首的五粮液，其市场规模占比达40%。所以，酱酒要想在白酒行业中占据一席之地，至少要经过15~20年的发展，且市场占有率要达到40%以上，这表明酱香型白酒企业需要做好打长期"战役"的准备。在风口面前，企业和经销商应该做一个"追风"的角色，因为风口带来的机会往往稍纵即逝，要把握好趋势，跟上整个酱酒的发展步伐。酱酒热潮不可能一直持续，经销商应该立足长远，做品牌、做品质，充分发挥长期投资的效应。酱酒企业需要坚持15~20年。

在发展过程中，酱酒企业既要继承传统的优秀特质，也要在一定范围内寻求创新与突破。在产品品质上，要严格按照酱酒的行业标准来执行，不应"各自为政"、标新立异，应该按照"12987"酿酒工艺做酒。市场上有很多酱酒的概念，这些概念让消费者眼花缭乱，扰乱正常的市场秩序。同时，面对酱酒行业品牌认知度低的现状，各酱酒企业需要在发展的浪潮中找到自己的特点。酱酒企业要深入系统地发掘、梳理酒文化，并以此为依据，形成更加个性化的品牌定位和价值表现。

3. 重视、尊重消费者，价格尽可能合理

"顾客"是影响一家公司能否存活、能否发展、能否壮大的关键因素。如果没有消费者购买酱香型白酒，酱酒企业就无法正常运行和扩大生产。因此，企业必须尊重消费者、重视消费者、感恩消费者，同时也要培养广大的年轻消费者，没有消费者企业就无法实现高品质的发展。

近几年受"茅台热"影响，酱酒市场明显回暖，各大酱酒品牌纷纷涨价。一方面，终端消费受到新冠肺炎疫情影响，酿酒企业难以赢利；另一方面，一些厂家为获取高额利润，不惜打着稀缺品牌的幌子误导消费者。有的酒厂声称是"平民百姓能喝到的美酒"，控制着数量、哄抬物价；有些酒商推出"老酒"策略，想要抬高白酒的金融属性，甚至还在变相地鼓励"炒酒"；有的酒商产品涨价，服务却没有提升。一个好的公司，应该把目光放在长远的目标上。在新冠肺炎疫情席卷全球、对经济造成巨大冲击时，酱酒企业应努力稳定产品价格，不要目光短浅，不要投机，要时时刻刻秉承"酒是用来喝的，不是用来炒的"原则。酱酒的价格要控制在合理范围内，在有利润可图的情况下让更多消费者享受到酱酒，固守根本、夯实基础，企业才能行稳致远。

（二）政府及行业协会

1. 建立系统完善的法律保障制度

应将生产计划纳入监管体系，在地理标志和产品标志等方面建立系统的法律保护制度。2001 年，以茅台镇为中心的 7.5 平方公里为酱酒核心产区；

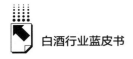

2010 年，以赤水河为中心，形成 15.03 平方公里的酱酒核心产区。目前，必须对酱酒的产区进行等级划分，在包装上加上地理标志，在对各地区的公司进行资质评定后，批准其使用对应地区的等级标志。要加强对地理标志的法律保护，地标性知识产权归属国家，实行企业申报审批后许可使用的管理办法。在产品标志方面，要制定以行业协会为主导的酱酒质量等级标准，并将其提交给相关部门，纳入法定标准，以免出现混淆现象，为确定产品的价格提供参考依据。

2. 加大对酱香型白酒的政策支持力度

在政府支持方面，作为酱酒生产核心地区的仁怀市已经有《仁怀市"十四五"现代服务业发展规划》等政策措施，但还处于行动初期，要确保规划落实的准确性，且非核心产区有酱酒企业以及未来打算进入酱酒产业的地区，当地政府也应从各个维度为酱酒企业的发展提供强有力的支持。在人才供给方面，政府要根据当地酱酒企业的规划，尽可能出台相应的政策措施补齐酱酒企业缺少的市场营销等类型的前端人才。随着信息技术的发展，有关部门也应从金融、物流、大数据等多维度为酱酒发展提供更多有力的支撑。提供专项资金为企业科技研发、品牌建设、人才培养、营销宣传搭建平台，以酒业投资公司为主体建立白酒产业发展基金，支持企业进行境外融资，鼓励支持本地企业与国内外机构合作发起成立白酒发展银行，重点面向中小白酒企业提供小额贷款、融资服务。同时，疫情影响下，政府应努力营造线上市场和线下市场相结合的酱酒发展情境，结合 P2P 电商模式，打造面向国内外的 O2O 酱酒交易平台。

B.3
新国标的发布及实施对白酒行业的影响

摘　要： 2021 年新发布的《白酒工业术语》及《饮料酒术语和分类》两项国家标准旨在大力推动中国酒业标准化水平的全面提升，发挥标准化对酿酒产业的引领和促进作用，为新时期中国酿酒产业的高质量发展赋能助力。本报告回顾了白酒标准发展过程，对白酒新旧国标进行了详细对比，并分析了新国标实施对白酒行业的影响，包括带动白酒行业标准化体系建设、推动白酒行业优胜劣汰、提高白酒行业集中度、促进行业健康发展、保障消费者权益。最后，提出在新国标背景下应持续推动白酒标准升级、继续严格白酒质量管控、通过科技创新推动白酒品质升级。

关键词： 新国标　白酒工业术语　饮料酒术语　白酒行业

　　2021 年 5 月，国家市场监督管理总局、中国国家标准化管理委员会发布 "2021 年第 7 号中国国家标准公告"，《白酒工业术语》（GB/T 15109—2021）[①] 及《饮料酒术语和分类》（GB/T 17204—2021）[②] 两项国家标准（以下简称 "新国标"），这两项国家标准于 2022 年 6 月 1 日正式实施。

　　新国标的颁布，旨在大力推动中国酒业标准化水平的全面提升，发挥标

[①] 《白酒工业术语》（GB/T 15109—2021），国家标准全文公开系统，2021 年 5 月 21 日，https：//openstd. samr. gov. cn/bzgk/gb/newGbInfo？hcno = D2F1ED3F0BAA0EBE99AEE34293C0BC43。

[②] 《饮料酒术语和分类》（GB/T 17204—2021），国家标准全文公开系统，2021 年 5 月 21 日，https：//openstd. samr. gov. cn/bzgk/gb/newGbInfo？hcno = B8F9CD37320835EEF17458CBA5962881。

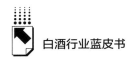
准化对酿酒产业的引领和促进作用，为新时期中国酿酒产业的高质量发展赋能助力。在颁布新国标的同时，与之配套的一系列检验检测方法标准也同步出台，旨在保障新国标对酒类行业的进一步规范落到实处。在更为科学严谨的检测方式方法面前，白酒与调香白酒两种品类被清晰界定开来，消费信息更为对称。此前行业内存在的不实宣传、模糊与混淆概念、以次充好的乱象将被进一步肃清。可以预见，新国标实施后，白酒行业头部集中的趋势将进一步加速，而那些制酒工艺技术落后、产品创新力不足、品牌影响力较弱的中小白酒厂商将被一些名优酒企逐步取代，因此新国标的发布在带动白酒行业标准化体系建设、推动白酒行业优胜劣汰、提高白酒行业集中度、促进白酒行业健康发展、保障消费者权益方面发挥了重要作用。

一　我国白酒标准发展历程

我国白酒从 20 世纪 80 年代初开始建立标准，制定了《蒸馏酒及配制酒卫生标准》（GB 2757—1981），产品标准有浓香型白酒及其试验方法（QB850—1983）、清香型白酒及其试验方法（QB941—1984）、米香型白酒及其试验方法（QB942—1984）。

到了 20 世纪 80 年代末，我国按照白酒行业的发展需求，制定了与白酒产品的分析方法、检测方法、饮料酒标签等相关的标准，包括浓（清、米）香型白酒（GB/T 10781.1 ~ 10781.3—1989）、低度浓（清、米）香型白酒（GB/T 11859.1 ~ 11859.3—1989）、饮料酒标签标准（GB 10344—1989）、白酒试验方法（GB/T 10345.1 ~ 10345.8—1989）、白酒检验规则（GB/T 10346—1989）等一系列国家标准，以及食用酒精（GB 10343—1989）、白酒厂卫生规范（GB 8951—1988）等。

20 世纪 90 年代，我国又相继公布了液态法白酒（QB/T 1498—1992）、凤香型白酒（GB/T 14867—1994）、豉香型白酒（GB/T 16289—1996）、芝麻香型白酒（QB/T 2187—1995）、特香型白酒（QB/T 2305—1997），以及白酒工业术语（GB/T 15109—1994）、白酒工业劳动安全技术规程（QB/T

1852—1993）、露酒（QB/T 1981—1994）、饮料酒分类（GB/T 17204—1998）及一些地方标准。

进入 21 世纪，白酒国家标准进一步发展。2008 年发布了《白酒工业术语》（GB/T 15109—2008）① 和《饮料酒分类》（GB/T 17204—2008）②，2021 年在此基础上对这两项国家标准进行了修订，并于 2021 年 5 月发布了《白酒工业术语》（GB/T 15109—2021）及《饮料酒术语和分类》（GB/T 17204—2021）两项新标准。相较于之前，这两项国家新标准更为清楚地定义了酱香、浓香、清香白酒工艺特征以及白酒和饮料酒的相关术语，这有助于消费者购买酒类产品时能够清晰地分辨不同酒类特征，保障消费者的知情权。这将进一步助推我国白酒行业标准化体系建设，并推动白酒行业健康发展。③

二　白酒新旧国标的对比

将 2008 年和 2021 年发布的《白酒工业术语》和《饮料酒术语和分类》国家标准进行对比发现（见表 1），新国标里增加的术语有涉及近现代酿酒行业普遍使用的机械工具（如发酵槽、装甑机）、对于一些术语所含类别的拓展延伸（如低温曲的再分类：清茬曲、后火曲、红心曲）、不同香型、工艺白酒从原料到成品的生产过程中涉及的相关术语的补充完善（如堆积、下沙、轮次、陈肉酝浸等）以及十二个香型白酒和其他工艺白酒的定义；修改的术语定义主要体现在表述内容更加准确清晰，强调术语中有定性意义的工艺特点，如清晰界定各香型白酒工艺特征，突出其传统属性。

---

① 《白酒工业术语》（GB/T 15109—2008），国家标准全文公开系统，2008 年 10 月 19 日，https：//openstd. samr. gov. cn/bzgk/gb/newGbInfo？hcno = D08ADA848FFFC95E38C4A8D62D1EC3C8。

② 《饮料酒分类》（GB/T 17204—2008），国家标准全文公开系统，2008 年 6 月 25 日，https：//openstd. samr. gov. cn/bzgk/gb/newGbInfo？hcno = 521C8AA0CCF52E2E8C7B376AA15863D6。

③ 黄华：《浓香型白酒新旧标准比对分析》，《品牌与标准化》2021 年第 4 期。

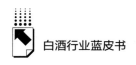

表 1　白酒新国标术语修改类型

修改类型	术语
增加的术语	粮谷、谷物、储曲房、发酵槽、装甑机、清茬曲、后火曲、红心曲、曲母、大酒饼、董香型白酒、强化曲、酒母、固态(半固态)法白酒原酒、堆积、下沙、轮次、轮次酒、兼香型白酒、酒糟、香醅、浸蒸、调香白酒、原酒损耗、陈肉酝浸、固液法白酒原酒、液态法白酒原酒、麦麸、糖化发酵剂
修改的术语	低温曲、固态发酵法、半固态发酵法、馥郁香型白酒、酒头、酒尾、封窖、麸曲酒、开窖鉴定、生态酿酒、白酒、混合曲酒、固态法白酒、液态法白酒、固液法白酒、酱香型白酒、老五甑法、清香型白酒、跌窖、凤香型白酒、浓香型白酒、清蒸二次清、芝麻香型白酒、窖泥、造沙、调味酒、特香型白酒、酒海、米香型白酒、老白干香型、豉香型白酒、帘子曲、浓酱兼香型白酒、通风曲、大麦
删除的术语	曲坯、上霉、晾霉、翻曲、生心、穿汽不匀

在表 1 修改的术语中，以下八个方面是新版白酒标准与旧版白酒标准最显著的区别。

（一）明确酿酒原料范围

由于 20 世纪 60 年代我国粮食极度短缺，无法满足消耗粮食较多的传统纯粮酿酒工艺，于是轻工业部门研制了新的酿造酒的方法，即仅使用芋头、高粱秆等制糖后的废料来酿酒，而不是采用谷物类的粮食和制曲工艺。直到今天，白酒的混沌概念被大多酒商打着“纯粮食酒”的旗子猛钻谋取高额利润的空子。他们用着不可食用的农作物，甚至各种化学添加剂，包括但不限于增味剂、酸味剂、甜味剂和增香剂等进行勾兑，损害消费者的身体健康，模糊他们对白酒的认知。随着社会生产力的发展，粮食已不再短缺，因此亟须提高白酒行业的标准。

《白酒工业术语》（GB/T 15109—2021）对“粮谷”进行了定义：指谷物和豆类的原粮和成品粮，谷物包括玉米、小麦、高粱、大麦、青稞、稻谷等，同时明确了“粮谷”不包括薯类。以非谷物食用酒精及食品添加剂制成的白酒虽可食用，但其原料成本低廉，多是使用蜜糖、红薯等食用农作物，生产流程往往也简单粗暴。由于工艺不考究，这类白酒在勾调过程中添加的各种脂类、酸类、醛类不符合科学比例，其中杂醇含量高，酸酯没有达到平衡。饮用这种酒不仅会影响人体的血液循环，导致"上头"，酒中过多的杂醇、杂酸等有害物质也会堆积在人体肝脏内，解酒酶无法完全分解这些有害物质，久而久之便会造成人体肝内脂肪酸代谢紊乱，甚至可导致脂肪肝。

而以纯粮为原料，采用固态发酵方式酿造出来的白酒，因其特有的工艺能将一些有害物质分离，保留有益成分，再经过存放老熟勾调等特殊工艺，生产出来的酒不仅风味远胜酒精酒，适量品饮更有益人体健康。

（二）明确不能使用非谷物食用酒精和食品添加剂

新国标的重点之一是明确了固态法、液态法、固液法白酒均不能使用非谷物食用酒精或食品添加剂（见表2和表3）。

旧版标准对液态法白酒的定义中有"可用食品添加剂调味调香"，其中也包括固液法白酒的定义中所用的液态法白酒，这意味着按照旧标准，液态法白酒和固液法白酒是能够使用食品添加剂调味调香的。而在新修订的标准中，固态法白酒、液态法白酒和固液法白酒均明确规定"不直接或间接添加非自身发酵产生的呈色呈香呈味物质"，即不能使用食品添加剂；对添加了食品添加剂的"白酒"新增了"调香白酒"的定义，并将其归类为"具有白酒风格的配制酒"，有利于保护消费者权益，避免鱼目混珠。

（三）将调香白酒从白酒品类中剔除

对于添加了食品添加剂的酒，新国标中新增了"调香白酒"的定义，将其归类为"具有白酒风格的配制酒"，明确其不再属于"白酒"品类（见表2和表3）。

目前市面上用液态法酿的酒多数都需"调香"，即加入增香物质，以模拟固态法白酒的香味和口感。不可否认，调香白酒的存在确实能够满足部分低端酒消费人群的需求，但一些劣质酒企妄图鱼目混珠、以次充好，用调香酒假装固态法白酒，欺骗消费者。此次调香白酒被划入调制酒分类，从白酒品类中剔除，消费者可更容易从白酒标识中分辨所买酒类产品的品质，切实维护自身权益。

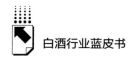
（四）液态法白酒生产方式减少

根据旧版标准，液态法白酒是"以含淀粉、糖类的物质为原料"，并且"可用香醇串香或用食品添加剂调味调香"，也就是说液态法白酒可以有 3 种方式生产：用香醇串蒸，单纯使用食用酒精、食品添加剂与水勾调，在液态法白酒中加入 30% 以下含量的固态法白酒。

新版标准修订后，液态法白酒以"粮谷为原料"采用液态发酵法工艺，且强调"精制"，这意味着液态法白酒只能以这一种方式酿造，最多可以再外加谷物食用酿造酒精，类似于国外的伏特加；而使用香醇串蒸工艺的白酒被归为"固液法白酒"（见表 2 和表 3）。

（五）固液法白酒取消30%的限定

旧版标准中固液法白酒着重强调固态法白酒的含量要大于等于 30%，但由于检测手段不足，无法对其中固态法白酒的含量进行确定和监管，不具有可操作性。

新标准则从工艺角度加以规范，明确可利用"固态发酵酒醅或特制香醅串蒸或浸蒸"或者"直接与固态法白酒按一定比例调配"这两种方式生产固液法白酒，并且取消了固液法白酒中对固态法白酒比例的要求。这意味着，新标准将过去液态法白酒可使用的香醅串蒸和固液调配这两种方式统一归为固液法白酒工艺范畴，定义更加专业准确（见表 2 和表 3）。

（六）白酒只能使用谷物酿造酒精

在很多消费者看来粮食酿造酒就是好酒，但之前的国家标准对"粮食酿造酒"并没有一个确切的定义，广义上说所有白酒都是粮食酿造的。新标准强化了对液态法白酒和固液法白酒中使用食用酒精的要求，明确只能采用谷物酿造酒精，这意味着以蜜糖和其他食用农作物为原料生产的食用酒精不能在白酒中使用（见表 2 和表 3）。

表2　新旧版白酒术语区别

种类	旧版	新版
液态法白酒	以含淀粉、糖类的物质为原料,采用液态糖化、发酵、蒸馏所得的基酒(或食用酒精),可用香醇串香或用食品添加剂调味调香,勾调而成的白酒	以粮谷为原料,采用液态发酵法工艺所得的基酒,可添加谷物食用酿造酒精,不直接或间接添加非自身发酵产生的呈色呈香呈味物质,精制加工而成的白酒
固液法白酒	以固态法白酒(不低于30%)、液态法白酒勾调而成的白酒	以液态法白酒或以谷物食用酿造酒精为基酒,利用固态发酵酒醅或特制香醅串蒸或浸蒸,或直接与固态法白酒按一定比例调配而成,不直接或间接添加非自身发酵产生的呈色呈香呈味物质,具有本品固有风格的白酒
固态法白酒	以粮食为原料,采用固态(或半固态)糖化、发酵、蒸馏,经陈酿、勾兑而成,未添加食用酒精及非白酒发酵产生的呈香呈味物质,具有本品固有风味特征的白酒	以粮谷为原料,以大曲、小曲、麸曲等为糖化发酵剂,采用固态发酵法或半固态发酵法工艺所得的基酒,经陈酿、勾调而成的,不直接或间接添加食用酒精及非自身发酵产生的呈色呈香呈味物质,具有本品固有风味特征的白酒
调香白酒	—	以固态法白酒、液态法白酒、固液法白酒或食用酒精为酒基,添加食品添加剂调配而成,具有白酒风格的配制酒

表3　白酒和配制酒区别

分类	子分类	谷物食用酿造酒精	其他原料食用酒精	食品添加剂
白酒	固态法白酒	没有	没有	没有
	固液法白酒	有	没有	没有
	液态法白酒	有	没有	没有
配制酒	调香白酒	有	有	有

(七)弱化白酒勾兑的影响

勾兑调味是白酒酿造生产中必不可少的工艺,但由于社会逐步将"勾兑"一词异化,进而造成消费者对白酒勾兑的不接受、不理解。新修订标准中,将旧标准各个定义中"勾兑"二字统一改成"勾调",即勾兑调味,

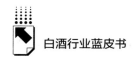

这一说法更有利于消费者对白酒"勾兑调味"说法的理解，更符合当下消费者为白酒正名的需要。

（八）强调传统工艺，弱化主体香

新修订的标准更加突出对各种香型白酒传统工艺的重视，在定义中补充了糖化发酵剂、发酵容器、固态发酵、固态蒸馏、特殊工艺等，而弱化了部分香型白酒的主体香味物质。比如浓香型白酒就明确"采用浓香大曲为糖化发酵剂，经泥窖固态发酵，固态蒸馏"，取消了"乙酸乙酯为主体复合香"的要求，因为按照此工艺酿造而来的白酒依旧存在乙酸乙酯为主体复合香的特点。

三　新国标实施对白酒行业的影响

白酒新国家标准的发布与实施有助于我国白酒产业结构调整与升级，推动白酒行业优胜劣汰，进一步抬高白酒酿造的门槛，有利于行业良性发展，同时为消费者对粮食酒的鉴别提供更多依据，保障了消费者的权益。

（一）带动白酒行业标准化体系建设

推动白酒国家标准体系建设对白酒行业高质量发展具有重要意义。从白酒产品结构和市场消费层面看，标准化语言是品质表达的重要方式。以往的白酒标准更多用于理化指标、食品安全指标、卫生指标方面的基础性要求，随着白酒行业的高质量发展，白酒标准化工作还包括感官表述、风味阐释、产品溯源等多个方面。[①] 例如，原来是产品推动分类，而2021年的新国标则是实现由分类推动标准，其分类的原则是原料、工艺和特性。其中，原料做到清晰化，工艺和特性是为了尊重产品创新。同时2021年的新国标对白酒相关术语的表述更为准确。新国标在对传统香型白酒的典型工艺特征进行

---

① 汪琦雯：《白酒新国标正式实施　引领行业高质量发展》，《中国食品》2022年第12期。

界定时，突出了其在原料、糖化发酵剂、发酵容器、外源添加剂等方面的特征，明确食品添加剂不得用于白酒中，并将调香白酒从白酒分类中剔除，将其归于配制酒种类；明确液态法白酒和固液法白酒不得使用非谷物食用酒精和食品添加剂。因此，新国标的实施推动了白酒行业标准化体系的建设，进而对白酒产品的品质提出了更高的要求，助推白酒行业品质提升，规范白酒企业的生产经营。

（二）推动白酒行业优胜劣汰

采用纯粮固态发酵的白酒虽然酒体品质优于液态法白酒，但无论是原料价格，还是对酒体储存时间的要求，都使其成本远高于液态法和固液法白酒。根据电商平台阿里巴巴市场价格推算，目前食用酒精的市场价格约6000~7500 元/吨，高粱的市场价格约 2~5 元/斤。以"五斤粮一斤酒"的酱酒为例，每斤酱酒约消耗高粱 2.5 斤，一吨纯粮酿造的酱酒仅高粱成本就高达 1 万元。新国标出台前，液态法白酒可以使用非谷物食用酒精，并加入增香物质调香。由于酿造出酒率高、成本低廉、生产周期短，加入增香物质即可获得与固态法白酒相近的口感香气，这种新工艺白酒一度占据白酒市场的半壁江山。市场上甚至不乏使用了酒精、添加剂，却违规标注"纯粮固态酿造"字样的产品，这也是为何现在的白酒市场产品质量良莠不齐，价格也高低各异。按照新国标，以后这些低端劣质酒企即使想用食用酒精做原料生产白酒，也必须使用谷物原料酿制，原料成本上基本与固态法白酒持平。除了价格优势的丧失，不能使用食品添加剂也会使制成之酒的香味与口感逊色不少，市场流失将是必然。

国内对"酒精勾兑酒"的定位也一直缺少明文规定，没有从国家标准的高度上划清界限。酒精勾兑酒俗称"三精一水"，也就是酒精、香精、糖精和水，虽加入了食品添加剂，却以白酒的身份在市场上销售，假冒伪劣者不在少数。一些不法分子利用技术手段将劣质白酒灌入正规品牌的白酒瓶中以次充好，并从中牟取暴利。酒精勾兑酒之所以能横行白酒界主要原因有两点：一是缺少行业标准规范；二是检测上有很大难度，且执法难度大。新国

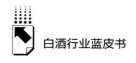

标将直击"酒精勾兑酒"的痛处，厂商不得在标签上钻空子，必须如实标注这瓶酒所属的种类，否则，一旦检举，相关部门定会依法追责。

因此，新国标带来的这种"双重限制"将逼迫低端劣质酒企进行转型或退出白酒赛道，液态法、固液法白酒以往在白酒市场中的廉价优势将再难维系，从而加速劣质酒的淘汰，清理行业乱象，推动行业良性发展。

（三）提高白酒行业集中度

白酒新国标的实施有助于提高白酒行业门槛，加速白酒行业调整，提高白酒行业集中度。[1] 目前，市场上的白酒基本上都会被添加各种各样的香料，如白牛二、泸州老窖二曲、绵竹大曲、枝江大曲等品牌，不仅添加了食用酒精，更添加了各种食品添加剂（香料）。在新国标实施后，理论上这些酒企将面临转型或改进酿造工艺，如若不改变则没有办法划入白酒序列，只能改名为"配制酒"。中国酒业协会公布的酒业半年数据显示，2021年上半年，纳入统计范畴的有一定规模的白酒企业有957家，数量较上年同期减少了83家，但白酒完成的销售收入和累计实现的利润总额同比分别增长了22.36%和30.71%。[2] 伴随白酒企业数量的减少，行业整体呈现向优质品牌集中的态势，从而使市场份额加速向行业龙头企业集中，未来白酒行业将呈现"强者越强，弱者越弱"的态势。

（四）促进白酒行业健康发展

白酒市场鱼龙混杂，尤其是低端白酒市场。许多低端白酒作为消费者的日常口粮酒，消费频次高，带有快消品属性。在新国标出台前，个别酒类企业从自身利益出发，为了弥补白酒产品口感的不足，在白酒中添加了某些符合国家规定的添加剂，如食用香料（酯、酸等）、甜味剂等。但这些酒企大多不愿意承认使用了食品添加剂这一事实，因此很少在白酒产品标签上注明

① 张秀茹：《白酒新标准将出台约有3000家小企业出局》，《中国连锁》2014年第3期。
② 《酒业半年数据发布，白酒有望拉动全年利润创新高》，"轻松的旅行"搜狐号，2021年7月30日，https：//www.sohu.com/a/480457395_121123712。

食品添加剂。这种规则的"允许"以及"薄利多销"的商业理念被某些品牌抓住，它们大量生产售卖低廉白酒，同时很大一部分消费者不能有效辨识这些酒的品质，自身权益无法得到保障。

因此，《白酒工业术语》（GB/T 15109—2021）明确规定添加剂不能用于白酒；液态法和固液法白酒可添加粮谷类酒精，但不能添加其他原料酒精和添加剂，若添加了非谷物成分则只能被称为"配制酒"而不能称为"白酒"，这对推动白酒行业健康发展具有重要意义。一是企业在酿造固液法白酒和液态法白酒时只能按照要求，使用谷物食用酿造酒精，不能使用食品添加剂，这对规范使用食用酒精和添加剂有重要作用。二是通过新国标规范白酒食用酒精和添加剂的使用，进一步助推白酒行业健康发展。三是有助于消费者更放心明白地消费白酒产品，对白酒、配制酒、固态法白酒、液态法白酒、固液法白酒有更清晰的认识，有利于白酒行业健康可持续发展。

（五）保障消费者权益

新国标对"白酒"的定义和范围做了一个全新的框定，有利于消费者明白原酒的内涵和外延。

过去固态法、固液法生产的都叫白酒，今后的白酒必须是固态法酿造的，这也是固态白酒原酒委员会认可的原酒标准。新国标的颁布实施，将认知误区、消费误区和标准误区三大误区阐述清楚。"采用固液法酿造的酒、酒精酒等不能算白酒，白酒一定是固态纯粮酿造的。"新国标明确没有以"粮谷"为原料酿造的酒都属于调香白酒范畴，而不能归属于"白酒"。此外，固态法白酒不可添加非谷物食用酒精，亦不能使用食品添加剂。

如今明确定义显然更有利于强化消费者认知，保障消费者权益。好的白酒不仅口感要好，体感、健康感也要好。而在国家没有修改白酒生产标准以前，无良的生产企业会用工业酒精勾兑白酒，再加上很多消费者对白酒标准没有清晰的概念，这些企业就会肆意伪造自己的身份，标注纯粮固态酿造的字样。新国标不仅让白酒产品统一化，还让消费者更容易理解。依据新国标的规定，对"传统工艺的白酒"以及添加了香精香料或者食用酒精的新工

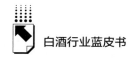

艺白酒，消费者完全可以一目了然。

因此，新国标有利于维护消费者的知情权，减少信息差，进一步增强白酒行业的透明度和自律性。在更为科学严谨的检测方式方法面前，白酒与调香白酒两种品类被清晰界定，消费信息更为对称。此前行业内存在的不实宣传、模糊与混淆概念、以次充好的乱象将被进一步肃清。

四　新国标背景下白酒行业的发展建议

（一）持续推动白酒标准升级

推动我国白酒标准不断升级，有利于我国白酒行业在国内外市场的健康发展。我国白酒标准体系包括白酒安全标准体系、白酒消费标准体系、白酒技术标准体系、白酒文化标准体系、白酒产品追溯标准体系、白酒感官体验标准体系等。在"中国白酒3C计划"的推动下，我国白酒标准体系建设成果显著。但中国白酒要想实现国际化，还要不断推动中国白酒标准体系建设，向国际市场说明什么是中国白酒，对中国白酒的概念和分类、产品特色、感官特点、技术规范等进行清晰界定。而不是让国际市场单纯地认为白酒是威士忌、伏特加、干邑的变种。中国白酒是"China Baijiu"，是世界蒸馏酒家族中独树一帜的成员，是将粮食谷物作为制酒主要原材料，将小曲、大曲、酶制剂、麸曲、酵母等作为糖化发酵剂，再通过蒸煮、糖化、发酵、蒸馏、陈酿、勾调制作而成的蒸馏酒。由于我国白酒消费标准和文化标准体系建设刚刚起步，因此还需要进一步推动中国白酒消费指南和中国白酒文化体验标准的建设，从而使国内外消费者更清楚地认知中国白酒消费方式，加深对中国白酒文化的体验，为中国白酒国际化奠定基础。

（二）继续严格白酒质量管控

产品质量安全是企业经营的重中之重。目前白酒市场的酒类产品繁多，但缺少质量得到严格把关的好酒，这在一定程度上影响了白酒企业的销量和形象。因此，白酒企业在白酒酿造过程中应坚持传统纯粮固态酿造技艺，严格执行产品质量控制标准和程序，确保从原辅料采购、生产过程管控，到成品酒出厂的全过程质量控制程序和标准执行有效，不出现任何一个监管死角或盲区。同时要加快建设和完善质量标准体系，构建产品质量全程可追溯体系，以此助推白酒标准化生产，还要推动白酒行业酿造技术及设备研发向智慧化、信息化发展，提升应用水平，提高质量控制能力。加快小微生产企业质量安全监测公共服务平台建设，强化质量管控，确保食品安全。

（三）科技创新助推白酒品质升级

白酒新标准的发布将推动白酒行业优胜劣汰，因此为提高自身的竞争力，白酒企业应坚持科技创新驱动，增强内生动力。第一，科技创新应以提升产品品质为前提，产品品质是扩大品牌影响力的关键因素。第二，应在白酒传统酿造工艺基础上进行科技创新。白酒传统酿造工艺不应该故步自封，而应该通过科技创新提升产品品质。第三，科技创新应更好传递白酒的价值。白酒行业要走向国际，不仅要提升品质，同时也需要做好白酒的价值传递。第四，科技创新还应该重视白酒国家标准体系的引领。

因此，白酒行业应加快构建以白酒企业为主、科研院所为依托的"产学研"创新研发体系，加快白酒工艺相关成果的转化。加快开发具有自主知识产权的核心技术和产品，提高白酒的科技含量和产品档次。同时建设一批科技创新基地和产业化示范基地，支持白酒生产企业电子商务建设、电子商务信息化平台建设，引导企业发展官网直购平台、移动互联、O2O营销等。

B.4
深入挖掘酒文化助力白酒企业转型升级

摘　要： 中国酒文化内涵丰富、底蕴深厚，深入挖掘酒文化内涵特色、推
动酒文化与其他产业深度融合、激发酒文化的潜在经济效益，是
促进中国酒文化发展进步、提高文化软实力、加快白酒企业国际
化进程的重要战略，是促进国内白酒企业转型升级、逐鹿国际市
场的重要途径，具有重要的历史与时代意义。目前，国内白酒企
业在挖掘酒文化、打造品牌特色的实践中取得了一定成绩、积累
了一定经验，如推动酒旅跨界融合、注入酒文化培育品牌力、融
入养生理念助力健康酒市场、营销酒文化社交属性等。但也暴露
了一些问题，如对酒文化挖掘的深度不足、开发利用的效率有
限、潜在市场空间巨大。基于此，本报告从融合发展、传播效
应、价格策略、营销方式等几个方面，提出深入挖掘酒文化助力
白酒企业转型升级的发展策略。

关键词： 酒文化　白酒企业　酒企升级

中国酒文化是五千年中华文明的重要组成，内涵丰富、底蕴悠远，多少
文人雅士饮酒吟诗、以酒作画，留下了宝贵的文化遗产。酒，作为历史变迁
的见证者，思想、习俗、文明的承载者，酒文化已渗透人们日常生活的细枝
末节与社会经济的诸多领域。它既是社会风情的折射、人物性格和命运的渲
染，传统文化和当代生活的纽带①，同时也是推动经济增长的"隐形资产"、
酒业发展的内在动力。在我国经济已由高速增长转向高质量发展的新阶段，

---

① 侯红萍：《酒文化学》，中国农业大学出版社，2012。

白酒行业发展面临新形势、新使命、新要求。因此，深入挖掘酒文化的内涵特色、推动酒文化与其他产业深度融合、激发酒文化的潜在经济效益，具有重要的历史与时代意义。不仅有助于提高国民对中国酒文化的正确认知、促进酒文化的传承与创新，同时有助于增强白酒企业的核心竞争力、提升白酒的国际竞争力，从根本上推动白酒产业的高质量发展。

一　深入挖掘酒文化的必要性

酒文化的变迁伴随时代的发展，随着生活方式、生活观念等的改变，人们对酒也产生新的理解。但无论是物质层面还是精神层面，都存在一些对酒文化的不当解读和利用。从国内酒文化的发展来看，目前我国民众对酒文化的认知存在结构失调现象，对酒文化内涵的认识和理解不够深刻；现代酒文化文学色彩逐渐淡化、文化底蕴不深厚；忽视酒文化的内在力量、追求短期经济效益；对酒文化"隐形资产"地位、国际传播功能的认识和利用有待加强。这些问题导致传统酒文化传承不够、现代酒文化创新不足，文化优势难以转化为经济效益。因此，深入挖掘酒文化的必要性与重要性不言而喻。

（一）现代酒文化文学色彩淡化，酒文化内涵挖掘刻不容缓

中国酒文化源远流长，贯穿中国历史，在中华文明中具有不可替代的地位。酒，作为一种特殊的文化符号，酒文化已渗透人类社会生活的方方面面。在文化诉求上，酒文化中蕴含的酒德、酒礼、酒道起着价值引导的作用；在历史传承上，酒文化中的酒政、酒事、酒文起着社会传播的作用；在民风民俗上，酒文化中的酒俗、酒令、酒风起着微观整合的作用。[1]

纵观酒文化的发展史，传统酒文化与古代文学的发展密不可分。内涵丰

---

[1]　刘万明：《中国酒文化结构失调及优化》，《四川理工学院学报》（社会科学版）2017年第1期。

富的酒文化为中国文学提供了独特的创作源泉，而形式多样的中国文学则成为酒文化的有力传播载体。如诗歌中，王维《送元二使安西》"劝君更尽一杯酒，西出阳关无故人"浸透了诗人全部丰富深挚情谊，表达了依依不舍的送别之情；散文中，欧阳修《醉翁亭记》"醉翁之意不在酒，在乎山水之间也"表现了诗人寄情山水、与民同乐的思想；绘画中，明清瓷器上的《醉八仙图》根据杜甫《饮中八仙歌》的诗意绘出贺知章、汝阳王、李适之、崔宗之、苏晋、李白、张旭、焦遂8位唐代著名嗜酒文人的形象；音乐中，李商隐的《杂曲歌辞·杨柳枝》、王维的《送元二使安西》在唐代广为传唱。可见，流芳百世的文学作品是酒文化传承的重要载体。传统酒文化成为中华民族独有的文化瑰宝，底蕴深厚。

然而在近现代，酒文化发展与文人文学创作之间似乎缺少了一些火花，因酒而成的脍炙人口的文学作品越来越少。随着酒文化的文学色彩渐渐淡化，其对文学发展的推动作用大大减弱，也限制了酒文化的传承与传播。缺少现代文学作品的支撑，酒文化逐渐落后于时代的发展进步。这一现象出现的主要原因在于，人们对酒背后的文化精神认识不足、重视不够，无论是文学创作还是对酒产品的设计宣传，都缺少对酒文化内涵的深入挖掘和有效利用。中国酒业历史底蕴深厚，酒文化精神与中华文明基本精神高度一致，是推动社会文明发展、经济增长的重要力量。因此，面对中国酒业高质量发展提出的新要求，以及传统酒文化传承不够、创新不足、经济效益有限的客观现实，深入挖掘酒文化刻不容缓。

（二）滥用酒文化追求短期效益，遏制了酒文化的健康发展

酒，对中国人，是礼，是情，是精神传播的载体。酒文化中蕴含丰富的审美精神，它强调主体的自由意志，推崇超越世俗的空灵境界，彰显主体的英雄情怀，体现高雅的休闲情趣，在不同时代、不同阶层中焕发着不同的活力。[①] 秦汉时期，酒文化蕴含力量和阳刚；魏晋时期，品酒是为了放达和自

---

① 李庶：《中国酒文化精神的美学品格》，《中华文化论坛》2014年第11期。

由；唐代，饮酒意味着奋发。不同阶层之间，酒文化体现着文人尚雅、侠客尚豪、英雄尚勇、政家尚智的不同情志。可见，中国百姓和文人在长期饮酒过程中，形成了独特的礼仪习俗和审美价值，体现了中国酒文化独特的美学品格。

然而过去几千年酒文化的发展呈现一种自然发展的状态，无人总结、规划、推广和引导。酒文化的形成、发展和传承基本靠民间自觉。[①] 这种文化发展规律与当代社会浮躁的氛围和紧迫的节奏相比，显得格格不入。面对经济市场的迅速发展、营销理念的不断创新、宣传媒介的不良诱导，一些白酒企业为实现"跨越式""追赶式"的非常规发展，采用"杜撰""造假"或者"嫁接"的手段，忽略了对酒文化的深入挖掘，导致企业的产销规模、发展战略和规划呈现明显的"泡沫化"。尤其随着白酒价格的日渐攀升，一些地方为追求短期的区域经济发展，在没有进行科学调研、考虑企业自身发展规律和深入挖掘企业自身酒文化的前提下，"拍脑子"制定区域白酒产业发展规划，违背了整个白酒产业的发展规律。[②]

酒文化作为中华传统文化中的一部分，是白酒企业发展的根本动力。但如今的奢靡之风、享乐之风不可避免地扭曲了酒文化中的传统美德，也忽视了酒文化对白酒企业发展的促进作用，酒文化发展亟须正确的规划、推广和引导。

（三）国际市场竞争激烈，酒文化传播有助于维护文化安全

文化安全是指国家的文化不受其他国家文化侵蚀、取代或者同化，而保持自身独立、完整并不断传承和发展的状态。[③] 在以国内大循环为主体、国内国际双循环相互促进的新发展格局的引领和"主场全球化"的发展进程中，文化观念不断地碰撞和创新导致各民族面临被外来文化入侵甚至同化的安全考验。酒文化作为中华民族的代表性文化之一，既是

---

① 杨小川：《中国酒文化变迁的影响因素研究》，《酿酒科技》2014 年第 8 期。
② 杨小川：《中国酒文化变迁的影响因素研究》，《酿酒科技》2014 年第 8 期。
③ 陈大民：《捍卫国家文化安全》，《求是》2012 年第 16 期。

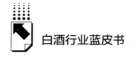
白酒产业进军国际市场的重要抓手，同时也承担着维护中国文化安全的重担。

随着各国酒文化对中国传统酒文化的不断冲击，如今的中国酒市场呈现白酒、黄酒、啤酒、葡萄酒以及其他洋酒分庭抗礼的竞争格局。根据云酒传媒大数据中心发布的《2021 酒类热度 TOP10 省份》报告[①]，在大众啤酒日趋饱和的背景下，中国正加快推进"精酿啤酒"的高端化发展布局，啤酒将与白酒一起争夺高端市场份额；沿海省份对葡萄酒及其代表文化的接受程度更高；作为内陆夜间经济"领头羊"的四川、湖南有着更加多元的饮酒喜好，四川同时也是我国的白酒大省；除白酒、啤酒等传统强势酒种外，以果酒为代表的低度酒产品正在成为资本追逐的新热点。各类酒种竞争的背后是文化市场的争夺，影响大众对酒文化的偏好和认同。

随着洋酒逐渐入侵中国市场，外来酒文化也逐渐对国内的酒文化产生了潜移默化的影响。如欧洲的葡萄酒在提高中欧经济贸易依存度的同时，宣扬了健康饮酒和低度饮酒的理念；德国的啤酒文化给中国年轻一代的交友方式、生活娱乐形式带来不小的变革等。事实上，不管是西班牙的葡萄酒、英国的威士忌、法国的白兰地、俄罗斯的伏特加、日本的清酒还是韩国的烧酒，它们作为贸易商品在获取超额利润的同时，也作为代表国的文化载体起到培养饮酒者文化认同的作用。[②] 它们通过外国文学作品、影视音乐和广告宣传等文化资源对酒文化进行国际传播，通过文化对话、文化外交来提高文化影响力，让中国国民逐渐认同其酒文化所体现的价值理念。然而，我国历史悠久、工艺精湛、品质卓越、底蕴深厚的白酒文化，因为缺乏对文化内涵的深入挖掘和宣传营销，逐渐在竞争激烈的酒文化市场中处于弱势地位。因此，深入挖掘中国酒文化是增强国民文化认知和文化自觉、提高国际市场竞争力、维护中国文化安全的有力武器。

---

①　云酒传媒大数据中心：《2021 酒类热度 TOP10 省份》，北京云酒传媒有限公司，2022。
②　吴勇：《白酒亟待代表中国文化走出国门》，《华夏酒报》2021 年 4 月 27 日。

二 白酒企业开发利用酒文化的新现象、新问题

近些年，国内白酒企业逐渐意识到酒文化对品牌塑造、市场竞争力提升的重要性，纷纷将酒文化纳入企业的发展战略，在利用酒文化方面做出了很多新的尝试和努力，取得了一些成效，但同时也出现了很多新的问题。整体来看，白酒企业对酒文化内涵的挖掘还较为浅显，酒文化精神的提炼不足，酒文化融合企业发展的程度不够、方式简单，经济效益转化效率有限。一些头部白酒企业与各地旅游部门跨界融合，推出"旅游+酿造过程参观+酒品鉴"的文化旅游新模式；各家白酒企业纷纷推出高端白酒品牌，抢占高端白酒市场。但目前企业主要通过设计产品名称和广告话术吸引消费者注意，对消费者高层次文化价值需求关注不够。很多白酒企业将酒文化与养生文化融合，打造养生保健酒产品，为现代酒文化增添健康内涵，但新产品的文化内涵还不够清晰。随着消费者商务应酬方面的需求升级，各大白酒企业以酒的社交属性为营销点，陆续推出公商务专用酒系列，争夺高端市场。但很多产品存在价格虚高、品质较差的问题。超低性价比的伪高端商务酒破坏了酒市场的良性竞争与健康发展，也违背了匠心制酒、以酒会友的酒文化精神，反而失去了消费者对白酒市场的信任与信心。

（一）酒旅跨界融合，开启酒文化旅游新模式

随着大众旅游热潮来袭，消费者对场景消费和深度体验的兴趣越发浓厚。消费者在消费文化产品的过程中增加文化资本，提高欣赏和品味文化的能力，从而改变自身的偏好，提高消费者文化消费的边际效用。[①] 中国白酒作为中国文化的重要标签，其酿酒产区的自然地理环境，酿酒的酿造技术、原料、历史为白酒企业打造旅游景点奠定了重要的文化资源基础，为消费者与白酒企业的深度互动提供了文化体验对象。

---

① 晏晓丽：《国内文化消费理论的研究述评》，《管理工程师》2013 年第 3 期。

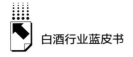

2021 年，途牛联合中酿品致公司在北京举办了"红色酒旅"活动，邀请 600 多位资深白酒文化爱好者重走红色旅途，深入参观新中国第一家国营白酒企业华都酒厂，进入古法酿造车间，观看制酒的复杂流程，围绕观、学、做、品、酿、藏，全方位、多维度体验和感悟华都酒厂自建厂以来各个阶段的不同产品和精神。如"十三陵""燕岭春"的老品牌以及"承天门酱酒""山河永固酒"这样的创新产品。① 2021 年 10 月 16 日，燕南春酒文化博览园（廊坊）举办第三届燕南春白酒文化节，以"致敬先锋，大爱珍藏"暨燕南春老酒封藏大典为主题，传承弘扬"匠心、爱心、精心"的酿酒情怀，做优、做强廊坊白酒产业，促进廊坊旅游业的发展。② 中国"白酒金三角"，即泸州、宜宾及遵义三座毗邻的著名酒城形成的三角地带，这里拥有优越的自然环境和酿酒技艺，是世界闻名的美酒聚集地。2022 年 1 月 17 日，中国人民政治协商会议四川省第十二届委员会第五次会议建议把"中国白酒金三角"纳入长江国家文化公园规划建设范围，并将其建成川黔白酒国家文化公园，以此推动长江生态名酒产业带发展，并进一步将其纳入长江经济带建设。③ 将酒文化主题、工业主题、美食主题、红色主题等整合到一组旅游产品中，形成"旅游+酒企生产酿造过程+酒品鉴"的酒文化旅游模式，可以让游客真正了解白酒企业、认同酒文化，进而促进旅游产业发展。

目前来看，推进酒旅融合还须进一步推出创新融合产品。各白酒企业应结合自身特色打造酒文化主题旅游，从旅游体验与文化体验两方面进行酒产业文化旅游产品的创新开发，打造酒文化名片，提升中国白酒的品牌营销力及国际传播力。

（二）注入酒文化培育品牌力，开拓高端市场

酒是人类活动的文化媒介，它依托得天独厚的微生物自然环境，受益于

---

① 《跨界酒旅生态，途牛开启工业旅游新模式》，《北京商报》2021 年 9 月 10 日。
② 李德美：《第三届燕南春白酒文化节盛大举行》，《企业家日报》2021 年 10 月 30 日。
③ 张诗若：《省政协委员李后强：建议川黔携手，共建"川黔白酒国家文化公园"》，《四川经济日报》2022 年 1 月 18 日。

传承改良的酿造技术，更借助历史底蕴丰厚的文化内涵，其本质是一种文化情感象征物。以酒文化资源为原料，培育白酒品牌竞争力，有助于塑造文化上的品牌差异，赋予品牌精神和文化魅力，从而开拓高端白酒市场。

近年来，一些白酒企业在产品开发上注入文化元素，纷纷推出高端白酒产品系列，如贵州茅台的大木珍茅台酒、紫砂金龙茅台酒、纸珍茅台酒、生肖茅台酒、飞天茅台酒，五粮液集团的五粮液·交杯、五粮液·1618、五粮液·普五，泸州老窖的果窖1573，汾酒的青花50、青花40和青花30，洋河的手工班、梦之蓝M9、梦之蓝鼠年生肖，剑南春的东方红1949、水晶剑，古井贡酒的古26、古20，董酒的国密系列·特级密级、国密系列·佰草香，习酒的君品、窖藏1988，郎酒的青云郎五十、红运郎三十、青花郎等。然而，在过热的白酒高端化转型风潮下，产品设计同质化、宣传手法单一化、文化融入简单化的现象越发严重。大多数白酒企业忽视了对产品酒文化内涵的挖掘与提炼，文化融入多表现为产品名称、产品包装等外在形式，形式单一、易于模仿、创新不足。

优秀的高端白酒产品，应结合企业的规模、历史文化等因素，满足目标消费人群的物质和精神需求。企业应根据自身的经营管理、技术开发、品牌营销等方面的竞争优势，积极融入宗教、艺术、哲学、道德、科学等文化要素，从而塑造差异化的高端品牌。酒文化的渗透力是白酒企业提升品牌价值的基础，白酒产品的高端化不等同于确定目标市场，不等同于产品差异化，也不仅仅是产品名称构思和广告口号宣传。企业应将重点放在酒文化的深入挖掘上，基于自身特色和白酒历史与文化内涵，开发白酒产品，满足消费者知识型、情感型、趣味型、艺术型和文化型等多种需求。白酒企业应以酒文化为根本，完美演绎从品牌文化到民族文化的升华，讲述白酒独有的品牌故事和品牌价值观，从而在高端白酒品牌和消费者之间建立价值共鸣和情感共鸣。只有充分挖掘和体现酒文化的高端白酒产品，才能在未来有更广阔的市场空间。

（三）融入养生理念，酒文化助力健康酒市场

随着中国人均可支配收入的提高以及平均寿命的增加，我国老龄化现象

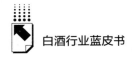

越发严重。同时，不断增加的工作强度和不良的生活习惯使很多人处于亚健康状态。在这样的背景下，我国国民开始越来越注重身体健康，养生文化逐渐盛行，养生保健酒行业迎来黄金发展期。2019年我国保健酒产量达94.64万千升，消费量突破90万千升。根据糖酒快讯数据，截至2020年我国保健酒市场规模突破400亿元，增长率为18.4%。预计未来我国保健酒产量将继续增加，到2025年，全行业保健酒产量将达到133万千升左右，年均复合增长率达5.9%。①

　　保健酒是以白酒为酒基，加入有治疗作用和滋补性质的中药或者药食同源物质，是普通白酒的延伸，具有养生健体、保健强身的作用。根据原材料的不同，保健酒具有不同的功效，主要包括以椰岛三鞭酒、古岭酒为代表的肾功能保健酒，以劲酒、鹿龟酒为代表的延年益寿酒，以将就酒、藏红花药酒为代表的功能强化酒，以宁夏红枸杞酒为代表的营养保健酒和以东北第四宝酒为代表的淡化保健酒功能的保健酒。由于保健酒的酒基是白酒，许多著名的白酒企业也纷纷加入该行业，抢占养生保健市场。如山西杏花村集团推出的竹叶青酒、贵州茅台集团推出的白金酒、五粮液集团推出的黄金酒。养生文化的兴盛为酒文化的发展增添了新的健康内涵，也创造了新的市场空间。养生文化与酒文化的碰撞融合催生了养生保健酒文化，但产品的文化内涵却不够清晰，很多人对保健酒有不同程度的误解。保健酒是白酒的延伸，自然也继承了一定的白酒文化，但现阶段大众对保健酒和药酒的区别却较为模糊，很多人认为保健酒就是药酒，保健酒治病更甚于养身，这造成了"健康的人不喝保健酒、不健康的人不敢喝保健酒"的现状。分析其原因，一方面市场上确实存在一些品质低劣的保健酒产品，失去消费者信任；另一方面也与保健酒文化宣传不到位有很大关系。白酒企业在逐鹿保健酒市场的过程中，首先一定要对其文化内涵有清晰的定位，酒文化与养生文化的融合，其核心在于"健康"二字，其产品品质也必须达到要求，这样的产品

---

① 前瞻产业研究院：《中国保健酒行业产销需求与投资预测分析报告》，前瞻产业研究院，2021。

才能赢得消费者的信赖。其次，白酒企业应强化对保健酒文化健康新内涵的解读与宣传，增加社会认同感。

（四）营销酒文化社交功能，开发商务酒市场

一直以来，酒都是情感交流、精神表达和礼尚往来的重要物质载体。以酒会友、以酒宴客也是中国人最为喜欢的交友方式和待客之道。正所谓"无酒不成宴""煮酒论英雄""酒逢知己千杯少"，酒作为情感的黏合剂、催化剂，酒文化在人际交往中发挥了重要的媒介作用，酒的社交属性是酒文化的第一内涵。

现代社会，白酒的社交功能依然被发挥得淋漓尽致，商务宴请、朋友聚餐、家庭聚会都少不了酒的"助兴"。虽然酒局上经常出现一些"劝酒""灌酒"等不良行为，已严重扭曲了原本蕴含礼仪、社交、休闲的酒桌文化，社会上也出现了一些反"酒桌文化"的声音，但依然不能否认酒在社交中的重要作用。尤其在一些公务、商务宴请中，"酒"代表着尊重、礼貌、礼仪、重视。近年来，中国商务酒行业的快速发展正是得益于对酒文化中社交功能的利用。许多白酒企业以此为营销的新抓手，陆续推出"公务用酒""商务用酒"等接待专用酒系列。如贵州茅台集团推出的茅台飞天迎宾酒、五粮液集团推出的五粮液普五、泸州老窖推出的国窖1573，这些白酒主打商务、公务宴请，但其价格往往让人望而却步。更有一些白酒企业盲目跟风，一味提高白酒价格，追求短期高额利润，而忽视了白酒品质的提升，违背了酒文化匠心制酒、以酒会友、尊敬信任的精神内涵。此外，公务、商务酒价格的提高，也直接提高了公务、商务接待标准。白酒文化中以酒敬友、以酒宴客体现的感情催化剂和黏合剂作用被面子思想、攀比心态扭曲，滋生了社会上的不良风气。党的十八大以后，国家颁布了一系列整顿公务消费的政策，在"三公"消费限制日益趋紧的政策环境下，公务、商务专用酒消费规模有所下降，也为白酒企业敲响了警钟，一味提高价格、忽视品质的提升只能获得短期利润，对酒文化的利用如果违背了酒文化的精神价值和发展规律，只作为营销的噱头，终难以获得长久可持续的发展。

三 深入挖掘酒文化助力白酒企业
转型升级的发展策略

我国酒文化源远流长，已充分融入大众生活。随着酒文化价值的不断提升，酒文化资源优势逐渐向经济优势转化，并取得了一系列实践成果。整体来看，目前白酒企业对酒文化内涵的挖掘仍不够深入，酒文化传承不够、创新不足、赋能企业转型升级的效果有限，文化优势转化为经济效益的空间还很大。白酒企业的转型升级应以酒文化为核心，打造酒文化旅游目的地，提升品牌吸引力和市场竞争力，讲好中国白酒故事，布局国际市场，打造世界级的酒文化名片。在产品开发方面，白酒企业深挖不同消费群体的需求，丰富产品种类与层次，释放高端、低端白酒市场的消费潜力；不断创新营销方式，拓宽白酒文化的宣传范围，加大酒文化的传播力和渗透力。多方联动、多点发力，助力白酒企业转型升级。

（一）打造酒文化旅游目的地，提升品牌竞争力

为在经济转型中占据先机，越来越多的企业认识到文化在提升企业品牌竞争力的过程中发挥的重要作用。中国白酒企业的长期发展离不开优秀酒文化的支撑。酿造技艺是白酒赖以生存的根本，文化积淀则是白酒的生命和灵魂。因此，白酒企业发展不仅要着眼于酿酒技艺的传承和改良，还须注重对酿造地文化资源的开发、利用和宣传。

酒文化与旅游的融合发展为传播酒文化提供了新的方式，开辟了酒业发展的新方向。白酒企业应依托酿酒地独有的资源和产业优势，打造酒文化旅游目的地，以文促旅、以旅彰文。在融合产品的开发上，白酒企业应重点设计以酒文化为核心的旅游体验项目，充分挖掘酒文化内涵，设计产品内容，并从配套设施、宣传营销等多方面着手，形成系统的酒文化旅游产品体系和营销布局，从而加大企业品牌传播力、吸引力，提升品牌竞争力。旅游项目设计方面，可尝试以酿造技术体验、白酒现场品鉴、酒诗词鉴赏等形式满足

旅游者求新、求异的心理需求；旅游配套设施建设方面，可与中高端酒店、连锁酒店和农家乐开展合作，提高酿造地游客的接待能力；宣传营销方面，可加强区域合作，构建特色旅游线路，形成全方位、立体式的营销策略，全面提升旅游目的地的文化形象。

（二）讲好中国白酒故事，打造世界酒文化名片

随着中国国际影响力的不断扩大，国际地位的不断提高，中国优秀传统文化作为世界文明的一部分，也应加快"走出去"的步伐，进一步提升国际竞争力。酒文化是中华文明的重要瑰宝，中国白酒要走向世界，文化先行输出已成为共识。[①] 讲好中国白酒故事、扩大酒文化国际传播影响力、打造世界级酒文化名片将成为中国白酒进军国际市场的有力武器。

讲好白酒故事，根本在于对酒文化内涵的挖掘和提炼。酒文化主要包含酿酒文化、酒具文化以及酒礼文化等。在酿酒文化上，因产区的不同和工艺技术的差异，白酒形成了丰富的香型体系。每一种香型的酒都有能够体现自身特色的酿造文化，可对特定香型的白酒进行广告宣传和文化旅游品鉴，传播我国特色的香型白酒文化。在酒具文化上，可将中国酒文化与其他艺术形式有机结合，如对酒具上文字的设计，可以将中国书法字体与现代版式结构相结合，在体现中国书法独有韵味和律动感的同时，融入现代视觉的张力；对包装图形的设计，可以加入像祥云、龙、凤凰等中国传统图案以及回纹、盘长纹等纹理图案，展现中国文化特色，这些图案展现了中国人民对美好生活的向往，体现了中国传统文化的独特魅力；对酒具形状的设计，可选择类似长瓶颈、圆瓶身等形状，向世界展现中国人洒脱、纯粹、高雅的气质。[②]在饮酒文化上，向世界传播我国白酒"时、序、效、令"的传统礼仪。对这一文化的宣传，可以通过文学作品、影视音乐和广告宣传等形式进行，以文化对话、文化外交来提高酒文化的国际影响力，让海外朋友逐渐了解并认

---

① 孟宝、郭五林、鲍燕：《中国白酒金三角旅游开发与中国白酒品牌国际影响力提升浅议》，《酿酒科技》2012 年第 9 期。

② 孙宝瑞：《白酒包装文化的国际传播研究》，《西部皮革》2020 年第 18 期。

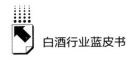

同中国饮酒文化。通过对酿酒文化、酒具文化以及酒礼文化的传播，推动中国酒文化布局从区域性向复合型再向国际化转型，打造世界级酒文化名片，助力中国白酒在世界站稳脚跟。

（三）丰富产品层次，释放高端与低端白酒消费潜力

过去的十多年里，公务、商务消费成为我国白酒行业高速增长的主要动力，"公务酒""商务接待酒"一度成为高端白酒的代表产品。但随着2012年国务院提出严控"三公"消费、禁止用公款消费高档酒，"公务酒""商务接待酒"带来的高收入和高利润增速下降。因此，深挖不同群体的消费需求、提升文化吸引力、挖掘潜在消费群体是白酒企业转型升级的必然选择。有研究显示，在白酒市场上，100~250元和250~500元价位的白酒消费者占42.24%和22.36%，而价格在100元以下和500元以上的白酒消费者占19.88%和15.33%。[①] 可见，目前白酒消费市场以中端、次高端白酒为主，高端白酒和低端白酒市场开拓空间很大。

近年来，白酒高端化趋势十分明显，各大白酒企业纷纷推出"千元档"礼品酒抢占高端市场，并以此体现企业品牌价值。随着人们生活水平的提升，少喝酒、喝好酒的消费理念逐渐盛行，高端白酒的消费者已从"三公"群体逐渐转向中产阶层。因此，高端白酒不应仅定位为礼品酒，其消费场景也不应仅局限在商务宴请、高端宴饮。高端白酒应在文化塑造上寻找突破口，了解中产阶层的情感需求，深挖文化根脉，增加消费场景。对于低端白酒市场，也应进一步明确产品定位，深挖工薪阶层、年轻群体的饮酒需求和偏好。消费者希望能够买到喝得起的、高性价比的、具有情怀的好产品。因此，低端白酒市场同样可以通过文化要素融入提升品牌溢价能力，开发多样化的"口粮酒"、丰富产品种类，满足消费者的个性化需求，如推出文化艺术酒、养生保健酒、纪念酒等，培育新的利润增长点。

---

① 李泽鑫、万龙：《白酒黄金时代戛然而止，贵州茅台如何寻找出路》，《科技经济市场》2018年第1期。

（四）不断创新营销模式，加大白酒文化渗透力

酒文化作为中华文明的重要组成、中国饮食文化的代表、中国文学艺术的承载者，其传承与发展是支撑白酒企业发展的重要内核。随着科技的进步，以及人们生活理念与消费需求的不断变化，对酒文化的宣传也须与时俱进，不断创新营销模式，加大宣传力度、强化宣传效果，进而增强白酒文化的渗透力，为白酒企业发展凝聚核心竞争力。如白酒企业可以通过"酒文化互动演绎""酒文化体验活动""酒文化广告语征集"等主题活动提高消费者的参与度，通过白酒与影视剧的结合宣传白酒企业的文化理念；利用新媒体如微信、微博、短视频等，科普酒文化中的酒礼、酒道、酿造技术、历史，弘扬优秀酒文化，提升白酒品牌的影响力，促进白酒企业持续健康发展。此外，白酒企业也可以通过问卷调查、深度访谈等方法开展市场调研，时刻关注和了解市场上的新需求、新变化、新机会。在保证白酒品质的基础上，融入新时代文化要素，制定符合市场新偏好的营销策略，创新营销方式，建立白酒企业与消费者、白酒企业与流行文化的联系，增强白酒的文化渗透力，推动白酒企业转型升级。

B.5
数字化、智能化转型背景下的
白酒行业发展

摘　要:　随着信息技术的不断发展,白酒行业进入数智化转型阶段。本报告研究发现,酒企在酿造工艺以及营销端数字化建设方面迎来了快速发展,各酒企纷纷开展了线上销售渠道的拓展与探索。本报告分析了智能化酿造的发展背景与现实应用,以及营销数字化发展的历程,发现在白酒行业数智化转型过程中,酒企仍普遍面临专业化人才匮乏、数据安全难以保障以及数据有效管理等方面的问题。白酒行业的数字化发展依然任重道远,距实现全产业链的数字化转型仍有较大距离。据此,本报告认为白酒行业数字化发展应将重点放在全供应链的数字化转型上,加强渠道数字化、终端数字化建设,完善供应链全线数字化发展。"互联网+"时代的来临对白酒行业而言,既是机遇也是挑战,顺势而为开展数字化、智能化改造,必将助力白酒行业实现转型升级。

关键词:　智能化酿造　数字化营销　数字化管理

　　白酒,在我国拥有悠久的发展历史,是中华文化的标志之一。白酒行业的发展壮大为国民经济的发展做出了重要贡献。2013年以来,因受到限制"三公"消费相关政策的影响,白酒行业的发展遭遇了前所未有的打击。随后5年为应对新的发展挑战,白酒行业进入战略调整期。同时,随着行业的不断发展,传统白酒的生产工艺严重制约生产规模的扩大,为适应时代变革的需要,各酒企意图通过数字化、智能化转型,探索新的发展模式。党的十八大以来，我国高度重视数字经济发展，将发展数字经济上升为国家战略。2021 年 3 月出台的《中华人民共和国国民经济和社会发展第十四个五年规划和 2035 年远景目标纲要》提出，要促进数字经济技术与实体经济的融合，促进产业升级。数字经济被赋予经济发展新引擎的地位，充分展现了数字化、智能化的重要战略意义。近年来，统计数据显示我国数字经济进入蓬勃发展期。我国数字经济体量正不断扩大，2005~2020 年数字经济规模由 2.6 万亿元增长至 39.2 万亿元。人工智能、大数据、云计算和物联网等数字技术的蓬勃发展，为企业的数字化改革奠定了坚实的技术基础。因此，数字化时代的来临促使白酒行业积极转型，主动拥抱数字化与智能化，进而提升行业生产效率，最终提高行业盈利能力。

一　智能化酿造对白酒行业发展的影响

（一）智能化酿造发展背景

白酒在我国拥有几千年的发展历史，是我国特有的一种蒸馏酒。作为传统的手工产业，白酒的酿造工艺繁复、原材料考究，且酿酒的周期长、成本高。传统人工酿造的方式，其产量很难满足现代市场的发展要求。因此引进数字化自动生产技术，无论是对提升白酒的生产效率，还是对扩大产品的规模都具有重要的推动作用。但现阶段，白酒行业的数字化更多集中在营销端，生产端的数字化、智能化程度相对较低。[①] 生产端数字化主要体现在包装与酿造板块。因此实现白酒全行业数字化转型，仍然有较长的路要走。

传统的白酒酿造方式主要是人工操作。因此，酿造过程中存在重体力劳

---

① 高敏、刘清华：《中国酒业应通过数字化和智能化实现转型升级》，《金融世界》2019 年第11 期。

动、劳动强度大等问题。① 随着时代的发展，原有的酿酒工人逐渐已近退休年龄，酿酒因属重体力劳动，所以工作性质较累，同时酿酒环境也十分苛刻，现在年轻劳动力加入传统白酒制造行业的意愿较低。因此，白酒行业逐渐出现用人成本高、招聘人才困难等问题。而智能化酿造，不仅在制造标准上更容易形成规范，而且产品的稳定性也将大大提高，可以节省大量成本。如酿酒环节中传统的"踩曲"，1 平方米的曲需要 18 位女性连续劳作才能完成。但踩曲工人的体重、踩曲的力度不一，因此踩曲的稳定性难以保证。智能化改造后，机械化踩曲仅需两人便可操作，大大降低了人工成本，提高了生产效率，进而促进企业竞争力的提升。

同时，为促进白酒行业智能化发展，相关协会不断推出白酒行业科技发展计划。尤其是 2011 年推出的"中国白酒 158 计划"，为白酒酿造的智能化升级起到了重要的推动作用。该计划针对白酒酿造的制曲、发酵流程，开展自动化升级，被称为"中国白酒工业革命"。随后于 2013 年推出"中国白酒 3C 计划"，助力"中国白酒 158 计划"推进，加快白酒行业智能化转型升级。

（二）智能化酿造的应用

1. 智能化制曲

要想酿好酒，首先做好曲。曲的培育质量，不仅影响白酒的风格，更会影响白酒的质量。传统培曲的工艺大大依赖于培曲人员的操作经验与操作环境。由于培曲环境中的温湿度等条件具有不确定性，需要有经验的培曲人员根据曲坯的发酵情况，结合自身的经验进行判断。因此该过程具有严重的经验依赖性。智能化酿造则是通过对大曲培育工艺的研究和对培曲数据的分析，利用计算机模拟技术，通过建立模型计算影响曲发酵的最佳温湿度与二氧化碳比例。通过自动化技术控制曲培养环境的温湿度等因素，为有益菌群

---

① 刘选成等：《数字化酿造工艺管理系统在浓香型白酒机械化、自动化和智能化酿造生产中的应用》，《酿酒科技》2018 年第 11 期。

的培育创造适宜的环境。因而智能化发酵技术大大提高了大曲培育的稳定性，提升了大曲的质量。最终不仅提升了白酒的品质，更增加了白酒的产量，有利于白酒批量化生产，实现规模效应。

2. 智能化发酵

一杯好酒的酿造，不仅需要上好的原材料和精湛的酿造工艺，还必须要有一个优质的发酵环境。白酒行业流传着一句俗语：酒香靠发酵。窖池为白酒原材料发酵的环境，是将白酒中所含的几百种微量元素、微生物转化成酒精的环境。因此，窖池环境是白酒酿造的重要基础，窖池环境的设计是塑造白酒风格的有力工具。智能化生产通过对发酵环境进行自动化控制，对入槽的料温、发酵的温度，以及其他因素进行精确化、自动化处理。通过计算机模拟找到最佳工艺曲线，使酒醅发酵按照最佳的模型设计开展，有利于酒醅中酿酒微生物结构的稳定和发酵代谢，促进有益微生物菌群的成长，促进风味化合物的生成，最终提高白酒品质。

3. 智能化勾调

在白酒的酿造过程中，由于生产原材料和酿酒工艺的差异，尤其是酿酒环境的区别，生产出的白酒品质和香型存在差异，因此衍生了白酒勾调的技术。传统的白酒勾调方式，需要勾调师凭借个人味觉，以及过往积累的工作经验进行操作。这样的勾调方式存在精确度低、效率低以及可复制程度低等问题，因而很难保证白酒的产量和白酒香型的精确度。在智能化生产的发展过程中，智能化勾调采用传感器监测技术，通过计算机模拟，精确调整各类香型白酒中风味物质的含量和匹配比例。在新一代色谱分析等技术的支持下，白酒的勾调技术流程更加规范化，以更优化的指标控制标准来检测白酒的勾调过程，大大提升了白酒勾调工作的精确度，提高了白酒勾调工作的整体效率，进而提高了白酒产量的稳定性。

4. 智能化包装

传统的白酒罐装过程，需要人工配合机器进行包装。智能化的包装过程，可以实现白酒包装工作的流水线作业。自动化包装，在罐装和外表封包方面均能实现一体化操作，智能化罐装技术与精品外包装印刷技术、智能标

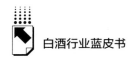

签研发技术等的应用，有利于大幅提升白酒包装环节的效率与质量。同时，增加计算机监测系统，用以控制白酒罐装过程的工作质量。自动化的包装与监测过程能够大大提升白酒罐装、封口直至封箱装车的工作质量。

5. 智能化物流

通过引进食品领域已经发展成熟的物流配送技术，以及构建现代化智能物流中心的方式，大大缩短白酒从出品到销售的时间，提高销售效率。另外，智能化发展还能实现从原材料筛选到生产加工，再到运输、销售的全流程监控记录，通过数据分析，总结能够提升效率的经验，从而有助于提升白酒产品的竞争力。

近年来，各项科技的发展也进一步推动了白酒行业的智能化酿造，但距离追平发达国家酒类行业的智能化发展水平，仍有较长的一段路要走。因此必须加快智能化基础设施建设、加大科技研发投入，从生产端智能化入手，逐步稳定地推进全供应链的智能化改造升级，切实推动白酒行业的现代化改革，从而提升白酒行业效益，促进白酒行业转型升级。

二 营销数字化对白酒行业发展的影响

自 2013 年以来，白酒行业迅速进入艰难的调整期，因限制"三公"消费等政策出台，整个白酒行业的销量出现断崖式下跌，行业寒冬瞬间来临。经过艰难的调整，市场格局逐渐由黄金十年的以公务消费为主导，转向以商用与民用为主。消费结构转变必然带来营销模式的转变。商用与民用酒要求市场具有多元化的消费场景，因此白酒行业尤其需要在营销上进行改革，用现代化的营销方式替代原有的传统贸易方式，以此来适应多元消费场景的需要。

数字化、智能化技术近年来不断取得突破与进步。2017 年数字经济首次在《政府工作报告》中提出，2019 年是数字化发展的突破年，2020 年新冠肺炎疫情突袭而至，对各行业的数字化发展提出了迫切需求。时至今日，线上消费和销售渠道的建设已迫在眉睫，随着时代发展，线上场景的丰富化、多元化也将拓宽白酒的消费场景，云喝酒、云买酒、云品鉴等线上场景快速发展，将分散在各地的人们紧密相连。一方面，白酒的消费群体在发生变化，白酒消费朝着年轻化、活泼化发展，市场涌现出江小白、小糊涂仙等年轻态白酒，无论是酒品风格还是推广方式都紧扣当代年轻消费者的心理。2018年江小白在抖音等短视频平台大量投放营销广告，一时间引起抖音用户争相模仿，使白酒"网络社交"的功能得到充分发挥，吸引了大量年轻白酒消费者，也使白酒逐渐融入国人的日常生活。另一方面，近年来快手、抖音等平台迅速发展，助力白酒企业实现"最后一公里"的推广。根据工业和信息化部发布的公告，截至2021年5月，我国智能手机用户高达16.08亿人，因同一用户可能同时拥有多部手机，按照2020年人口普查数据进行推算，我国手机覆盖率为113.9%。互联网"最后一公里"的拓展与智能手机推广的结合，给消费品行业的营销模式提出了新要求。白酒行业应乘上数字化发展的东风，通过数字化营销的突破，更快速、更精准、更深入地与白酒消费者进行沟通与联系，充分展现白酒悠久绵长的历史。白酒行业应将营销的重点放在线上消费推广和销售渠道升级，关注当代消费主体对白酒的购买途径，培育消费者的购买意愿，这对白酒行业未来的发展具有重要的战略意义。

据腾讯公布的白酒消费者调研报告，线上渠道是消费者了解白酒信息的重要途径，其中，线上社交圈渗透率为96%，微信生态渗透率高达86%。在微信生态中，通过公众号与微信群获取白酒信息的方式所占比重最大。在其他公共渠道中，短视频与自己搜索了解等途径是消费者获取信息的重要方式（见图1）。线上社交圈能够促进线上信息搜索向实际购买力转化，即实现流量变现。根据腾讯营销洞察的一项统计，购买白酒的渠道中，线上社交圈仅次于实体店交易，成为第二大购买渠道。其中，线上购买方式主要为品牌官网和手机程序。可见数字化营销推广是白酒行业未来发展的必然趋势。营销方式数字化（如加大向下沉互联网平台的营销投入）与营销工具数字化（如发展酒企官方应用程序）等，是白酒行业数字化转型的重要方向。

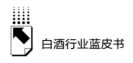

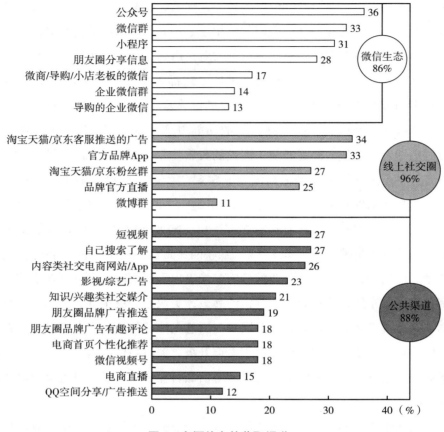

图1　白酒信息的获取渠道

资料来源：《腾讯2021白酒消费者调研》。

三　白酒行业数智化的未来发展策略

当前，白酒行业的数字化转型仍存在一定困难，尤其是在实现全产业链的数字化方面。未来白酒行业数字化发展的重点在于做好数字化技术突破与数字化组织管理工作。通过物联网等技术，实现"互联网+"模式的突破，加快白酒行业智能化进程的步伐。

（一）数字化技术能力

1. 持续推动酿酒环节数字化系统的研发

酿酒是劳动密集型产业，酿酒工作需要消耗大量的人工劳动。白酒行业数字化转型的重点和难点在于对传统酿造流程的数字化、智能化改造，推动白酒酿造标准化，降低劳动力成本。酿造数字化转型的重点工作主要包括以下三点。一是组建研究团队，推动技术创新。当前酿造数字化转型已经得到相关部门的大力协助，以四川省为例，四川省政府大力推进酒企与高校、研究院开展合作，建立博士后流动站，深入推进校企合作。同时，推动酒企与国外先进的智能化、数字化制造技术开发企业展开密切合作。二是大力支持科技创新，提供科研保障。为保证科研团队的研究工作质量，通过设计专项基金，大力支持研发团队的技术开发。三是推进酿酒基础工程研究。加快推进酿酒技术发展，积极开展针对微生物菌群、窖池老熟等技术的基础性工作研究。同时需要研发智能化机械设备，让其代替人工进行配料数据收集、分析，完善酿造过程中物料搅拌等工艺。最后需要在酿造环境、酿造原材料等方面加大研究投入力度，加快实现酿造过程全流程数字化发展。

2. 加强营销数字化基础建设

营销数字化的建设基础是营销数据采集与处理。随着时代的发展变迁，消费市场环境的转变、消费者需求的升级带来了营销环境的改变。因此增强对不断变化的消费市场环境的分析，是营销数字化建设的基础。营销数字化基础建设的内容主要包括以下几个方面。一是制定与自身产品特征相符合的数据收集策略。如可以通过品鉴会、交流会的方式，让酒企充分了解高端酒消费者对产品的需求。对中低端酒，酒企可以通过发放线上问卷、举办促销节等方式，分析消费者的消费需求，并向消费者推送相关产品信息，以此来收集不同目标客户群体对不同类型产品的需求。二是拓展数据收集渠道、扩大数据收集范围。数字化营销带来了大量的产品流转数据，同时信息量爆炸、类型繁杂，大量数据难以引流。因此，酒企需要做好信息收集分类工作，从宏观经济形势、行业发展动态、同类产品信息、消费者口碑等角度出

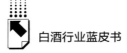
发，制定信息收集与分析方案。同时，酒企不仅需要通过线下渠道经营商、终端经营商等途径获取信息，而且需要做好线上终端的数据收集工作。通过多种渠道收集信息，进而开展信息分类、分析工作，为数字化营销奠定坚实基础。三是大力培养创新型人才。白酒行业的数字化转型发生在近几年，因此数字化营销人才的培育仍处在跟进阶段，数字化营销专业储备人才不足，目前大部分白酒行业营销人才依然没有足够的数据敏感度。[①] 因此，一方面要加强对现有白酒营销人才的业务培训，构建相关课程体系，建立营销指导手册，逐步培育现有营销工作人员的数据敏感度。另一方面要加快推进线下终端的数字化进程，利用数字化手段向顾客普及产品信息等。从两个方面入手，提高营销工作人员的数据营销专业度与敏感度。四是优化数据决策系统。在完善数据收集、加强人才数据素养培训的基础上，加强数据分析，并借助数据做出决策。需要加快建设决策指挥中心平台，推动数字化决策平台的上线与维护。数字化决策平台能够将海量信息进行归类分析，以提供有效的数据分析结果进行趋势预测。数据化决策中心平台能够为领导层战略决策的实施提供坚实的数据基础，有利于提高领导者决策的效率与科学性，促进公司战略决策目标的实现。

（二）数字化组织与管理

1. 加强数据安全防御系统建设

当前，对企业而言，"数据"成为越来越重要的无形资产。数据安全对酒企与消费者均具有重大影响。因此加快数据安全基础设施建设、提高数据管理安全度等工作变得日渐紧迫。[②] 一是加强数据安全基础设施建设。酒企可以根据公司自身数据安全设施的需要，选择与专业的数据安全企业合作，加快建设数据免灾中心，做好大数据的备份与保密工作，提高企业数据的安全性。同时，统筹企业内部数据交流渠道，将生产、营销、人力资源管理等

---

①　吴亚东：《A 公司白酒营销策略优化研究》，硕士学位论文，南京师范大学，2020。
②　武帅妹：《山西汾酒数字化转型下盈利模式及财务评价研究》，硕士学位论文，兰州财经大学，2020。

各渠道数据进行统一管理，形成内部稳定的数据信息网。二是制定数据安全防御制度。第一，需要制定数据安全防御制度，从生产、储备、传输各个环节对数据安全进行系统化维护。第二，加强数据安全全流程监控，建立集监测、警示、响应于一体的数据安全监控保障体系。第三，制定安全应急预案。建立局部数据恢复机制，保证在局部数据出现缺失和损坏的情况下，做到局部处理，不影响整体工作进展。对监测到的异常数据情况，建立及时有效的修复制度，做到快速反应，不影响整体工作进展。第四，健全数据备份制度。制定周期性数据备份制度，可以依据生产环节、不同生产区域等进行分批分次的定期备份与维护，保证数据的安全性和更新及时性。三是建立客户信息维护池。通过建立专门的客户信息维护部，做好客户隐私信息的标准化处理工作。在客户端数字化软件的建设方面，运用先进的加密技术保证信息传输安全，完善访问权限设置，保护客户的个人信息。

2. 加强数据安全组织管理

加强数据安全组织管理，需要从加强人才培育与引进，以及加强数字化管理两个方面开展。在加强人才培育与引进方面，一是加强优秀人才引进。充分借助当地经济发展优势，吸引专业人才。完善薪资制度，建立与企业发展相适应的、与被引进人才劳动效率相挂钩的工资制度。同时，做好岗位设计工作，对于引进的行业专家与领军人才，可以做到特事特办，有针对性地设计职位。对于其他优秀人才，可以给予标准内的最高岗位定级。为实施对数字化人才的激励措施，酒企应为数字化人才提供良好的职业发展平台，完善人才晋升机制，最大化激励数字化人才发挥自身的专业效能。二是加强人才间的交流。通过加强与国内外高校的合作，从国内外高校引入优质的数字化、智能化人才，同时加强与数字化头部企业的合作交流，加快对数字化专项人才的培育。三是加强人才技能培训。通过组织各类技能竞技比赛等方式，激励数字化人才不断提升自身的专业能力。同时对现有员工的数字化能力进行评估与再培训，通过人才引进保证数字化团队人才智库质量；通过人才互联互通，提升数字化技能团队的专业水平；通过对现有老员工数字化能力进行再评估与再培训，全方位提升企业数字化人才梯队的质量与技能。

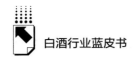

在加强数字化管理方面，一是建立数据标准体系。制定数据标准规划，明确数据标准制定的任务分工，组建数据标准制定团队，深入系统开展各部门、各系统数据使用习惯收集，以此为基础制定数据标准。二是优化数据治理体系。优化数据有效性识别系统，对各系统数据进行归类整理，对无效、重复、冗杂的数据进行自动识别和清理，并分析数据无效的原因，将其及时反馈至相应的子系统，改进数据计算程序和数据收集的设备、方式等。疏通数据交付流通渠道，简化数据交付流程，设计相应的检验检测环节，确保数据系统及系统间数据传输的完整性和准确性。

（三）渠道与终端数字化建设

当前，白酒行业的渠道模式主要包括三大类，厂商主导型、经销商主导型以及合作共赢型。但随着数字技术的普及，白酒渠道变革势在必行。一方面，进行数字化升级。白酒行业的头部企业，如五粮液、茅台、泸州老窖等均已对企业进行数字化改造。如五粮液于2018年与IBM展开合作，对重要节点数据进行数字化改造，实现数据"适时可见"；再如茅台集团与浪潮集团就推动全产业链的数据平台建设达成战略合作；等等。另一方面，加强线上渠道建设。新冠肺炎疫情的冲击，对白酒行业而言既是挑战也是机遇，疫情推动了线上交易的发展。线上渠道具有扁平化、快捷化的优点，缩短了渠道线条，使生产商可以直面消费者。茅台集团筹备并推出了数字营销平台，现已申请了"i茅台"商标，"i茅台"应用程序即将上线。[①]

白酒行业的数字化、智能化转型升级是一项系统性工程，其涉及行业形态、行业组织结构、行业文化、行业技术等方面的调整与重塑。我国白酒行业的数字化进程，从消费端的数字化建设开始，倒推向生产端的数字化转型，这是一项庞大且艰巨的任务。如何抓住数字经济赋予行业的发展机遇，利用数字化技术提升市场价值，是白酒行业利益相关主体需要共同探讨的重要课题。

---

① 刘俊杰：《五粮液公司数字化能力评价及提升策略研究》，硕士学位论文，兰州理工大学，2021。

B.6
我国白酒企业履行社会责任的
必要性和应有举措

摘　要： 履行社会责任是企业得以在社会立足并发展壮大的关键因素之一。作为在中国本土极其畅销的饮用类消费品——白酒的生产者，白酒企业更应该树立积极履行社会责任的意识，发挥示范引领效应。这将有助于为白酒企业的优化升级提供赋能平台和基础保障。本报告首先梳理了企业社会责任的概念和在我国的发展历程，同时列举了因为履行社会责任企业获得巨大商业利益的案例，然后具体分析了白酒企业履行社会责任的重要性。在此基础上，本报告从企业管理、生态保护、公平竞争、保障人权、造福地方等方面列举和概括了白酒企业应该承担的社会责任，最后提出白酒企业履行社会责任的具体举措。

关键词： 白酒企业　社会责任　可持续发展

　　企业社会责任的概念由来已久，随着社会经济的发展其内涵不断得以补充与完善。放眼当前的中国白酒企业，既存在切实履行社会责任的优秀典型，也尚有一味逐利而无视商业伦理、法律义务以及责任意识的反面案例。在新时代建设中国特色社会主义的征程中，白酒企业应继续保持高度严谨的站位，加强责任观的培养，为市场经济的繁荣稳定贡献力量。

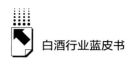
一 关于企业社会责任的概述

（一）企业社会责任的定义

企业社会责任（Corporate Social Responsibility，简称 CSR）是指企业在创造利润、对股东和员工承担法律责任的同时，还要承担对消费者、社区和环境的责任。企业的社会责任要求企业必须超越把利润作为唯一目标的传统理念，强调在生产过程中对人的价值的关注，强调对环境、消费者、对社会的贡献。①

（二）企业社会责任的起源

18 世纪中后期，英国完成了第一次工业革命，现代意义上的"企业"获得充分发展，但"企业社会责任"的相关概念还没有出现。

18 世纪末期，西方企业的社会责任观开始发生微妙变化，表现为小企业的业主们经常捐助学校、教堂和穷人。

19 世纪以后，两次工业革命的成果带来了社会生产力的大幅飞跃，企业的数量与规模都得到发展。当时的人们对企业承担社会责任是持消极态度的。许多企业不仅不主动承担社会责任，反倒盘剥与企业密切相关的供应商和员工，以求成为市场竞争的胜者。这种理念伴随工业的进步，衍生了诸多负面影响。但与此同时，19 世纪中后期的企业制度也在逐渐完善，劳动阶层维护自身权益的呼声不断高涨，美国政府接连出台《反托拉斯法》和《消费者保护法》以抑制企业不良行为。这些举措客观上为企业履行社会责任提出了新要求，"企业社会责任"的出现成为历史必然。

---

① 胡慧华：《危机视域下企业社会责任的实现途径》，《前沿》2010 年第 15 期。

（三）我国企业社会责任的发展历程

随着社会主义市场经济体制的建立与发展，企业社会责任的价值体系在我国取得了长足进步，具体而言，经历了三个阶段。

第一个阶段从 20 世纪 90 年代中期到 21 世纪初。在国际销售商、品牌商推动下，我国开始重视社会责任问题，建立了在国际采购中实施社会责任方面的准则、标准或体系，并开始接受跨国公司实施的社会责任方面的工厂审核。

第二个阶段从 21 世纪初到 2006 年。企业社会责任开始受到广泛关注，我国的学术机构、非政府组织以及在华国际组织开始对社会责任进行系统介绍并开展了广泛地研究、讨论，政府部门也开始关注企业履行社会责任的情况，有关部门开始对中国企业履行社会责任的情况展开调查。

第三个阶段从 2007 年至今。我国社会及市场普遍认识到，企业落实社会责任，实现企业经济责任、社会责任和环境责任的动态平衡，会提升企业的竞争力，为企业树立良好的信誉，从而提升企业的品牌形象，让所有利益相关者对企业留下良好印象，增强投资者信心，更加容易吸引人才。[①] 同时，《中华人民共和国公司法》第 5 条规定，公司从事经营活动，必须遵守法律、行政法规，遵守社会公德、商业道德，诚实守信，接受政府和社会公众的监督，承担社会责任。在此背景下，我国积极开展企业社会责任案例评选，获奖案例均来自在社会公益、公益传播和环境保护等方面做出突出贡献的企业。

（四）企业社会责任的标准

关于企业社会责任应该以什么样的标准来划分，或者说企业社会责任应该包含哪些层面的内容，全球范围内的众多机构和学者都有各自不同的理解

---

① 陈宝胜、冯昊：《国有企业参与公共危机治理的四重逻辑》，《浙江工商大学学报》2022 年第 1 期。

与定义。目前，世界公认的主流 CSR 评价指标体系有四个，即国际标准化组织（International Standard Organization，简称 ISO）制定的社会责任指南标准 ISO26000、国际社会责任组织（Social Accountability International，简称 SAI）制定的道德规范责任标准 SA8000、多米尼 400 社会指数以及《可持续发展报告指南》。通过对其进行梳理整合，可以将企业承担的社会责任划分为以下几个层面。

第一，对政府的责任。企业需要扮演好"社会公民"的角色，自觉遵守政府的有关法律条文和规章制度，合法经营、照章纳税，承担政府规定的相关责任和义务，并接受政府的监督和依法干预。

第二，对股东的责任。企业应对股东的资金安全和收益负责，力争给股东创造丰厚的投资回报，同时，企业也有义务向股东提供真实可靠的经营、投资方面的信息，不得随意隐瞒和欺骗投资者。

第三，对消费者的责任。企业利润最大化的目标需要借助消费者的购买行为得以实现，因此，企业理应为消费者提供物美价廉、安全舒适、可靠耐用的商品和服务，满足消费者物质和精神上的需求。

第四，对员工的责任。企业必须重视雇员的地位、待遇及满足感，在全球化背景下，劳动者的权利问题理应被包括企业在内的社会各界所关注。

第五，对资源环境和可持续发展的责任。企业开展的各项生产经营活动极易造成对自然环境的污染和自然资源的消耗。因此，企业应当承担起可持续发展的重任，实现自身的发展。

第六，对社区的责任。企业是社区的组成部分，与所在社区建立和谐融洽的关系是企业的一项重要社会责任，而企业对社区最主要的责任就是回馈社区，比如为社区提供就业机会、为社区的公益事业提供慈善捐助等。

（五）我国有关企业履行社会责任的实践：以鸿星尔克为例

关心社会民生是企业社会责任的重要体现。企业唯有与人民站在同一战线，为人民幸福、社会繁荣做出力所能及的贡献，才能不负国家的信任与栽培。

2021 年 7 月 20 日，河南省突发暴雨灾害，河南人民饱受创伤。国内涌现大批爱心企业，为灾区人民捐款捐物，支援河南地区的抗灾救灾与灾后重建工作，深刻体现了感人至深的企业力量与担当，鸿星尔克便是其中一员。在多年持续出现经营亏损，且 2020 年亏损 2.2 亿元的前提下，鸿星尔克为灾区捐献 5000 万元，彰显了其博大的爱国情怀。更加难能可贵的是，鸿星尔克保持了谦逊低调的态度，并未将此作为一个营销卖点。但此事被曝光之后，鸿星尔克收获了全国人民的尊敬与喜爱，被誉为"国货之光"，流量因此获得暴涨，其商品也被抢购一空。7 月 23 日当天，鸿星尔克的销售额同比增长了 52 倍。

类似鸿星尔克这样"低调做人、高调做事"的优秀企业还有很多，但无一例外，它们的共同点是将企业的发展同时代与人民紧紧联系在一起，在危难中展现企业的人性光辉。正如古语所言，"为众人抱薪者，不可使其冻毙于风雪"，人民群众对这类企业，自然也会抱着最为热诚的态度予以支持与信任。只有越来越多的企业投身于"为人民服务"的行列，才能更好地塑造清朗正气的市场空间，为中国特色社会主义市场经济的繁荣稳定增添新的活力。

二 白酒企业履行社会责任的重要性

党的十九届五中全会指出，"十四五"时期经济发展要以推动高质量发展为主题。随着白酒行业由高速增长阶段转向高质量发展阶段，积极履行企业社会责任对白酒企业的发展具有重要作用。中国的白酒企业，作为万千企业中的一类，同样需要遵守企业道德与伦理，履行相关社会责任，而究其原因，与其他企业有着相似之处，也有着不同之处，下面将进行详细分析。

（一）白酒消费直接关乎人民健康

酒类的本质属性是可饮用的饮品，在此基础上，在中国大地上酿造的白

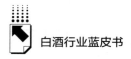

酒具备了更加丰富的用途，引申出复杂多样的内涵，比如调味、保健、收藏、馈赠乃至投资。但归根结底，白酒最主要的用途仍然是为人所啜饮与品鉴。我国是世界最大的白酒生产地与消费地，白酒之所以能成为与白兰地、威士忌、伏特加、金酒、朗姆酒并列的"世界六大蒸馏酒"之一，并常年霸占世界烈酒销量榜首的位置，离不开中国本土国民消费者以及海外华人、华侨的厚爱与钟情。数据显示，中国本土的"酒民"已超 6 亿人，其中 70% 以上的"酒民"更青睐白酒。在坐拥如此庞大基数的"酒民"拥趸下，一旦白酒企业对其自身社会责任的履行出现疏忽与懈怠，对自身产品质量的监管出现偏差与缺漏，那就极有可能引发严重的消费者健康与人身安全问题。这不仅会给企业信誉与企业资产市值造成难以估量的贬损，更会触犯法律，导致企业被追究民事乃至刑事责任。

有关白酒质量安全事故案例，最典型的就是"白酒塑化剂事件"。2012 年 11 月 12 日，上海天翔质量技术服务有限公司公布了某品牌送测样本的成分检测结果，结果显示，样品中含有 3 种塑化剂成分，其中，邻苯二甲酸二丁酯（DBP）的检测含量为 1.08mg/kg，超过国家规定的最大残留量 0.3mg/kg，超标达260%。[①] 实验表明，食品中塑化剂含量超标将对人体造成严重危害，长期食用塑化剂含量超标的食品，将有可能损害男性生殖能力，促使女性性早熟以及对免疫系统和消化系统造成伤害。虽然关于检测机构是否权威、检测样本是否真实、检测结果是否准确，至今仍存疑问，但此次事件引发了强烈的社会反响，极大地震动了中国白酒行业。检测结果曝光后的第二天，白酒股市便接连出现暴跌，没有停牌的白酒类上市公司也遭遇持续的资金打压，至收盘时，两市白酒总市值共蒸发近 330 亿元。

上述事件充分说明了，作为大众消费品的白酒如果出现质量安全隐患，势必会对企业造成无法挽回的经济损失。正因为生命健康是消费者重

---

① 刘梅、李韵仪：《GC-MS 法对白酒中的邻苯二甲酸酯类物质的测定》，《广东化工》2022 年第 4 期。

视的首要问题，所以企业才更应该关注消费者的诉求，竭尽所能生产出质量可靠、成分可查、危害可避的白酒产品，这是白酒企业履行社会责任的根本原因。

（二）履责能够快速赢得人民好感

"好感"其实就是"企业社会信誉"的一种通俗说法，一家企业如果能在自身盈利之外，通过一系列商业伦理准则，约束其不良行为，释放其良性效应，为社会和谐稳定"添砖加瓦"，就能够迅速获得消费者乃至消费者以外的广大人民群众的信赖与支持，树立良好的企业社会形象，为企业进一步发展注入潜能与动力。白酒企业亦是如此，事实证明，白酒企业除了要在风味、价格、质量方面满足消费者偏好以外，还要注意塑造品牌代表的社会形象，在生产、销售、服务以及其他环节中积极承担社会责任。如保障消费者知情权，寄予消费者人格尊重，乃至扶贫赈灾、节能减排等。企业只有获得社会认可，赢得社会赞誉，自身才能不断进步。

2021年7月17日至23日，河南省遭遇历史罕见的特大暴雨，由此引发了严重的洪涝灾害，给郑州、新乡、开封、周口、洛阳等地造成重大人员伤亡和财产损失。值此之际，全国上下积极响应党和政府的号召，团结一致、众志成城，为灾区救济与重建积极贡献力量，这其中，就包括多家白酒企业。7月21日，小糊涂仙酒业（集团）有限公司向郑州红十字会捐款100万元，成为第一家捐款的白酒企业，随后，许多白酒企业纷纷行动，包括洋河股份、剑南春、郎酒股份、水井坊、复星集团、舍得酒业、宝丰酒业、仰韶酒业在内的众多白酒企业捐款捐物，为灾区捐献了各种物资，极大地缓解了灾区重建工作的压力，中国白酒企业与灾区人民共渡难关，彰显了大灾面前有大爱的社会责任担当，赢得了群众的赞誉与敬仰。

此次河南暴雨救灾事件是中国白酒企业践行自身伦理观、道德观的鲜明典范，他们的行为真正体现了企业履行社会责任的应有之义。人民群众的认同和喜爱，正是对白酒企业最大的肯定与褒奖。

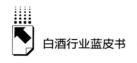
（三）成功出海依托企业社会责任标准的完善

虽然中国白酒的产销量均处于世界烈酒第一的位置，但这并不意味着中国白酒的发展潜力就止步于此，事实上，中国白酒目前仍面临一个很大的困境，即出口量小，完全不能与自身的体量成正比。相关数据显示，2010年中国白酒出口量仅0.56万千升，2020年出口量仅增长到1.43万千升。11年间，其出口量占销售量的比重，至多不过0.22%。而以我国头部白酒企业茅台、泸州老窖和古井贡酒为例，2019年各自的海外营收分别只占总营收的3.5%、0.9%和0.11%，2020年占比进一步下降到2.6%、0.3%和0.09%，这表明中国白酒的海外市场进一步萎缩。①

中国白酒企业出海出现如此窘境的一个很重要的原因是企业的社会责任标准尚不能达到国外要求。中国白酒企业因此面临一系列的贸易壁垒限制，白酒的出口进程受到阻碍。比如，塑化剂、甜味剂以及其他食品添加剂的剂量，部分国家规定的上限比国内更低，如果中国白酒企业继续以本土标准酿制白酒，其产品注定不能符合部分国家的标准，也就难以上市流通。中国白酒与白兰地、威士忌等西方烈酒相比，其酿制过程需要独有的发酵剂——酒曲，这与世界绝大多数烈酒的酿制过程迥然不同，而中国白酒企业也很少对此进行国际通用的指标解释，这不利于白酒的海外营销。白酒主流香型分为12种，其下又各自内含不同区域的不同品牌，这些白酒酿造的原料、工艺及环境千差万别，很难针对其酿造过程制定统一的标准，因此中国的白酒也就更难与国际接轨。

中国白酒企业要想进一步开拓海外市场，必须持续强化企业的社会责任意识，将仅限于国内市场的行业责任标准延伸至国际范畴，建立适应国际领域和他国市场的白酒生产、销售体系，切实履行其对消费者、监管者的责任，从而使白酒商品获得更广泛的认可。

---

① 程杨昊：《白酒企业出海缘何困难》，《中华工商时报》2021年7月14日。

三　白酒企业需要履行的社会责任

我国白酒企业只有积极履行相应的社会责任，发挥自身的职能效应，才能为社会发展做出积极贡献。结合 ISO26000 以及 SA8000 制定的社会责任标准体系，白酒企业应当对以下几个方面的社会责任予以关注与践行。

（一）优化企业治理

白酒企业与其他企业一样，内部系统的正常运营需出资人、员工及其工会组织共同发力才能实现。因此，白酒企业应当制定科学完善的决策机制和管理体系，保障企业各方面的利益。在当前我国经济新常态环境下，白酒企业应注重自身的优化升级，由早先单纯的"增量扩能"，转变为"调整存量、做优增量"。我国白酒市场竞争愈加激烈，各香型品牌的白酒企业都想通过扩大市场份额达到盈利增收的目的。在此背景下，白酒企业应关注对自身产品的监管，补齐质量、价格、风味、服务等不同方面的短板，而不是盲目扩大规模、一味抢占市场份额，忽视市场秩序。更不能为降低成本、提升口感而违规使用不符合生产标准的添加剂等成分，危害人民群众身体健康。基于此，白酒企业理应重视企业治理，调整组织机构和经营决策，完善生产、销售、服务网络。

（二）建设生态文明

白酒企业作为一种较为特殊的消费品生产企业，其存在与发展依托区域的气候、地理等生态环境条件，因此，白酒企业应充分认识保护环境、建设生态文明的重要性。龙头白酒企业应发挥先锋模范作用，加大资金与科研投入，建造现代化的酒窖、酒厂，使用高效节能的能源、燃料，减少白酒酿造过程中产生的污水、废气与固体垃圾，达到节能减排的目标，避免对当地生态环境，尤其是水资源系统造成不良影响。而一些体量较小的白酒企业，在不具备充足条件的前提下，也应尽可能在企业发展中关注环境保护问题，积

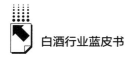

极寻求当地政府与大型白酒企业的政策、资金与技术帮扶。只有所有白酒企业都认识到保护生态环境的必要性，才能够共同助力企业与自然、经济与社会的健康协调可持续发展。[①]

（三）实现公平经营

我国的社会主义市场经济仍处于发展阶段，也存在部分有待完善之处，这就造成部分白酒企业，尤其是龙头白酒企业想通过寻找市场规则漏洞、挤压友商生存空间达到提升市场地位、增加经济收入的目的。以2020年为例，根据各白酒企业年报数据，19家规模以上白酒企业2020年共实现营业收入2536亿元，而仅茅台与五粮液两家白酒企业的营业收入便分别达到949亿元与573亿元，合计占我国全部白酒企业营业收入总和的60%。从某种意义上来说，这些龙头白酒企业具备压倒性的市场优势，如果他们确立了错误的营销观念，就会对酒类市场造成巨大冲击与破坏。国家鼓励企业以非零和博弈的方式共存，也即通过和平有序的竞争，实现共同盈利、共同进步、共同发展。这就警示当前各家白酒企业应该避免这种错误的生产经营模式，切实担当起维护市场公平的社会责任，杜绝诸如通过"饥饿营销""囤积居奇""天价兜售"等方式，扭曲白酒作为日常消费品的本质属性。白酒企业应当尊重其他竞争对手的生存权，也应当尊重消费者的选择权，通过诚信经营、公平经营推动市场的稳定发展。

（四）切实保障人权

对白酒企业而言，其人权保障方面主要涉及两个主体，即员工与消费者。对于员工，白酒企业应充分保障员工的就业择业权、劳动报酬获取权、休息休假权等法定权利，让员工能够置身于一个多元、安全、稳

---

① 翟一杰等：《生命周期评价方法研究进展》，《资源科学》2021年第3期。

定、友好的工作环境中，创造自身价值与企业价值。[①] 白酒企业也可以通过向员工提供针对性培训，例如品酒赏酒培训、酿酒培训、管理培训等，培养员工的综合素质，以满足员工发展与企业升级的需要。对于消费者，白酒企业应在保障消费者人身安全的前提下，尊重消费者的选择权，维护消费者的合法权益。白酒企业需要加强质量监管，极力避免诸如"酒精勾兑""塑化剂""基酒外购""添加剂"等恶性安全事件的发生，满足消费者的饮酒需求偏好，做好消费对象的服务者。总而言之，白酒企业必须将人权保障落实到基本的生产经营中，保障人民群众的主体地位。

（五）助力地方发展

区域经济、社会、生态的发展，除依托政府部门的决策指挥部署，同样需要当地企业的通力配合与协调。在我国经济社会步入"创新、协调、绿色、开放、共享"的新常态发展格局之时，白酒企业应提高责任意识，参与地方共建。白酒企业需要时刻做好纳税人的角色，通过积极纳税，为地方财政贡献稳定税源，提升当地经济发展水平。白酒企业也需要制定适宜的人才引进、培训战略，吸纳当地优质劳动力为己所用，为当地居民收入增长和就业岗位增加提供丰富的渠道。白酒企业更需要注重当地生态资源的利用与保护，减少或杜绝生产过程中可能对周边生态环境造成的危害，实现绿水青山与金山银山同在。可以说，促进地方不断发展，既是白酒企业的义务，也是白酒企业的责任，如果白酒企业能够带动地方经济、人文环境的优化升级，那白酒企业也将获得更加优渥的资源、政策、市场、人才条件，助力自身发展，最终获益的还是白酒企业本身，这是一个良性的动态循环过程。[②]

---

① 高扬：《中国电信企业社会责任建设研究》，硕士学位论文，西北大学，2011。
② 李堂：《论经济新常态下白酒企业的社会责任》，《经济研究导刊》2019 年第 18 期。

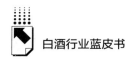

四　白酒企业积极履行社会责任的举措

（一）提高产品质量，保护消费者健康

决定一款产品是否合格的最重要衡量标准就是它自身的质量水平，质量过硬才能经得起时间和消费热度的考验。

白酒作为一种特殊饮品，香型品牌众多，价格也高低不等，从几十元到上千元，市场能提供丰富的选择。但无论是何种白酒，如果质量不过关，甚至危害消费者身体健康，那势必会被追究法律责任，最终被市场淘汰。白酒产量年年增长，但自身引发的质量问题也与日俱增，尤其是2012年以来，白酒行业陷入"酒精勾兑""塑化剂""添加剂"等风波之中。除此之外，白酒行业还存在低档酒冒充高档酒、液态法白酒冒充固态法白酒等问题。这些问题不仅对白酒行业造成巨大冲击，也给消费者健康造成巨大损害。基于此，白酒企业应对产品质量予以重点关注与把控，对不合格的生产、管理环节予以升级和改造。具体而言，一方面白酒企业可以聚焦生产技术与设备的转型升级，淘汰老旧的生产设施与酿酒技术；加大资金投入，提升自主创新能力；提高制曲、蒸馏、废弃物处理等方面的机械化、自动化、信息化水平；在提升基酒风味、口感的前提下，保证品质稳定，为消费者提供安全可靠的白酒产品。另一方面，白酒企业也需要加快建立产品追溯体系，提升酒类防伪功能，依托《白酒质量安全追溯体系规范》与地区质检部门形成合力，共同开展白酒专项整治行动，推进风险防控体系建设，为建立和完善全国酒业防伪追溯平台贡献力量，杜绝假酒、劣酒泛滥现象的发生。

（二）保护生态环境，做好防污控污工作

在经济新常态发展背景下，"绿色经济"提上了各类企业的战略日程，供给侧结构性改革提出的"去产能、去库存、去杠杆、降成本、补短板"五项任务，也进一步要求企业遵循绿色发展道路，力求实现收益增长与节能

减排。

白酒行业作为我国消费经济的重要支柱产业集群，更应该坚持节约资源和保护环境并重，在生产白酒产品时，要加强技术创新，推动低碳发展，提升污染治理和生态保护修复能力，促进企业与自然和谐共生。[①] 早在白酒行业发展的黄金十年，也即白酒行业处于上行"大周期"的 2002 ~ 2011 年，涌现了大量白酒企业产生大量废水、废气污染等反面案例，包括酿酒过程中产生的蒸馏底锅水、白酒糟废液、发酵池渗沥水、地下酒库渗漏水、蒸馏工段冲洗水、制曲废水与粮食浸泡水，以及蒸汽锅炉产生的燃料燃烧烟气和污水处理厂产生的恶臭气体等。这就要求白酒企业应秉持可持续发展理念，加快新技术研发，减少废弃物的产生，并通过对酿造环节废弃物进行综合利用，生成沼气、有机肥等可再生资源，实现良性循环。同时，白酒企业也要对接政府规划，遵循绿色低碳生产标准和自然生态保护政策，建立和完善清洁生产体系，建立低碳产品标识制度，推动酒类产业从源头减少或杜绝污染，以实现生态环境保护的目标。

（三）关心企业内部员工

员工是一家企业组织架构中最主要、最庞大的组成部分，所谓"基础不牢、地动山摇"，如果一家企业内部员工缺乏凝聚力和向心力，就会导致企业缺乏行稳致远的能力，也就无法实现发展壮大的目标。因此，企业要尊重内部员工，保障他们的各项基本权利，在此基础上，要关心他们——包括他们家庭成员的生活，尽可能为他们营造一个温暖、舒适的工作环境，以此为企业发展奠定和谐稳固的基础。

白酒企业应自觉承担对员工的责任，包括为其提供良好的工作平台、和谐的人际关系、完善的教育培训计划以及充分的人格尊严保障。目前，部分白酒企业为缩减成本，克扣员工工资、不给予员工相应技能培训等。从短期来看，企业的做法或许能够压缩经营成本，但从长期来看，十分不利于员工

[①] 陈伟林：《减税降费对制造业企业创新绩效影响研究》，硕士学位论文，闽江学院，2021。

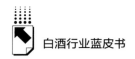

积极性和创造性的提升，影响其工作效率和身心健康，最终损害的是企业自身的效益。只有关注员工群体，将发展愿景和企业命运同员工紧紧联系在一起，才能真正吸引更多优秀人才入驻，为企业的高质量发展带来充沛劳动力。白酒企业应该积极响应国家实施的"人才强国"战略，认识到高技术、高素质人才是企业发展的核心关键。实际上，白酒人才的储备同样可以从学生时代抓起，目前我国各类白酒学院、酿酒工程专业办得风生水起、如火如荼，如大家熟知的北京工商大学、江南大学、贵州大学、茅台学院等，重点培养了一批生产酿造的专业技术人才。对于这些专业人才，我国白酒企业要积极招揽，用热情和诚心吸纳更多白酒人才为企业所用，真正实现白酒产业的年轻化。

（四）关心社会，扶危济困

企业的发展离不开社会的支持与鼓励，同样，依托社会信任壮大自身的企业理应时刻不忘反哺社会，为人民群众，尤其是社会的弱势群体，奉献自己的爱心与力量。

河南暴雨期间，多家白酒企业积极捐款捐物，与灾区人民共进退，这正是当前我国白酒企业积极履行社会责任的典型案例。其实除此之外，在汶川地震、雅安地震、新冠肺炎疫情期间，我国白酒企业也积极主动地筹募资金、货品、人力，前往事发灾区与疫情区，进行救灾抗疫工作，为保障当地人民的生命财产安全以及地区重建工作，付出了巨大的努力。另外，众多白酒企业也将注意力放到社会民生问题上，比如茅台集团3年出资3亿元，帮助全国6万名寒门学子圆大学梦；泸州老窖连续10年开展拥军慰问活动，与人民子弟兵结下深厚情谊；西凤酒为福利院孩子们送去学习与生活用品，关爱环卫工人和孤寡老人等。无数案例深刻彰显了当代白酒企业对社会问题的关注与责任感，也激励了更多的白酒企业在这些模范企业的带领下，为社会公益活动贡献力量。未来，白酒企业应继续做好"社会的良心"，关心社会发展过程中出现的各种"疑难杂症"，与政府部门相互配合、通力协作，勇担时代的赶潮人、人民的筑梦者角色，为企业的繁荣、人民的幸福、国家的强盛做出贡献。

案 例 篇
Case Studies

B.7
创新商业模式实现快速发展

——以肆拾玖坊为例

摘　要： 随着新冠肺炎疫情的发生和国民消费品质的不断升级，白酒企业竞争越发激烈，要想从竞争的夹缝中突出重围，白酒企业就必须做出转变和革新。2015年成立的肆拾玖坊通过创新商业模式，即打造众智众创模式、社群营销模式、生态布局模式、新零售深度体验模式、文化营销模式"五位一体"的商业模式，一跃成为白酒市场的"现象级"企业。这为其他白酒企业转型升级和高质量发展提供了经验借鉴，具体包括抓住时代潮流，打造符合趋势的商业模式；用好科技赋能，重构营销的"人货场"模型；以用户为核心，开启圈层商业新模式。

关键词： 社群营销　圈层生态　白酒企业

一　引言

随着新冠肺炎疫情的发生，全国各行各业都受到了不同程度的影响，白

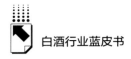

酒行业作为我国历史悠久的传统行业，同样受到疫情冲击，加之国民对消费品质的要求越来越高，白酒行业的竞争越发激烈。因此，白酒企业要想在竞争压力更大、生存空间更小的市场中生存发展，就必须做出转变和革新。因此，中国白酒企业要坚持以创新推动企业高质量发展。

2015 年，肆拾玖坊成立，其抓住了时代创新的热点，将互联网思维运用到商业模式中，快速成长为白酒行业的龙头企业。数据显示，自成立以来，肆拾玖坊营业收入的年复合增长率超过 100%，2021 财年营业收入突破 20 亿元，位列酱香新名酒阵营。肆拾玖坊的稳健发展赢得了资本青睐，2021 年接连完成两轮融资，成为白酒市场"现象级"企业。肆拾玖坊的成功离不开商业模式的创新，通过积极创新营销模式，推进数字化转型，实现线上线下深度融合，并重构营销的"人货场"模型，改变人和物的连接方式，打破不同消费圈层的隔阂，实现社群社交、圈层众创等各种新型营销模式的互相融合。[①]

本报告将分析肆拾玖坊的发展历程，探讨其商业模式，并从商业模式创新角度为其他白酒企业转型升级和高质量发展提供经验借鉴。

二 肆拾玖坊简介及其发展历程

（一）肆拾玖坊简介

肆拾玖坊的创始人是张传宗，2001 年张传宗毕业于中国人民大学，随即加入联想集团，先后在品牌推广部、商用市场部、渠道部、大客户部、东北区、华南区、西北区、手机业务部门及智能数码业务部门工作 15 年，是 IT 领域的资深管理者，曾任联想集团多区域、多业务总经理，多个领域的天使投资人。同时，他也是"互联网+"理论的研究者和践行者，社群经济和互联网营销领域的先锋探索者。2015 年 7 月，张传宗正式创立肆拾玖坊

① 尚宝铎：《新物种进化论肆拾玖坊的"不同"与"大同"》，《中国酒》2022 年第 1 期。

（北京）电子商务有限公司，他将创业想法落地并邀请了 48 位商业精英共同参与。历经 7 年，肆拾玖坊积累了数百万忠实用户，现拥有 100 多家分销商，10000 多个社群，5000 多个零售终端，覆盖全国 34 个省级行政区域 200 余个地市 1500 余个县区。

肆拾玖坊是一家围绕民生产业，以酱香酒的生产经营为主，兼营其他源头健康食品的互联网新零售企业。公司以"恪守品质、科技赋能，助力消费升级，助兴美好生活"为使命，致力于提高中国上亿中生代人群的生活品质。

肆拾玖坊秉承"酿新酒、卖陈酒、藏老酒"的经营理念，以酱香酒为核心业务，立足茅台镇核心产区，严格遵守"12987"传统古法酿造工艺，引入先进管理理念，建立现代化的"酿酒、储酒、灌装、物流"全产业链质量控制体系。目前，肆拾玖坊已建成四个储酒基地，跻身茅台镇酱酒生产企业前列。

肆拾玖坊恪守品质，多次获得业内多个荣誉和奖项，并获得多位白酒行业资深专家全力支持，已成为实至名归的"善酿者"。2018 年，肆拾玖坊产品获第 8 届中国（贵州）国际酒类博览会"中国美酒"酱香型白酒金奖；2020 年，肆拾玖坊"泰斗酒"荣获第 105 届"美国巴拿马万国博览会"特等金奖；2021 年，肆拾玖坊"宗师酒"获第 22 届"比利时布鲁塞尔国际烈性酒大赛"金奖。

（二）肆拾玖坊发展历程

肆拾玖坊的发展经历了三个阶段。

第一个发展阶段为 2015～2017 年，称为 1.0 发展阶段。

2015 年，供给侧结构改革促使消费升级，移动互联网的应用提高了产业效率，消费互联网已成熟，产业互联网正在兴起。在此背景下，大量行业需要科技赋能，围绕用户需求、用户体验的升级将成为时代趋势。因此，张传宗将规模巨大又具有迭代空间的白酒行业作为其创业的起点。2015 年 4 月，张传宗发出"与其临渊羡鱼，不如退而结网"的创业号召，来自传统 IT、教育培训、家电等多个行业的 48 位合伙人积极响应，3 个月后，肆拾玖坊成立。

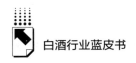

在这三年里，49位商业精英吸收了华为的全员持股，小米的粉丝经济、参与感和爆款思维，vivo/OPPO的厂商一体化理念。他们把产业互联思维带入白酒行业，为传统而古老的白酒行业注入新思想，提升了行业效率，以用户思维创新引领行业发展。同时，为了能让用户深度体验酱酒的"好"，肆拾玖坊潜心打磨产品、模式与文化，基于用户思维深挖用户需求，建立用户体验机制。①

这一阶段肆拾玖坊的49位联合创始人默默打造产品模式，张传宗称之为"潜龙在渊"阶段。

第二个发展阶段为2018~2020年，称为2.0发展阶段。

1.0发展阶段结束时，肆拾玖坊在市场上争得了一席之地，但也陷入话题争议的旋涡。1.0时代的肆拾玖坊依靠社群、粉丝的壮大实现了快速发展，但也被质疑不够"专注"，品牌迭代升级迫在眉睫。

于是在2.0发展阶段，肆拾玖坊以众创、社群、社交的方式在全国先后成立100多家分销商，构建5000多个新零售终端，包括2000家新零售体验店和3000个非门店终端，并于2021财年突破20亿元销售大关，让行业看到肆拾玖坊雄厚的实力和快速的发展。也是在这时，肆拾玖坊主动出击，在新经济时代对白酒行业进行破局与重构，搭建肆拾玖坊生态圈。它将传统产业升级落地成重构"人货场"的新零售，构建以用户为核心的"众智、众创、产业互联"的商业模式。

因此，如果说"快"是1.0发展阶段的关键词，"事业化"就是2.0发展阶段的关键词。在2.0发展阶段，肆拾玖坊重点布局体验店，借助科技赋能，通过模式化、体系化、产业化的落地，重构"人货场"，带领用户寻回酒的本质，构建新零售体系，打通生产端、供应链端、销售端、用户端，成为整个白酒行业的"超级新物种"企业。这一阶段被称为"见龙在田"阶段。

第三个发展阶段为2021年至今，称为3.0发展阶段。

---

① 曹彦君：《肆拾玖坊快跑》，《21世纪商业评论》2021年第9期。

在 3.0 发展阶段，肆拾玖坊提出坚守品质的理念，树立"善酿者"形象。为此，在茅台镇投入建设 2 个单体产能过万吨的酒厂，计划未来 3 年内实现产能 3 万吨，5 年内实现产能 5 万吨，并计划通过 3~5 年打造 1 万个新零售终端。除此之外，肆拾玖坊将进一步提升产品品质（酱酒产品及原产地的生态产品），打通销售渠道，打造集前端、中台、后端于一体的、强大的、完善的全链路体系。这一阶段被称为"飞龙在天"阶段。

三　肆拾玖坊商业模式

肆拾玖坊的快速发展与商业模式创新密不可分。通过打造众创模式、社群营销模式、生态布局模式、新零售深度体验模式、文化营销模式"五位一体"的商业模式，肆拾玖坊一跃成为白酒市场的"现象级"企业。

（一）众创模式

肆拾玖坊的众创模式包括以下 3 种。

首先是股权众创。张传宗通过 3 天时间联合 48 位朋友，即 48 位合伙人共同创办了肆拾玖坊，他们均为原始股东，拥有公司的股权。这种众创模式称为"股权众创"。

其次是连锁众创。每一位原始股东，不能仅出资，还需要开拓自己的人脉资源，在全国各地成立销售公司，这种众创模式称为"连锁众创"。肆拾玖坊拥有 100 多个分销商。肆拾玖坊借鉴联想的厂商一体模式，门店统一品牌、统一形象、统一产品供应链，但分销商跟总部之间没有直接的股权关系，即总公司负责的是赋能体系，不占分公司股权。

最后是产业众创。产业众创是供应链和生产端的众创。肆拾玖坊涉及酒、茶、粮、油等产业，有一些产业有股权关系，有一些没有。例如肆拾玖坊的核心产业酱酒，生产酱香型白酒的酒厂叫茅泉酒厂，肆拾玖坊总部跟茅泉酒厂具有股权关系。虽然最早只是代工，但现在肆拾玖坊已经控股了这家酒厂。

肆拾玖坊采用的众创模式包括股权众创、连锁众创与产业众创。在肆拾

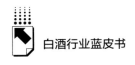

玖坊的众创模式中，"钱"是占比最小的要素。众创是把所有的股东变成渠道，也就是说单纯的出钱是不足以成为股东的，还需要消费、经营、投资、宣传等。具体操作过程分三层，即总部、经销商、销售端，每一层都有独立的众创模式。

（二）社群营销模式

肆拾玖坊初期采用的主要营销模式是成本低、效率高的社群营销。初期搭建的社群主要有两种形式，一种是商学院，另一种是企业家俱乐部。

第一，商学院。肆拾玖坊设立免费的商学院，在商学院里分享对商业的理解、对模式创新的理解等。此外，肆拾玖坊还开设了不同维度的培训课程，包括酒的历史、酒的酿造工艺、酒的品鉴方法以及销售技巧等，同时针对以上内容进行演讲和表达的培训。

第二，企业家俱乐部。肆拾玖坊体系内以中年中产男士居多，年龄通常在 35～50 岁，且他们大多拥有自己的企业。肆拾玖坊定位在中高端白酒，客单价偏高，自然就筛选出这些购买力更强的消费者。他们会在企业家俱乐部中相互寻求合作，对接一些业务往来，甚至联合创办一些新的项目。

肆拾玖坊通过这两种社群的搭建，精准定位用户群体，打破传统销售中信息不对称的壁垒。在肆拾玖坊，社群不仅是营销的渠道，还是重要的网络交流平台和文化宣传阵地。肆拾玖坊用 3 年时间建立了 5000 个社群，里面大概有 50 万人进行高频互动。每个社群都等同于一个店，每一个社群都可能产生很好的生意机会。用户不仅可以在社群里推广肆拾玖坊的产品，也可以推广自己的一些优质产品。[①]

（三）生态布局模式

肆拾玖坊的生态布局模式可以概括为"爆品—平台—生态"。

首先，肆拾玖坊把爆款产品酱酒作为最开始的卖点。从总公司到分销

---

① 吴静、王红艺、张惠琴：《授权赋能视角下从圈子到虚拟品牌社群的演变——基于肆拾玖坊的案例研究》，《中国人力资源开发》2019 年第 3 期。

商，再到终端门店，通过酱酒将它们聚合成一个庞大的社群。这些用户基本上属于对产品质量要求和认同度都特别高的人群。分销商以有一定经济基础的中年男士为主，这部分人群往往喜欢品酒，或者经营的企业需要用到酒。他们进入社群后，就变为肆拾玖坊的消费者、投资者、经营者和免费的传播者。

其次，"单品众创"形成社群后，肆拾玖坊的社群生态模式根据分销商的需求又进行了延伸，如延伸出茶叶坊、红酒坊、美厨坊、康养坊等社群。由于进入社群的用户不仅需要酒，他们还可能需要一些其他产品，例如有的用户在其经营企业的过程中可能还需要茶叶，因此延伸出茶叶坊。还有些用户面对的经营场景可能不太适合喝白酒，只适合喝红酒，又延伸出红酒坊。由于社群中的用户很多都来自中产家庭，他们往往对食品质量要求较高，因此又延伸出美厨坊。这些模式延伸的前提在于社群的客户与肆拾玖坊已经建立了较深的信任关系，因此再推广其他延伸产品的时候，用户也愿意进行消费、经营和宣传，由此这些延伸产业又形成了产品供应链。

最后，要想实现投资并购，肆拾玖坊的生态布局模式还必须囊括产业链、供应链体系。例如，肆拾玖坊投资了一个无人茶室项目，茶室没有人，完全自助化，用户通过微信公众号进行预约，使用二维码就可直接进入茶室体验，按小时付费。可见，肆拾玖坊凭借其强大的产业链、供应链优势，可以跟其经营的产业、产品进行非常好的协同。

上述三个过程就形成了三个生态圈，也是肆拾玖坊从一瓶酱酒到一个平台，甚至到一个生态体系布局的过程。可见，肆拾玖坊通过一个爆品发起众创，成为一个规模较大的、用户认可度非常高的、非常精准的种子用户群体，由此延伸的其他产业便形成了一个社群平台，最后再进行生态布局，这就是一个从单品到社群生态的过程。

（四）新零售深度体验模式

肆拾玖坊通过新零售深度体验模式快速发展了上万名用户，然后将每

一位用户变为肆拾玖坊的消费者、传播者，进而促进肆拾玖坊的快速发展。①

首先，每位用户都是肆拾玖坊的消费者，称为消费型用户。消费型用户购买产品，且达到一定额度后，可享受"分销商"提货价，自身用酒成本降低。如果他们将酒以会员价方式卖出，还可以顺带赚取差价。其次，每位用户都是肆拾玖坊的投资者。每个门店都将资金全部交由新零售终端负责人进行投资。再次，每位用户也都是肆拾玖坊的经营者，他们不仅要自己寻找客户，负责服务和维护，还要负责宣传、推广，有时候甚至还要支付推广费用、营销费用，完全是自主经营。最后，他们还是肆拾玖坊的传播者，将肆拾玖坊的酒文化、经营理念通过社群方式传播给更多的人，即进行宣传与推广。

分销商的多元化身份使肆拾玖坊快速发展。肆拾玖坊分销商的招纳主要通过以下五种方式进行。一是举办品酒鉴酒活动。酒是人与人之间交流的媒介，通过举办品酒鉴酒活动，客户在品酒的同时还可以进行内容输出，分享认知盈余，进而让更多人了解肆拾玖坊，愿意加入肆拾玖坊。二是一年举办两次酱香之旅，一次在端午节举办，另一次在重阳节举办。通过两次酱香之旅，客户对肆拾玖坊的参与感、仪式感、体验感、品牌认同感得到全场景式的植入，进而吸引更多人成为肆拾玖坊的股东。三是举办培训课堂，进行品酒师认证、演讲培训、品牌文化输出等。四是进行门店运营培训、产品体系培训、鉴酒方式方法培训等。五是开办店主训练营，进行经销商招募方面的有关培训。通过这五种方式，肆拾玖坊挖掘出认同度较高的客户，让其成为分销商或新零售终端。

（五）文化营销模式

肆拾玖坊的快速崛起，除资本运作得当、销售定位准确、人群定位有效等客观因素之外，自建立之初就遍布营销、组织、推广各个环节的悦饮文化

---

① 彭一、郑銮：《新思维，酿成酒业"新宠"》，《中华手工》2019年第6期。

也起到很大作用。肆拾玖坊第一坊为"酱酒坊"，瞄准了"健康饮酒，饮健康酒"的主题，提出"悦人悦己悦天下，肆拾玖坊悦饮中国"的理念，引导人们树立正确的饮酒观。通过宣传"12987"酱酒酿造工艺，"满天星""美人泪"的赏酒方法，"一滴法""四滴法"的品酒方法，"五湖四海皆朋友"的饮酒仪式，以及中国传统的酒文化，让饮酒成为"有意思"的事情、愉悦的事情。

总之，肆拾玖坊的产品定位、营销方式与其企业文化有着千丝万缕的联系。

四　肆拾玖坊创新商业模式经验借鉴

（一）抓住时代潮流，打造符合趋势的商业模式

肆拾玖坊并不是靠投机取巧赢得的胜利，而是在准备良久后抓住了时代机遇。自阿里等电商巨头提出"新零售"概念以来，白酒行业迅速启动了新零售商业实践，肆拾玖坊并不是第一个意识到要进行转型优化的白酒企业，却是第一个成功运用资源一步步实现创业目标的白酒企业。原因在于，肆拾玖坊从创业之初，就对白酒行业的商业模式有着独到的思考。

相较传统意义上的 B2B、B2C、O2O 模式，肆拾玖坊的商业模式更近似于 OMO，即借助移动电子商务和线下商务的聚合，共同创造价值的业态。肆拾玖坊的线下不仅是交易的终端，同样也是汇集"社交、分享、情感、体验、服务"的场所，是能量场、文化场、体验场、社交场。而在线上端，肆拾玖坊致力于打造与线下门店一对一匹配的、便于维护私域流量的云店。相较于线下较高的用户黏性，线上端更具服务效率，也能充分满足线下释放的用户需求。

纵观肆拾玖坊的整个发展阶段，从 1.0 发展阶段 49 位联合创始人默默打造产品、模式与文化，到 2.0 发展阶段基于产业互联、社群、社交打造5000 多个新零售终端，再到如今的 3.0 发展阶段提出"恪守品质、科技赋

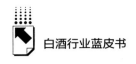

能、用户至上"的核心战略,肆拾玖坊聚焦的"科技未来"已逐步走向现实。

(二)用好科技赋能,重构酒业"人货场"

肆拾玖坊商业模式的成功之处还在于借助科技赋能重构酒业"人货场",这是肆拾玖坊更加聚焦产品及用户的策略。

从人的角度,肆拾玖坊坚持 3.0 发展阶段"用户至上"的核心理念,一是坚守品质,从源头把控土壤、水、小麦等的品质,恪守"12987"古法酿造工艺和严苛技术标准,确保消费者喝到真正的"好酱酒"。二是打造轻松愉悦的社交氛围,弘扬中国饮酒文化,用拉酒线、看酒花、闻酒香等体验方式深挖白酒的文化感和仪式感,提倡"同饮不同量"的健康饮酒方式,开启可感受古法酿酒工艺全过程、传递白酒文化价值的酱香之旅,带给用户更多的参与感、体验感,让他们对肆拾玖坊的产品、服务以及企业精神产生情感共鸣。

从货的角度,肆拾玖坊一方面要求正宗原产地、一流品质、一手价格直达终端;另一方面逐步构建起一套集溯源技术、供应链管理于一体的数字化建设体系,通过"一物一码"实现产品可溯源功能,加强对渠道的管控,防止出现窜货现象,保障消费者和经销商的利益。同时"一物一码"还能实现产品防伪,消费者扫码进入防伪码页面就能查询产品真伪,为用户提供保障,让用户放心买酒、安心喝酒。

从场的角度,肆拾玖坊通过推广"肆玖云店"线上项目,为每家线下门店和销售点匹配一家对应的云店,提高线下深度分销渠道全链路数字化和全场景触达能力。

(三)以用户为核心,开启圈层营销模式

要想在竞争激烈的白酒市场里谋得一席之地并非易事,而肆拾玖坊自2015 年成立以来,年复合增长率超 100%,成为白酒市场"现象级"的企业。肆拾玖坊成功的第一步就是做好圈层营销。张传宗很早就意识到传统的

广告宣传渠道和方法的性价比远低于预期，决心将更多的资源向圈层营销倾斜。但流于表面、照本宣科的圈层营销并不是肆拾玖坊想要的，其把社群、社交、众创有效地引入新圈层营销体系，将圈层营销的作用发挥到最大，强调提高用户的参与感，甚至赋予消费者主人翁的身份，将人的价值发挥到最大。渠道变革对应的是消费场景与营销场景的进化，圈层营销将人与渠道融为一体。所谓"渠道革命回归本质"，指的依旧是人的价值体现与价值变革。

B.8
打造酒庄文化，赋能白酒企业转型升级

——以郎酒集团为例

摘　要： 酒庄文化是以酒庄为物质载体的具有非强制影响力的观念形态。打造酒庄文化，是提升白酒品质、优化白酒产业结构、提升白酒国际竞争力的新方式、新手段，对促进白酒企业转型升级具有重要意义。郎酒集团在建设郎酒庄园的同时，积极打造酒庄文化，推进传统文化、庄园建设与白酒企业发展的充分融合，在实践中发扬了郎酒精神、树立了品牌形象、带动了产品升级、创新了营销手段、扩大了品牌影响力，成效显著。通过深入挖掘酒庄文化，郎酒集团打造了一座世界知名的白酒庄园，开创了我国庄园酱酒的先河，有力推动了企业的转型升级。其品牌定位清晰、积极履行社会责任、跨界联动驱动品牌效应、不断创新进取等成功经验值得其他白酒企业借鉴学习。

关键词： 郎酒庄园　酒庄文化　跨界融合

一　酒庄文化对白酒企业发展的重要意义及融合现状

（一）白酒庄园发展及酒庄文化内涵

1.白酒庄园的发展历程

"酒庄"一词起源于法国的波尔多，原指葡萄酒酿造和储存的地方，后随着时代的变迁，酒庄逐步发展为集原粮种植、美酒酿造、罐装销售和酒文化体验传播于一体的综合性旅游胜地。"酒庄"这一概念虽为"舶来品"，但在中国，白酒庄园实际上由古代的酒作坊演变而来，发展至今也同葡萄酒庄园一样，具备文化传播、旅游休闲等功能。

从白酒庄园的发展来看，2009年5月文君庄园于四川省成都市邛崃市建成，号称亚洲第一座白酒庄园，它的建立为我国白酒庄园的建设奠定了坚实的基础。文君庄园虽然建立的时间较早，但并不是真正意义上的白酒庄园。我国首个按照国际酒庄标准建设的白酒庄园是2014年3月建成的位于四川省泸州市的龙洄酒庄。龙洄酒庄是中国白酒庄园联盟认证的001号白酒庄园。2015~2020年，古井酒庄揭牌，国花酒庄和江记酒庄相继动工，沈酒酒庄横空出世，郎酒庄园重磅面世，洋河酒庄开始运营，大大小小的白酒庄园如雨后春笋般遍地成长。

2. 酒庄文化的内涵

文化的本质是一种以物质为载体的观念形态，白酒庄园文化即以白酒庄园为物质载体的具有非强制影响力的观念形态。从广义上来说，酒庄文化是指与酒庄相关的全部要素的综合，包括酒庄的建筑风格、管理水平、面向社会展示的美好形象等诸多内容；而狭义的酒庄文化则是指除了"硬件设施"以外的"软实力"，如酒庄的企业形象和产品形象，通过开展各类推广活动而形成的品牌吸引力、影响力、号召力等。[①]

酒庄文化的内涵主要包含以下几个方面。一是白酒企业及酒庄的发展历史、创始人的故事等。二是企业及酒庄内部的工作氛围和员工价值观念等。三是白酒企业的品牌文化。四是白酒庄园的建筑风格、园林设计等。五是白酒庄园所在地的地域文化、传说故事、饮酒文化及文化节等。六是白酒的酿造工艺、储存方式、包装设计等。

（二）酒庄文化对白酒企业发展的重要作用

中国白酒是中华深厚酒文化的载体，与中华文明同根同源。目前，我国

[①] 《酒庄文化一二三》，中国葡萄酒信息网，2019年4月24日，https：//www.winesou.com/baike/winery_ culture/139994.html。

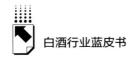

白酒行业已进入长期不缺酒，但长期缺好酒的发展阶段。酒庄作为品质、高端的代名词，打造酒庄文化是提升白酒品质、赋能白酒企业转型升级、优化白酒产业结构的新方式、新手段。通过厚植酒庄文化底蕴，讲好中国白酒故事，促进白酒企业发展，传播中国白酒文化，吸引更多人走进白酒庄园，了解中国白酒，爱上中国白酒。[①]

1. 酒庄文化是白酒企业转型升级的新动力

经济高质量发展是时代发展的新形势、新要求，白酒行业也随之进入转型升级的新阶段，白酒企业急需新的力量加持以突破发展瓶颈，酒庄建设的蓬勃兴起为白酒行业带来了新的发展机会。酒文化是酒庄建设的根基，是白酒企业开发酒庄旅游项目的动力，深入挖掘酒庄文化，不仅有助于推动酒庄建设、优化酒庄经营模式，从根本上提升酒庄的吸引力、竞争力，也为白酒企业创造新的利润增长点和发展空间。因此，酒庄文化的深入挖掘与利用是白酒企业实现转型升级的新动力。

2. 酒庄文化是提升白酒企业竞争力的内在动力

随着我国经济持续快速发展，文化在酒庄发展进程中的作用日益凸显。因此，白酒企业的高质量可持续发展，离不开对酒庄文化的挖掘与建设，酒庄文化将成为白酒庄园无可替代的竞争优势。优秀的酒庄文化能够使酒庄及白酒企业的形象与品牌深入人心，大幅提升白酒企业在消费者心目中的地位，从而提升白酒企业的市场竞争力。除此之外，企业文化的熏陶与加持也有助于提升产品品质。在企业文化建设中，注重培养员工的匠心意识，生产具有高端品质的酒庄酒，从而提升白酒企业的核心竞争力，推动白酒企业高质量发展。

3. 酒庄文化是白酒企业走向国际的"新名片"

在国际烈性酒类市场上，威士忌和白兰地等西方烈酒所占的市场份额较大，具有悠久文化历史的中国白酒占比却很低。无论是中国白酒还是中国酒

---

① 《产区、文化、名酒、技术、创新是未来中国白酒酒庄发展建设的五个方向》，酒业时报网站，2018年1月11日，https：//www.winetimes.cn/2018/1951/。

文化，都未能真正融入国际市场，国际认同感很低。中国白酒企业要想走出国门，在国际酒市场占有一席之地，就要通过白酒庄园将中国白酒的品质与价值表达出来，使之成为对接国际认知的文化输出载体，让白酒庄园成为中国白酒企业与世界有效沟通的桥梁，从而让更多国际友人通过酒庄文化了解中国白酒，喜欢中国白酒。因此，白酒庄园承载着中国白酒走出国门、走向世界的使命和职责。白酒庄园的建设不仅要坚守传统文化，更要勇于创新，促进白酒企业高质量发展。

（三）企业发展融入酒庄文化的现状

起初，酒庄特指葡萄酒庄园，随着白酒产业的高速发展，这一概念也被沿用到白酒产业中，为白酒产业转型升级带来新的发展机遇。白酒庄园的建设和发展是传承与发扬中国白酒文化的重要方式，酒庄文化的建设和挖掘更是树立白酒企业品牌形象、促进白酒企业持续发展的内在动力。但整体来看，目前白酒企业对酒庄文化的挖掘尚处于起步阶段，已有成果多集中于白酒庄园的园林设计和旅游开发上，酒庄文化挖掘的潜在空间巨大。

泱泱古国，悠悠华夏。在我国五千年的文明历史长河中，酒文化一直占据重要地位。白酒企业在进行酒庄建设时，若能将如此深厚的白酒文化融入白酒庄园的建筑设计中，这不仅是对酒庄文化内涵的充盈，更是对白酒文化的保护和传承。如郎酒庄园的标志性建筑——金樽堡，其名源自唐诗"人生得意须尽欢，莫使金樽空对月"，整体建筑设计采用了川南特有的居民建筑风格，外观是形似圆形的白酒酒坛倒扣在方形水池上，此设计灵感源自中国古代的哲学思想"天圆地方"，不但传承了我国的诗酒文化，还使金樽堡成为庄园内最具特色的地标建筑。

酒庄文化与旅游的融合，是白酒企业开发利用酒庄文化、实现转型升级的新方式，酒庄文化旅游产品的开发不仅促进了旅游产业的发展，同时也为酒庄经营带来了新的利润增长点。如茅台集团以其原产地茅台镇为核心，依托赤水河畔的自然风景，通过挖掘酒文化、长征红色文化和地方民俗文化，大力发展酒庄文化旅游产业，不断促进酒庄与旅游的深度融合，实现产城景

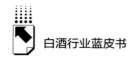
融合发展。

企业对酒庄文化的开发虽然取得了一定成效，但依然有很多白酒企业抱有"酒香不怕巷子深"的传统观念，对产品的文化融入形式创新不足、品牌的文化营销重视不够，因此酒庄文化可挖掘和利用的空间较大。

二 郎酒庄园文化赋能举措、成效及挑战

（一）郎酒庄园建设的文化背景及历程

早在 2008 年，郎酒集团董事长汪俊林便萌生了要建造一座世界级白酒庄园的想法，这源于他的一次欧洲之旅。2008 年他前往欧洲考察世界名酒庄，发现拉菲、罗曼尼康帝等世界名酒皆依托酒庄向世人传递自己的美酒文化，且现存的世界知名酒庄除拥有深厚的历史底蕴外，还具备顶级的工业化生产技术，能够最大限度确保酒产品的品质与产量。相较之下，中国白酒历史流传千年，文化底蕴深厚，却缺少一个为爱酒人士提供面对面交流与沉浸式体验的场所。"为什么我们没有一座自己的庄园？我们是不是可以建一座属于自己的白酒庄园？"这颗种子在汪俊林的心里生了根、发了芽，回国后他立即开始筹备郎酒庄园的建设工作。自那时起，郎酒集团便开始走上为中国打造一座世界级白酒庄园的奋斗之路！

1. 郎酒庄园的文化背景

郎酒庄园坐落于其发源地——四川省泸州市古蔺县二郎镇，这里拥有适宜酿酒的气候条件与地理环境，在这里可以培育出独一无二的微生物种群，此地具备绝佳的酿酒自然条件。郎酒人善用大自然的馈赠，创造了郎酒独特的"生、长、养、藏"酿造工艺，即生在赤水河、长在天宝峰、养在陶坛库、藏在天宝洞，其生产酿制和储存老熟的流程如图 1 所示。郎酒庄园得天独厚的自然环境和传统独特的酿造工艺是郎酒"生、长、养、藏"的具体体现，当游客探访完郎酒庄园后，郎酒的酿造过程便了然于心。

如果说天然洞藏是郎酒的"硕士研究生阶段"，那么仁和洞藏就是郎酒

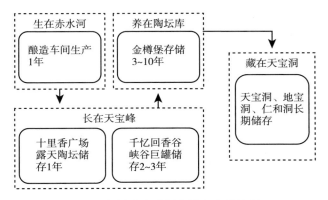

图1　郎酒生产酿制和储存老熟流程

的"博士研究生阶段"。"生、长、养、藏"淬炼出的最精华部分均藏于仁和洞，这里的每一滴酒都是极臻品质，且仅在郎酒庄园内出售，是庄园酱酒的精华，是顶级珍藏的代表。

孟子曰，天将降大任于是人也，必先苦其心志，劳其筋骨，饿其体肤，空乏其身，行拂乱其所为，所以动心忍性，增益其所不能。酒如人也，历练越多，成功的可能性就越大。"生、长、养、藏"就是郎酒必经的历练过程，蕴含深厚的中华文化内涵，同样也赋予郎酒极致的品质。

郎酒背依天宝峰、面临赤水河，生于二郎镇、得名二郎镇。二郎镇为郎酒庄园的筹建提供了悠长久远的人文历史底蕴和独一无二的自然条件，打造一座世界级白酒庄园的伟大工程便从这里开始。

2.酒庄建设的发展历程

2019年3月郎酒庄园重磅面世，开启了我国白酒庄园的新时代，无数商业精英、白酒爱好者走进郎酒庄园，体验郎酒独特的"生、长、养、藏"。

（1）规划与建设阶段（2008~2018年）

2008年，郎酒集团启动郎酒庄园建设项目，初步的实施计划为规划设计2年，施工建设5年。然而由于地势复杂、自然条件独特等因素，郎酒庄园的建设周期远远超出了原来的计划。为建设理想中的世界级白酒庄园，汪俊林特别邀请了国内一流建筑大师、设计师，他们组建成顶尖的设计团队，

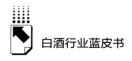

参与庄园的设计与规划。经过10年的建设，结合中国白酒悠长历史与独特酿造工艺的郎酒庄园，在赤水河左岸的悬崖峭壁与荒野沟壑间落地建成。

庄园建设项目启动4年后，为保证酱香白酒的产能、储能和品质，郎酒集团即刻启动了吴家沟生态酿酒区的开发项目。吴家沟生态酿酒区作为赤水河黄金河谷区最后一块适宜酿造酱香白酒的宝地，是郎酒庄园实力酿酒的担当，其于2012年开始投建，历时8年建成。而后，十里香广场、千忆回香谷、敬天台、金樽堡、红运阁、洞仙别院相继竣工。这些建筑不仅系统地串联起郎酒酿造"生、长、养、藏"各个环节，而且逐步构建起"生态、酿造、储存、品控、体验、互动、销售"环环相扣、相互促进的"三品"闭环体系，天人共酿、醇化生香，使郎酒庄园成为白酒爱好者的"朝圣之地"。

（2）开放与完善阶段（2019年至今）

2019年3月17日，历时11年，郎酒庄园终于正式与世人"会面"。郎酒庄园的盛大亮相不仅标志着郎酒品质战略的升级，而且开启了我国白酒庄园时代的新纪元。随着仁和洞开洞仪式的盛大举行，其与天宝洞、地宝洞相互拱卫，形成全球最大的天然藏酒溶洞群，寓意"天地仁和，生生不息"。仁和洞的启用标志着郎酒庄园高端私人定制业务的启动，同时拉开了中国白酒高端私人定制时代的帷幕。

2020年3月，古蔺郎酒庄园有限公司正式成立，全面负责郎酒庄园的运营管理，统筹安排访客参观、体验、服务等一系列活动，将生产与销售有机结合，加快推动郎酒庄园综合服务体系建设，庄园运营迈上系统化、专业化新台阶。同年5月，郎酒庄园正式对外营业，接待能力达每年10万人次。2020年重阳节，郎酒庄园吴家沟生态酿酒区一期项目启动。时隔一年，郎酒庄园吴家沟生态酿酒区二期项目正式投产，4万吨酱酒投粮、投产，奠定了郎酒集团未来发展的基础①，郎酒产能达到历史最高点。

---

① 《郎酒股份宣布新产区投产　百年郎酒迎来历史最高产能》，泸州头条，https：//xw.qq.com/cmsid/20211015A02ZDB00，2021年12月25日。

（二）郎酒庄园文化挖掘的举措与成效

1. 酒庄建设理念与文化挖掘的特色举措

汪俊林曾这样表述郎酒庄园的核心价值："正心正德、敬畏自然、崇尚科学、酿好酒"，非常贴切地概括了郎酒集团"品质主义"的内涵。正心正德，是每一位郎酒人必须遵循的行为准则；敬畏自然，是指郎酒庄园开展的生产活动均应顺应天时、尊敬自然；崇尚科学，郎酒庄园邀请数位院士与顶级白酒专家成立品质研究院；酿好酒，是郎酒集团百余年来坚守的初心。郎酒庄园也正是为了让白酒爱好者真正体验到郎酒独特的酿造工艺、储存环境和极致品质而建的。

在积极贯彻"正心正德、敬畏自然、崇尚科学、酿好酒"理念的基础上，在十里香广场、千忆回香谷、敬天台、金樽堡等景观的加持下，郎酒庄园形成以"体验式消费"为核心的经营模式，即通过景观探访、情景陈述和故事讲解等形式，让访客亲身体会郎酒"生、长、养、藏"的酿造过程，并结合不同用户的需求，设计各种体验场景与互动活动，让访客体会郎酒的极致品质。当郎酒庄园仅是出售郎酒的场所时，它便与酒作坊、酒工厂毫无二致；当郎酒庄园是体验郎酒文化、享受品质服务的乐园时，它便会赋予消费者许多郎酒庄园特有的情怀与回忆，让访客拥有一场独一无二的"酒庄体验"，同时为郎酒带来巨大的价值增值。

虽然目前郎酒庄园未全面完工，但基础建设已基本完成，已具备初步接待能力。郎酒庄园的建设以历史文化为背景，以酿造工艺为线索，以自然景观为载体，打造一种除非亲临、无法言说的神秘感。其中，天宝洞就有一个鲜为人知的奥秘，1969 年春，郎酒厂的会计邹昭贵为母亲上山采药，偶然发现被杂草覆盖的溶洞。当时恰逢厂里扩产，资金匮乏，一时无力修建储酒仓库，便启用了天宝洞来储藏郎酒，不想"无心插柳柳成荫"，藏于天宝洞的原酒各项指标均优于其他储存方式。这才发现天宝洞就是大自然赐予郎酒的天然藏酒溶洞，随着藏酒规模日益扩大，天宝洞成为体现郎酒"生、长、养、藏"中"藏在天宝洞"的重要景观。

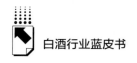

庄园建设十余载，立足于百年酿造技艺和上天恩赐，又通过科学巧妙的规划设计，一座座景观坐落其中，郎酒庄园成为施展郎酒"生、长、养、藏"秘籍的独特载体。

2. 酒庄文化赋能郎酒转型升级的成效

（1）讲好郎酒故事，树立良好的品牌形象

自清末絮志酒厂肇始，郎酒人始终严格遵循自然规律，恪守古训，顺应天时，酿造美酒。每逢端午佳节，气温回升之际，一年一度的酿造盛事便开始了。端午制曲，重阳下沙，再经历九次蒸煮、八次发酵、七次取酒，勾调后形成原酒，封坛入存。之后，这些原酒还须在四种形态的储酒区分别经历露天坛储、山谷罐储、室内坛储、天然洞藏的储存，储存周期长达7年。至此，一瓶醇香老熟的庄园酱酒才算酿制成功。为了更加具体真实地展示郎酒的酿造过程，郎酒集团在赤水河左岸，天宝峰之巅，以精心的规划设计建造了涵盖郎酒"生、长、养、藏"酿造过程的郎酒庄园。五大生态酿酒区布局其中，十里香广场、千忆回香谷、金樽堡、天宝洞等四种形态储酒区星罗棋布，形成令人叹为观止的庄园景观。它们是郎酒"生、长、养、藏"的生动体现，是郎酒人追求极致品质的独特载体。

郎酒庄园对郎酒集团历史的挖掘，赋予庄园景观独有的文化价值，通过情景结合的方式讲述郎酒的故事，让访客目睹与感受郎酒的酿造过程，赋予郎酒集团良性发展的动力，为企业树立了"追求极致品质、一心只酿好酒"的形象。

（2）创新文化融入形式，带动产品升级

千百年来，郎酒人在追求极致品质的同时，积极创新文化融入形式，为产品设计带来无限可能，极大地丰富了产品内涵，提升了郎酒的产品竞争力。

为时刻提醒所有郎酒人要遵循天道、敬畏自然，郎酒庄园历时两年打造敬天台，正式推出郎酒庄园星座酒。郎酒庄园敬天台是酒道文化与星宿文化的融合与诠释。为此，郎酒庄园特别推出敬天台专属星座酒，仅在敬天台出售。星座酒既具备庄园酱酒"酒香突出、回味悠长"的独特风格，又融合了西方十二星座的文化元素。每一款星座酒的瓶体均有其专属色彩，且在柱形玻璃水晶的折射下，更加凸显其简洁雅致。其瓶体的设计与星座本身的星空图腾相呼应，又将中国传统汉字与英文字体结合，可谓集中西方文化于一体。星座酒既承载了厚重的人文底蕴也富有时尚潮流，寓意传统白酒文化与时俱进、生生不息，彰显郎酒庄园酱酒的独特风格。

郎酒庄园对西方星座文化的挖掘创新，促使酒道文化与星座文化完美结合，充分展现文化创新的无限魅力，以独特新颖的方式吸引白酒爱好者，尤其是年轻白酒爱好者的广泛关注，赋予郎酒集团转型发展的新动能。

（3）衍生文创周边，成功赋能品牌 IP

郎酒庄园通过对自身地域文化的挖掘创新，开发了文创周边产品。地域文化与传统水墨的碰撞与融合，将郎酒庄园氤氲灵气的氛围烘托得淋漓尽致。文创周边产品赋予郎酒品牌极具感召力的"IP 力量"，助力郎酒集团的转型升级。

郎酒庄园作为郎酒集团最大的 IP，虽然人们带不走这里的一草一木，但可以携一件周边产品来回味与感受郎酒庄园那无法言说的魅力。目前，郎酒庄园的文创周边产品有雨伞、披肩、口罩、行李箱等日常用品，且产品设计以"氤氲庄园"为主题，采用中国传统水墨绘制，以水墨的自然流动展现人与自然和谐相处的清雅之美。整个设计犹如一幅悠远灵动的水墨画，画卷右侧以红色与水蓝色多重晕染，体现的是郎酒不可或缺的红米粱和赤水河；中部是以"赤水左岸"四个字的变体形式呈现的郎酒庄园标志性建筑——金樽堡，既体现郎酒的发源地，又呈现郎酒庄园的代表性建筑元素;① 左侧是一个抽象为河道形态的"郎"字，既表达了赤水河的蜿蜒流转，又寓意郎酒的历史文化源远流长。

---

① 《把握无法言说的魅力，拿捏赤水左岸的气质，郎酒更潮更酷更时尚的品味逻辑》，网易新闻，2021 年 8 月 24 日，https：//www. 163. com/news/article/GI61DUAK000019OH3. html.

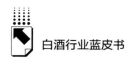
（三）酒庄经营未来发展的挑战及远景

自郎酒庄园正式营业起，白酒市场上便掀起了一股属于郎酒的热潮，不少白酒爱好者开始关注郎酒、爱上郎酒。2021 年，红花郎市场供给严重不足，郎酒中端酱酒市场格局突变。根据郎酒的酿制工艺可以推算出，此次红花郎的供需倒挂大概是 2010~2015 年酱香原酒的产能与储能不足所致。虽然目前郎酒庄园的产能已达 4 万吨，储能 13 万吨，但随着郎酒庄园的热度持续升级，未来白酒市场对郎酒的需求会不断增大，郎酒庄园可能会再次出现供不应求的情况。

《2020~2021 中国酱酒产业发展报告》显示，2020 年全国酱酒以行业 8% 的产能实现了 39.7% 的行业利润①，可见酱酒潜力之大。据酒行业内部人士预测，未来一段时期，黄金河谷的资源开发将趋于饱和。这也就意味着，谁手上握有更多的酱酒产能资源，谁储有更多优质老酒，谁将在未来的酱酒竞争中掌握更多话语权。在郎酒庄园规划初期，郎酒集团便开始对庄园内的生态酿酒区进行规划，但由于地势险峻、地质复杂、建设难度巨大，整个庄园所需的建设时间较长。目前，郎酒庄园两河口生态酿酒区、吴家沟生态酿酒区已投产使用，盘龙湾生态酿酒区在进一步扩建，预计 2023 年五大生态酿酒区将同时投产。届时郎酒庄园的产能将提升至 5.5 万千升，到 2027 年，郎酒庄园酱酒储能将达到 30 万千升。郎酒庄园酱酒的产能、储能均得到大幅提升，红花郎将强势回归！

在扩大产能、储能的同时，未来几年，郎酒集团将再投资百亿元，把郎酒庄园打造为中国乃至世界白酒爱好者的"朝圣之地"。将庄园的氤氲之美、二郎镇的朴素与静谧、中国郎的不凡气度融入郎酒的每一滴酒中。郎酒集团希望未来郎酒庄园能和卓越的成功者一起"创变"，通过交流鉴赏、融合共生，为中国打造一座世界一流的白酒酒庄，与赤水河对岸的茅台共同做大高端酱酒，提升郎酒在白酒行业的地位。

---

① 《2020~2021 中国酱酒产业发展报告》，外唐智库，2021 年 5 月 20 日，https：//www. waitang. com/report/32586. html。

三 郎酒庄园文化赋能企业转型升级的经验借鉴

（一）主攻庄园酱酒，品牌定位清晰

品牌定位是企业树立品牌形象的重要根基，更是产品精准占领市场的坚实保障。清晰的品牌定位可以帮助企业创造巨大的差异化竞争优势，让其在消费者心目中占据独特的地位，从而巩固企业在市场中的竞争地位。在企业转型升级的发展战略中，品牌战略的及时调整至关重要，郎酒集团正是依托建设世界级郎酒庄园、全面升级青花郎的品牌战略定位，开启我国庄园酱酒的新时代。

2001年，郎酒改制，起死回生。此后十年，郎酒集团业绩一路飙升，销售额于2011年突破百亿元，成为业界传奇。此后一段时间，郎酒集团虽一直在调整发展规划，优化产品体系，但没有为产品制定明确的品牌战略，企业发展不温不火。2017年6月，郎酒集团发布青花郎"中国两大酱香白酒之一"的战略定位，表示要对标行业龙头，做大高端酱酒市场。这是郎酒集团转型发展的重要举措，与此同时，加快对郎酒庄园的建设，共筑品牌力量。次年，伴随青花郎"中国两大酱香白酒之一"的品牌标语持续占领公众视野，郎酒备受我国白酒行业关注，郎酒集团重回"百亿俱乐部"，但同时也招致不少郎酒依傍茅台炒作的质疑之声。2019年，投入大量人力物力，斥资超百亿元，历时11年之久打造的郎酒庄园终于与公众见面。郎酒集团随即宣布青花郎的品牌战略定位由"中国两大酱香白酒之一"升级为"赤水河左岸，庄园酱酒"，既回应了市场的质疑，也由此开启高端庄园酱酒的新纪元。郎酒集团匠心独运，依托郎酒庄园表达庄园酱酒的极致品质，升级庄园酱酒的品牌定位，进军高端酱酒市场。

（二）助力乡村振兴，履行社会责任

郎酒庄园位于四川省古蔺县二郎镇，本着"镇中有庄，厂中有城"的

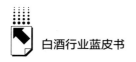

建造理念，郎酒集团在建设、经营、发展郎酒庄园的同时，积极响应国家乡村振兴战略，主动承担企业助力乡村发展的社会责任，对古蔺县当地的经济发展做出巨大贡献，同时二郎镇又为郎酒集团传播郎酒文化提供了窗口与载体。企业与地方政府的互助共赢使郎酒集团树立了良好的企业形象，有效提升了品牌影响力。

依托二郎镇的红色文化和白酒文化，新建的露天剧场、城镇公园、度假中心、高层住宅、郎酒博物馆、酒厂体验馆、酒厂员工俱乐部、健身俱乐部等现代建筑，实现了现代文明与传统文化的交织结合，使二郎镇成为一个崭新独特的白酒文化名镇、中国知名的酒文化旅游胜地。在此基础上，郎酒集团全面开展原生态文化游——红色之旅，旨在邀请全国各地远道而来的客户深入郎酒原产地——二郎镇，切身感受赤水河谷的自然美景与红色文化，了解郎酒繁复考究的传统酿造工艺及天宝洞、地宝洞的洞藏文化，同时促进当地旅游业、服务业的发展。除此之外，郎酒庄园的建设还带动了二郎镇及川南地区农业的发展。截至2021年3月，郎酒集团已与泸州、自贡等川南地区233个村子签订种植郎酒专用高粱"郎糯红19号"的订单化合同，帮助6万多人脱贫，持续为当地农民带来收益，推动地方农业经济发展。郎酒集团不仅为我国白酒庄园的建设提供"中国特色白酒庄园道路"的成功经验，而且为企业助力乡村振兴、履行社会责任树立了榜样，极大地提升了品牌影响力和号召力。

（三）跨界梦幻联动，发挥品牌效应

品牌效应是企业竞争力的重要支撑，一个好的品牌不但可以为企业带来聚集性资源优势，还可以帮助企业开拓美好发展前景，推动企业转型升级。郎酒庄园凭借自身极致品质获得各界信任，携手诸多战略合作伙伴，实现跨界梦幻联动，发挥品牌效应，助力企业高速发展。

郎酒庄园传承郎酒千年酿造技艺，打造世界级白酒庄园，酿造庄园级酱香郎酒，以品质塑造品质。央视的《经典咏流传》节目通过深挖中华五千年文化，唱响三千年诗韵，打造文化饕餮盛宴，用经典致敬经典。2020年

初，青花郎携手《经典咏流传》，依托央视大平台，坚持以品质为本，回归经典，① 完美诠释什么是诗酒文化，让书本上的经典诗词再度"活灵活现"，呈现经典的东方诗酒文化。

郎酒庄园与《中国好声音》的梦幻联动正是源于理念的契合，二者对产品与作品的极致追求高度一致。《中国好声音》将郎酒庄园的山魂水魄融入歌声，化作经典，唱响神州。2020 年 8 月 21 日晚，《2020 中国好声音》在郎酒庄园开启首映仪式，同时首款"郎酒庄园×青花郎×中国好声音"联名款限量发布，以经典声音与品质好酒完美结合，献礼消费者，致敬经典。② 当日节目首播后，喜获较高的收视率与市场占有率，斩获良好口碑，不仅使更多的人听到中国的好声音，而且让更多人了解中国美酒青花郎。

此外，郎酒庄园联合抖音发起一系列挑战赛，邀请广大网友推荐与郎酒最配的美食、用方言为郎酒代言等，品牌活动爆炸式的传播，快速打破地域文化壁垒，融入各地百姓生活，带给消费者不一样的品牌体验，同时为郎酒带来巨大流量与无限关注，提升郎酒的品牌形象，发挥了高效的品牌传播效应。

（四）不断创新进取，打造极致品质

创新进取是企业不断进步的重要引擎，是企业高质量发展的不竭动力。在追求极致品质的过程中，郎酒正是通过优化企业结构、提炼品质法则、壮大科研队伍，不断激发品质创新的原动力，一步步优化郎酒的品质基因，酿造出品质至臻的庄园酱酒。

极致品质是郎酒人百余年来始终如一的追求。郎酒集团改制初期，郎酒集团董事长汪俊林提出"四个理顺"：理顺思想、理顺机构、理顺机制、理顺

---

① 《青花郎［经典咏流传］春节巨献，撒贝宁等顶级明星云集》，2020 年 1 月 19 日，美酒网，https://www.meijiu.com/xinwen/21399/。

② 《中国好声音郎酒庄园首映，奏响年度乐坛最强音！9999 件郎酒庄园×青花郎×中国好声音联名款发布》，"郎酒股份"微信公众号，2020 年 8 月 22 日，https://mp.weixin.qq.com/s/FeRL3txuloI326gwzmz9Vw.

工作。他对郎酒集团的结构进行了全面优化整合，使生产、销售、管理各个环节涌现活力，促使郎酒的品质迈上新台阶。2019 年 3 月，郎酒庄园面世之际，郎酒集团发布"七条品质法则"，明确表示郎酒将长期坚守对极致品质的追求，并始终遵循"七条品质法则"，坚持"正心正德、敬畏自然、崇尚科学、酿好酒"。同年 8 月，郎酒庄园迎来数位院士和顶级白酒专家，与北京工商大学、中国食品发酵工业研究院等八家单位合作成立郎酒品质研究院，结合产、学、研三位一体，为郎酒高质量发展献策献力，稳步推进郎酒品质工程的建设发展。步步探索，创新进取，用硬核品质续写企业华丽篇章是郎酒集团为白酒企业探索出的成功道路。

简化包装，抓住环保时代的
光瓶酒发展机遇

——以李渡酒业为例

摘　要： 简化包装既是一种国际流行的大趋势，也是人们理性选择商品的一种趋势，当前我国光瓶酒市场持续升温，市场"蛋糕"持续变大，光瓶酒行业已进入快速发展阶段，未来我国光瓶酒这块巨大的"蛋糕"将会长期存在。随着人们消费观念日趋理智，光瓶酒的选择既是消费更新的潮流所向，也是环保时代的大势所趋。李渡酒业作为光瓶酒酒企的典型代表，在酿造工艺、品牌宣传、营销策略方面有自身的特色。其在传承中创新，给予中国传统文化全新的表达；采取线上做流量池、线下做体验的营销方式；采取"古窖+古法"的传统酿造方式等经验值得广大酒企学习和思考。

关键词： 光瓶酒　李渡酒业　科技赋能

一　李渡酒业的发展与特色

（一）李渡酒业发展背景

中国酒业协会公布的 2016～2022 年我国光瓶酒行业市场规模及预测的统计数据如图 1 所示。① 从图 1 可以看出，我国光瓶酒市场规模不断扩大，

---

① 贾淘文：《光瓶酒逆势前行》，《消费日报》2020 年 5 月 27 日，第 A04 版。

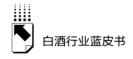
截至 2020 年 12 月，我国光瓶酒市场规模已经突破 1000 亿元，同比增速达 20%，预计 2022 年其市场规模有望增长至 1200 亿元以上。

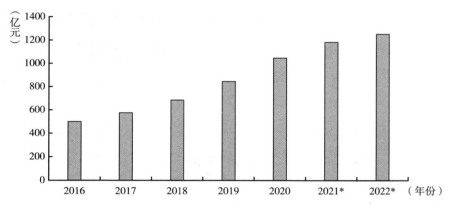

图 1　2016～2022 年我国光瓶酒行业市场规模

* 为预测数据。
资料来源：华经产业研究院。

纵观整个酒行业的发展历程，光瓶酒并不鲜见，在我国，过去的白酒大多是光瓶酒，像茅台、五粮液、泸州老窖特曲等名酒都曾以"光瓶"形象示于众人。但随着白酒行业市场化发展，20 世纪八九十年代，各大白酒厂商开始注重产品自身的附加值，酒的包装也随之变得丰富多样。这直接影响了酒自身的售价和销量，许多成本几十元的产品经过豪华精致的包装后，售价飙升至数百元甚至数千元。与此同时，低端价位的白酒出现空档，市场上二锅头等光瓶酒因其价格低、生产和消费门槛低，逐渐被大众贴上"低端、低价、低质"的标签。近些年，我国消费者在经历了面子情结后，消费趋于理性，对品牌、品质、价格等综合认知不断升级，光瓶酒成为广大酒友们"品质回归"的选择，重回大众视野，热度不断攀升。李渡酒业坐拥最古老的元代窖池，以其得天独厚的自然条件为优势，就地取材，酿造的白酒色泽澄清、香味芬芳、味道醇厚，还有杀菌消毒、舒筋活血的功能，逐渐受到大众喜爱。

（二）李渡酒业发展历程

据《进贤县志·酿酒篇》记载，进贤县历来就有做水酒、吊烧酒的传统，全县所产酒水以李渡为最盛。李渡酒厂酿制的李渡高粱酒是从民间酿酒中发展起来的，相传有一千多年的历史。李渡烧酒曾与毛笔、陶器、夏布一起并称"李渡四大传统物产"。早在两宋年间，李渡酒凭借其得天独厚的条件，留下"色澄清亮、香浓馥郁、回味悠长"的美名。李渡酒也曾留下"王安石闻香下马，晏同叔知味拢船"的美谈。

北宋年间，李渡办起了第一个前店后坊式的酒作坊。元代周边乡镇也相继办起酒作坊。清末，万茂酒坊——李渡当时最大的酒坊，经过酒师的不断探索和创新实践，综合李渡糯米烧和大曲酒的特点，改进酿造工艺，酿制出酒味纯善的李渡高粱酒，此酒别具一番风味。

1948年，李渡镇各酒厂共生产白酒30.8千升，畅销各地。李渡镇的"酒乡"之称也实至名归。1955年，李渡镇的9家具有200年以上历史的私营作坊合并，成为公私合营民生酒厂，这是李渡酒业的前身。

（三）李渡酒业企业文化与特色

中国白酒有悠久的历史，与中华文明一脉相承，酒文化的发展也牵动中国文化的发展，白酒文化是中国传统文化不可或缺的一部分，白酒企业也是传播中国传统文化的重要力量。白酒企业要想在激烈的市场竞争中脱颖而出，必须讲究文化传承和历史积淀。

李渡酒业作为扎根于江西的白酒企业，底蕴深厚，历史悠久，承载江西灿烂的历史文化，坐拥800年元代古窖池，有着特殊的文化属性，映射江西近千年的酿酒历史。李渡酒业传承元代文化，一杯李渡酒，半部江西史，对李渡酒业而言，底蕴深厚的历史文化背后承载了品质文化，这也是李渡酒业强大的文化支撑。"王安石闻香下马，晏同叔知味拢船""赶圩李家渡，打酒买豆腐"便是古人形容李渡酒香的传世佳话。综观世界酒类市场，白酒的消费实质上是文化的消费，酒的竞争最终都会演绎为文化的竞争。在传播中国传统文化的道路上，李渡酒业已经探索多年，并且不断攀上新的文化高峰。在传承中创新，给予传统文化全新的表达，李渡酒业已然具备独特的品牌优势，成为白酒行业的文化标杆。

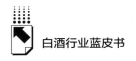
（四）李渡酒业酿造工艺

位于江西省南昌市进贤县李渡镇的李渡烧酒作坊，是中国年代最早、遗迹最全、遗物最多、时间跨度最长且富有鲜明地方特色的大型古代白酒作坊遗址，也是中国酒业的国宝，酒文化的重要代表。当地盛产优质米粮，为酿造美酒提供原料，酿造用水来自产地范围内 200 米以下深层地下水源，以整粒大米为原料，糖化发酵剂采用以面粉、麦麸为主要原料的中高温大曲，在窖池中经续糟混蒸固态原窖发酵。用于发酵的窖池是采用当地出产的红石条垒砌而成，窖龄一般在 26 年以上，部分窖龄可达 70 年以上，发酵时间在 24 天以上。即使是采用新窖池，其窖龄一般也不低于 5 年。发酵后的酒，按质量摘酒，分级储存、勾调而成。基酒分级入库，使用陶坛分质储存。基酒储存 3 年以上，调味酒储存 5 年以上。经过长时间的储存，酒香弥漫整个酒坛，香气四溢的李渡酒便可供世人享用了。

二　李渡酒业的运营情况

（一）李渡酒业的主营业务

李渡酒业的核心产品为李渡高粱酒，李渡高粱酒是江西省的传统名酒，因产于南昌进贤县李渡镇得名。畅销全国各地，深受广大消费者的喜爱，被评为"江西名酒"。李渡酒业将其产品分为三大系列，高端简装系列、流通产品和大元酒坊系列。高端简装系列包括李渡珍藏壹号、李渡珍藏贰号。流通产品主要包括李渡古窖·清坊、李渡古窖·明坊、李渡酒十陈酿、李渡窖龄酒、李渡王 1308 献礼版和李渡酒精品。大元酒坊系列包括大元酒坊红一号献礼版、大元酒坊红一号和大元酒坊黄一号。

（二）李渡光瓶酒主营产品

近年来，白酒行业的内部竞争日益激烈，加之受到新冠肺炎疫情、相关政策、互联网因素和消费潮流更替的影响，众多品牌酒企发展面临瓶颈。白酒行业经过数年的发展已经成为体系严密的行业，一个新品牌想要在复杂的市场环境中脱颖而出十分艰难。然而就在无数经销商抱怨白酒不好做的当下，一个来自江西小镇李渡的光瓶酒，不仅在市场中实现逆势上扬，更让光瓶酒迎来了春天。

表1列出了李渡光瓶酒的主营产品，低档酒主营产品有李渡珍藏壹号、李渡高粱酒献礼和李渡珍藏贰号。[①] 有买家评价李渡珍藏壹号是有品质的口粮酒、酒花经久不散，酒浆有点发稠，酒色清透。闻其窖香浓郁，入口甜而不腻，舌尖生津，满口飘香，新酒入口没有辛辣感。酒瓶设计独具匠心，蜡封瓶口，丝毫不会出现漏酒的瑕疵。李渡高粱酒献礼口感醇厚，入口微甜，后劲绵长。无论从包装还是口感而言该酒都很像老酒，香醇浓烈，入口火热。中档酒主营产品有李渡20高粱酒和李渡30系列白酒，有买家评价李渡20高粱酒的包装设计既古老又有神秘感，味道浓香醇厚，入口润滑。高档酒主营产品有李渡高粱酒1975和李渡高粱酒1955，这两款酒为元窖酿造，深受酒友喜爱，开瓶酒香四溢，朴素的外表却拥有高品质的内在，一酒四香、回味无穷。

表1　李渡光瓶酒主营产品

光瓶酒档位	品牌	价格（元/瓶）	单瓶容量（ml）	产品特色	白酒类型
低档	李渡珍藏壹号	179	500	酒体醇厚,挂杯持久	浓特兼香型粮食酒
	李渡高粱酒献礼	219	490	诸味协调,余味爽净	浓特兼香型粮食酒
	李渡珍藏贰号	278	490	好窖加好粮	浓特兼香型粮食酒
中档	李渡20高粱酒	304	500	古窖陈香,液体古董	浓特兼香型粮食酒
	李渡30系列白酒	535	500	千载匠心传承,品饮古窖佳酿	浓特兼香型粮食酒
高档	李渡高粱酒1975	648	500	元窖独韵	元窖香型
	李渡高粱酒1955	1085	500	元窖独韵	元窖香型

---

① 邹敏超：《基于体验营销视角下老字号品牌活化研究》，硕士学位论文，江西财经大学，2020。

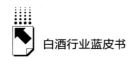

（三）李渡光瓶酒产品定价模式

在讲究历史文化底蕴的白酒行业里，李渡以其年代最早、遗物最多、时间跨度最长且富有鲜明地方特色的烧酒作坊遗址坐稳了中国酒业的"国宝"之位。李渡与其他酒品牌的不同之处在于，它没有将主要精力放在宣扬"老资历"上，而是在让自己变得更年轻方面下功夫。此前，李渡酒一度主打低端市场，光瓶酒单瓶售价基本在 10 元以下，却一直无法打开销路。李渡董事长汤向阳上任后，经过市场调研，向李渡消费者请教，听取消费者建议并结合李渡酒业的产品历史，推出了高价光瓶酒李渡高粱酒 1955。李渡高粱酒 1955 采用真材实料，通过古窖酿造，长时间的储存使酒香四溢，是稀缺的好酒。正因为有了品质保障，李渡酒才迎来新的发展契机。2014 年老村长、牛栏山的光瓶酒零售价格只有 15 元左右，全国销量领先的汾酒零售价在 40 元左右，而李渡高粱酒 1955 的零售价格直接定到 360 元。这在当时的白酒市场是难以想象的。2015 年李渡高粱酒 1955 获布鲁塞尔大奖，2016 年正式上市，2017 年李渡高粱酒 1955 以 680 元一瓶的成交价成为有史以来价格最高的光瓶酒。李渡光瓶酒从主打低端白酒转向主打中高端白酒，到如今累计销售额过亿元，不但价格足够高，而且还限量供应。近些年李渡光瓶酒的产品定价更是不断上升，低端酒定价在 200～300 元，中端酒定价在 300～600 元，高端酒定价在 600 元以上，品质极佳的高端酒甚至可达上千元。

（四）李渡光瓶酒重点销售人群

据有关数据统计，2021 年我国酒类消费者群体中，"70 后"占比为 29%，"80 后"占比为 42%，"90 后"占比 23%（见图 2）。[①] 由于一些历史因素，光瓶酒一度被大众认为是"低端酒"，由于近些年经济因素发生变

① 《光瓶酒逆势前行》，"消费日报网"百家号，2020 年 5 月 27 日，https：//baijiahao. baidu. com/s？id＝1667806299355668734&wfr＝spider&for＝pc。

化，人们对光瓶酒的态度也发生改变，不再认为酒的品质好坏与包装有着直接关系，这导致越来越多的消费者选择购买光瓶酒。随着人们消费观念的转变，人们的消费行为变得更加理性，在选择商品时，消费者对产品品质的要求不断提升，对产品背后文化底蕴的重视程度不断提高，不再过分注重产品包装。目前光瓶酒市场的主要消费人群还是"70后"和"80后"，其中男性居多，这是一个较为成熟的消费群体，为光瓶酒市场提供稳定的购买力，他们不愿为奢华的外包装买单，而是倾向喝高品质的光瓶酒。"90后"作为新生代的年轻消费群体，在酒类消费群体中的占比逐年升高。年轻消费群体更加注重口感、品质和性价比，饮酒的观念也更加随意自在，光瓶酒定价"亲民"、品质过关，对年轻消费群体而言不失为一个好的选择。这也为光瓶酒市场提供了新的发展机遇。

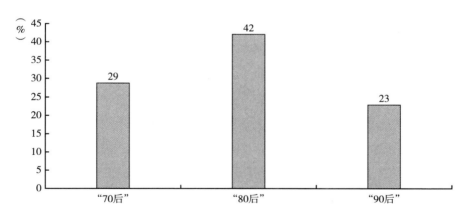

图2 2021年我国酒类消费者群体年龄分布情况

（五）李渡光瓶酒销售渠道及营销方式

李渡酒业的销售渠道分为线上和线下两种。线上方面，李渡酒业开通企业微信号、企业公众号（李渡酒业），建立微信群，借助李渡国粉之家、李渡数字化小程序，借助电商平台（京东、淘宝李渡旗舰店）、一物一码等一系列数字化工具宣传产品，完成信息推送，进行线上交易。同时收集客户资

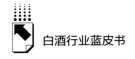

料、用户产品喜好和产品评价等信息，打造基于用户全生命周期协同的运营体系，提升了运营速度和信息传播效率。线下方面李渡酒业采用沉浸式营销模式，通过让消费者进行沉浸式体验，达到产品宣传和推广的作用。李渡酒业创新宣传方式，推出"酒厂游"。让来自五湖四海的消费者参观李渡酒业的酒厂。在整个游览过程中，消费者可以近距离感受历史悠久的李渡酒窖遗址，体验古法酿酒工艺，消费者还可以品尝酒糟冰棍、酒糟鸡蛋，可以亲身参与全酒宴、万人自调酒活动。沉浸式体验还设置酒王争霸赛等创意玩法，让消费者在了解李渡酒业文化的同时，玩得尽兴。为了让消费者感受"共享"李渡酒厂的独特体验，李渡酒业还将100多个传统窖池悉数开放，并推出了"窖主"这一全新概念，以极为尊崇的礼遇接待前来参观的消费者。李渡酒厂的参见体验，提升了消费者对李渡酒业品牌的信赖和好感度。

李渡酒业通过线上做流量池，线下设计体验场景，与消费者建立起紧密的连接，将客户转化为李渡酒业产品宣传的"桥头堡"。李渡光瓶酒市场不断积蓄能量，借助社群矩阵，让用户自发裂变，最终完成品牌宣传和交易。李渡酒业除了传统的经销商外，还打造了云商以及云店舵主，用李渡酒业自己的话说，就是把渠道"粉丝"化作存量，把"粉丝"渠道化作增量。

传统的营销体系是做现有的生意，而把"粉丝"变成渠道是做未来的生意。李渡云店舵主运用"互联网+"，全面创新流通渠道，搭建白酒企业直接链接消费者的新型销售渠道。在新冠肺炎疫情的特殊情况下，李渡酒业凭借"线上云店+线下无接触配送"的营销模式，将"云约酒"做得风生水起。

三 李渡酒业的竞争优势

（一）传统酿造工艺

迄今为止，李渡酒业依然采取"古窖+古法"的传统酿造方式，对白酒进行长时间发酵，延长储存期，以保证"千年古窖万年糟"的品质与特色。凭借得天独厚的自然环境、气候与原材料优势，借助自元明清时期留存至今的古窖群，李渡酒的品质得以保障。经科学研究发现，古窖群中蕴藏 167 个微生物古菌群落，这些微生物古菌群落可以让白酒拥有与众不同的陈香。与此同时，李渡酒可以呈现"端杯闻浓香、沾唇是米香、入口是清香、后味呈酱香"的独特"四香"口感，让饮者意犹未尽。

在生产工艺方面，保证发酵过程中微生物的活力是酿造美酒的关键，李渡酒业为提升微生物活力，调整酿酒原料配比，以 70% 的大米和 30% 的高粱为原料，发酵周期从原来的 20 天延长至 60 天，采用青砖堆砌而成的元代古窖酿酒，打造"李渡味"。与此同时李渡酒业进一步扩大古法酿酒规模，对酒窖中残留的酒糟进行微生物接种，增加酒糟中微生物的种类。为进一步提升品牌质量，李渡酒业同大学建立深度合作，包括江南大学、中南林业科技大学，对李渡高粱"一口四香"风味进行探索和研究，进一步提升李渡酒的品质。

（二）全覆盖式营销模式

李渡酒业的营销最终想要实现店店通、人人通、村村通的核心价值。图 3 为李渡酒业营销核心价值的具体内容。

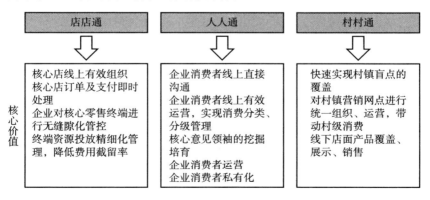

图 3　李渡酒业营销核心价值

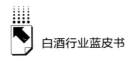

李渡酒业将商品销售给经销商，经销商再将商品销售给零售店，零售店老板在线上提交订单，通过系统后台，李渡酒业总部可以全面掌握订货信息，随时观测每家零售终端的销售情况，每家终端价值贡献也一目了然。李渡酒业拥有执行力非常强的业务队伍，一周时间就完成了一个县级市场1200多个零售终端的装机，实现零售终端线上下单率100%。通过系统，李渡酒业对终端的支持可以直接抵达，减少中间环节的费用截留。通过线上监测和数据积累，李渡酒业还可以对每家终端店的潜力价值进行分析，分配资源时可以考虑每家终端店的具体需求。经销商拥有能够独立操作的后台，可以自行上传活动信息、商品宣传等内容，可以实现一店一策。"店店通"真正做到了"帮忙不添乱"，很受经销商欢迎。

李渡酒业为帮助零售终端销售产品，会与当地异业企业进行合作，由于李渡酒业颇具影响力，合作伙伴都表现得非常积极，并配合李渡酒业开展各种联合优惠活动，让李渡酒业的会员享受尊贵感。这些用户在李渡会员平台得到沉淀后，李渡酒业就可以就近打通零售终端，实现线上与线下的融合，导流给零售终端。"人人通"让李渡酒业和消费者之间建立了深度一体化的关系，解决了店主卖货问题，让市场资源配置更加有效。

农村是个不可忽视的市场。在农村地区，一般白酒企业主要针对两类场景进行营销：一是村务招待，二是婚宴。这是两个具有很强趋同性的消费场景。李渡酒业直接与村里的目标消费人群进行对接，建立了沟通渠道。虽然企业这样做付出的成本不高，但效果很好。

（三）弘扬传统文化

李渡元代烧酒作坊遗址位于江西省南昌市进贤县李渡镇，是中国年代最早、遗物最多、遗迹最全、时间跨度最长且富有鲜明地方特色的大型古代白酒作坊遗址，是酒文化的重要代表，也是中国酒业的"国宝"。李渡元代烧酒作坊遗址的发现，无疑为李渡白酒增添了文化底蕴与历史气息。现如今消费者对白酒背后酒文化的重视程度日渐提升，能够一品元代古窖池酿造的白酒成为爱酒人士的心之所向。自2020年3月10日起，李渡元代烧酒作坊遗址作为国家

4A 级旅游景区，永久向全国游客免费开放，吸引了一大批游客前来参观。

为弘扬企业文化，宣传李渡酒的文化历史底蕴，李渡酒业以宋代文化为背景，以李渡高粱 1308 为载体，首次走出江西，进入上海，打造李渡国宝宋宴，重现宋徽宗《文会图》。当现代的时尚之都遇上传统宋宴，宋宴的韵味融入上海的地域特色，沉浸式体验再升级，李渡酒业为消费者打造一场集眼、耳、口、鼻、身、心、意于一体的文化盛宴。消费者置身其中，可品宋代宴席，感文化之美。

（四）沉浸式体验品牌宣传

李渡酒业历史悠久、文化底蕴丰厚，通过沉浸式体验的品牌营销方式，强化产品特点。李渡酒业通过开发元代古窖池资源，并结合自身优势采取"体验+沉浸"营销策略，提升其产品的核心竞争力。从元代烧酒坊到知味轩，再到高粱合作社，李渡酒业不断进行场景深化。在寻找自身品牌实践之路的过程中，李渡酒业的口号也从"学习茅台精神，打造李渡品质"，改为"传承千年匠心，铸造李渡品质"。李渡酒业计划打造"中国首家贵宾全体验烧酒坊"。

在李渡酒庄，消费者可以近距离接触元、明、清窖池，体验过程中会有工作人员对各部分内容进行讲解，增强消费者对李渡酒文化的认同感，提升品牌认可度。消费者还可以品尝酒糟冰棍、酒糟鸡蛋，体验自调酒，参与酒王争霸赛，欣赏酒艺表演。李渡酒庄丰富多彩的体验活动既丰富了消费者的体验，又从多个维度提升了消费者的体验价值。消费者还可以到知味轩感受烧酒祖庭文化与"国宝"品质文化。李渡酒业还同李渡高粱合作社一起举办国粉酒王争霸赛等各种活动，将沉浸式体验发挥到极致。消费者能够通过"五感"来深度感受酒庄魅力，通过互动环节消费者全身心的投入，唤醒消费者的愉悦感、刺激感和成就感，引发消费者对白酒文化的思考，加深消费者对李渡酿酒文化的认识。消费者在感受李渡酒厚重文化底蕴的同时，也能更加了解白酒酿造工艺，正确品评白酒。据此，企业可以引导消费者购买，这些消费者甚至可以带动其他消费者购买，企业也可以将李渡酒的体验融入消费者的身体。

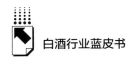

（五）科技赋能

互联网高速发展，为适应时代发展潮流，让科技赋能企业、加速企业数字化转型是大势所趋。不管是白酒龙头企业还是区域强势白酒企业，都在寻找适合自己的方式开启企业数字化转型之路。李渡酒业与华为合作，"华为—李渡"的联手为李渡酒业的再次"质变"奠定了坚实基础。打造智慧李渡物联网监控平台，为李渡光瓶酒酿造带来三大提升：一是实现生产过程数字化，提高数据收集效率，保障每个酿酒环节"有迹可查"；二是实现业务全过程可视化监控，自动监测上传温湿度数据，控制生产环节的温湿度变化情况，实现生产过程的"可视、可管、可控"；三是实现窖池、曲房数据的自动采集，以此代替人工抄录，历史数据查询精确到秒。效率提升、实时监控、精准数据助力酿酒品质提升，也是科技赋能对传统白酒酿造产生的直接影响。"华为—李渡"联合既是华为走向白酒行业的信号，也是李渡酒业加速企业数字化转型，借力科技开启"古法酿造工艺与现代科技"完美融合新时代的一种表现。李渡酒业在提升品质的同时，也为整个白酒行业的进步提供了"范例"。

李渡酒业先后与江南大学、中南林业科技大学开展合作，对李渡高粱酒"一口四香"风味进行深度研究、加强对古菌生态的研究，进一步提升李渡酒的口感和风味。李渡酒庄的建设项目已经获得国家批准。该项目通过产学研结合，将现代科技融入传统白酒行业，已经超出单纯酒庄建设范畴，旨在打造集酒旅融合、封坛、沉浸式体验于一体的智慧酒庄，为李渡酒业发展增添更强劲的动能。

四 光瓶酒成功案例——李渡高粱酒1955

（一）"贵有贵的道理"

李渡高粱酒 1955 被称为"中国最贵光瓶酒"。过去，大众给光瓶酒贴上"低端酒、低价酒"标签，直到李渡高粱酒 1955 出现，彻底改变了这一局面。李渡高粱酒 1955 上市后，价格一路飙升，如今更是达到上千元一瓶，创造光瓶酒市场价格的新高度。李渡高粱酒 1955 能够拥有高售价原因在于该酒自身具备高品质，酿造原材料货真价实、就地取材。李渡人的酿酒工艺传承超 800 年，跨越了 40 代，具有公认的权威性。李渡镇有得天独厚的地理优势，元代古窖池中含有大量酿酒微生物，这些酿酒微生物群种类繁多、数量庞大，从元代活跃至今，经过了 800 多年的积累，创造了李渡酒独特的香型。集浓香的浓郁、酱香的醇厚、米香的香甜、清香的爽净这四大香型特色于一体，创造了李渡酒"一口四香"的独特香型。好酒之人品评李渡高粱酒 1955，称其举杯时就可以闻到酒浓郁的香味；抿第一口酒便能体味到香甜的米香；细品轻咽，入喉清香爽净；咽下时有陈香之感，醇香宜人，喝出老酒的味道；最后回味时能感受到酱香的醇厚，可谓后味悠长，让人一经品尝，便难以忘怀。李渡高粱酒 1955 还有经过几十年的陈酿才能有的酒花，摇瓶 5 秒钟，酒瓶便呈现"龙卷风"状态。为酿造好酒，李渡高粱酒 1955 延长酿造期和储存期，这导致其难以批量生产。较长的生产周期决定了李渡高粱酒 1955 的稀缺性，造成李渡高粱酒 1955 高价难求的现状。李渡高粱酒 1955 以极简的方式追求极致的品质，其价格与自身价值高度统一，满足当代消费者对个性与品质的追求。

（二）认知赋能

李渡酒业有三大 IP，分别是"汤司令"、国宝熊猫与李渡高粱酒 1955。"汤司令"、国宝熊猫与李渡高粱酒 1955 能成为 IP，是因为他们被赋予了情感与价值创造。"汤司令"即李渡酒业董事长汤向阳，2014 年汤向阳接手李渡酒业，汤向阳头戴五星帽的形象具有较高辨识度，成为李渡酒业一大 IP。将其作为李渡酒业 IP 可以强化行业认知。因熊猫是国宝，所以熊猫的形象可以体现李渡酒国之珍宝的属性，同时其可爱的卡通形象也可提升大众好感度，有利于产品宣传。将国宝熊猫作为李渡酒业的吉祥物，为的是强化大众认知。李渡高粱酒 1955 是李渡酒业的标杆产品，用产品的体验与用户做最直接的沟

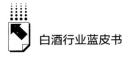

通，为的是强化用户认知。此外，李渡酒业还与其他品牌进行合作，推出联名创意周边产品。不仅如此，由李渡打造的"国宝"宋宴成为李渡酒业的专属文化创意。在品评美酒的过程中，加入焚香、品茶等具有传统风格的场景，人们还能够享用宋徽宗五代菜，宋宴将餐饮与饮酒文化结合到一起。

李渡酒业两次获得布鲁塞尔国际烈性酒大赛大金奖，提升了李渡酒的社会知名度，为李渡酒做了最好的宣传。布鲁塞尔国际烈性酒大赛是世界公认的烈性酒顶级赛事，被誉为"酒界奥斯卡"。中国许多老牌的名酒，如茅台、五粮液等大多获得过布鲁塞尔国际烈性酒大赛的奖项，但一个品牌斩获两次大金奖的情况未曾出现过。2015年，李渡高粱酒1955荣获布鲁塞尔国际烈性酒大赛大金奖；2019年，李渡高粱酒1308荣获布鲁塞尔国际烈性酒大赛大金奖。在中国，李渡酒成为唯一拥有2枚大金奖的白酒品牌。李渡酒凭借李渡高粱酒1955，一举跻身"新八大名酒"行列，打开全国市场销路。

（三）光瓶制造话题

李渡高粱酒1955以极简的包装打造极致的品质，舍弃了奢华的外包装，将产品价值专注于酒体，产品简约却有内涵，深得爱酒人士喜爱。李渡高粱酒1955刚上市时，有人建议加个包装，经过市场调研，多数消费者认为不加包装更好。此前光瓶酒一直是低端酒的代名词，李渡却推出一款价格高、包装却极简的光瓶酒，价格和包装的冲突制造了话题，有话题就有关注，有关注就可以传递认知。消费者在向朋友介绍李渡高粱酒1955时经常会问："猜猜这酒多少钱？"话题也由此得到传播。

李渡高粱酒1955的光瓶既是巧合，也是必然。"巧合"在于这款酒复刻了1955年李渡酒业建厂生产的老酒，原瓶型即为光瓶。"必然"在于李渡酒业想要打造老酒和好酒的认知，透明玻璃瓶可以清晰地看到酒的色泽，好酒贵在时间。真正的老酒会呈现"微黄"的色泽，是不是老酒，一看便知。摇晃酒瓶，瓶内酒体会出现"龙卷风""满天星"，这是陈年好酒才能呈现的状态。直观的视觉呈现会加深顾客对李渡酒的记忆，让顾客更好地感知李渡酒的价值。

（四）名字体现价值感

消费者认为好酒一般符合三个条件：一是这款白酒原材料好，是纯粮酿造的粮食酒；二是这款白酒有历史底蕴；三是白酒酿造和储存的时间长，即年代久远。李渡产品命名有两大系列：一是古窖系列，二是年份系列。这两类命名均凸显白酒自身的价值感，符合消费者认知。李渡古窖系列产品如"李渡古窖·清坊""李渡·大元酒坊"，采用"品牌+窖池+朝代"的命名方式。李渡有得天独厚的地理优势，酒厂有13个元代窖池、9个明代窖池、32个清代窖池，通过命名将酒厂有年份、有历史底蕴的优势直接传达给消费者。李渡年份系列产品如"李渡高粱酒1955"，采用"品牌+原料+年份"的命名方式，重点突出原料和年份两大概念。纯粮酿造的白酒也分不同的档次，高粱是最佳原料，通过突出高粱，暗示此酒为"顶级的粮食酒"。1955这个时间概念源于1955年李渡建厂，将产品与历史事件结合，暗示李渡酒有历史、有文化底蕴。原料和年代符合消费者对好酒的认知，从顾客感知维度凸显了李渡酒的价值。

五　李渡光瓶酒的成功经验

（一）提升产品品质，打造高质量商品

打铁还需自身硬，李渡光瓶酒之所以能成为白酒市场的一匹黑马，与其自身酒体的高品质脱不开关系。我国白酒市场逐渐进入品质时代，高品质产品逐渐成为市场刚需。光瓶酒的消费主力也逐渐年轻化，向"90后"甚至"95后"倾斜。他们的饮酒观念比较轻松随意，更加注重产品的品质和品牌个性化，创新酿酒工艺可以为光瓶酒企业带来更多收益。年轻一代消费者是光瓶酒市场的潜在客户，为中国高品质光瓶酒的发展提供动力。光瓶酒已经可以脱掉包装，以极简的包装追求极致的品质。

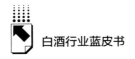

（二）创新营销模式，丰富顾客体验

李渡酒业创新营销模式，为消费者提供沉浸式体验，大大增强了消费者对李渡光瓶酒的认同感，通过让消费者参观酿酒过程，亲自体验调酒乐趣，品尝酒糟冰棍等食品，让消费者感受参与感、娱乐感、仪式感，从而实现深体验、强认知、高传播的"三感价值"。企业想要获得消费者认同，就要在与消费者互动的过程中进行精心设计，以一种难以忘记的方式和消费者建立联系，丰富消费者体验，从而达到引导消费的目的。

（三）科技赋能企业，加快数字化转型

近年来各大白酒企业都在进行数字化转型，科技赋能企业，把酒融入数据之中。在数字化、科技化的道路上，李渡酒业的投入正在持续加大。除了与华为等企业合作打造联合平台外，李渡酒业还致力于打造线上云店。在2020年新冠肺炎疫情的影响下，白酒市场的整体销量有所下滑，而李渡酒业产品的销量却稳中有升，这是因为其进行了云店模式的市场战略布局，借助网络销售平台、小程序等工具，拓展销售渠道，实现"线上云店+线下无接触配送"的新模式。光瓶酒想要拓宽市场销路，必须借助科技的力量，打造全方位控制平台，对白酒生产、储存到销售的整个环节进行全方位监督，并保存历史数据，以此提高运营效率、拓宽传播渠道。

B.10
智能化酿造和产业结构调整
助力"双碳"目标

——以陕西西凤酒股份有限公司为例

摘　要： 为推动白酒制造业绿色循环发展，西凤公司白酒的制曲、酿造、勾调环节均采用智能化车间。西凤公司实现用地集约化、原料无害化、生产清洁化、废物资源化、能源低碳化，用实际行动践行绿色环保理念，助力"双碳"目标的实现。西凤公司作为白酒企业中的典型代表，其提升清洁生产水平、建设绿色酿酒产业园区、建立产学研一体化技术创新体系、加快工业节水改造的发展经验值得借鉴。

关键词： 西凤公司　智能化酿造　产业结构调整

一　西凤公司的发展历程

陕西西凤酒股份有限公司（以下简称"西凤公司"），地处中国陕西省宝鸡市凤翔区柳林镇。1999 年陕西省西凤酒厂改组成立陕西西凤酒集团有限公司。2009 年和 2010 年通过两次增资扩股，西凤公司实现股权多元化。目前，公司总资产 87.5 亿元，占地面积 118.8 万平方米，建筑面积 44.5 万平方米，拥有各种生产设备 5000 多台套，年生产能力 10 万千升，员工 6600 余人。西凤公司属国家大型企业、国家名酒制造商和陕西省利税大户之一。2021 年，西凤公司紧紧围绕"高端化全国化品牌战略"和"回归一流名酒序列奋斗目标"，以质量为根本、以市场为中心、以项

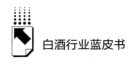

目为抓手、以品牌为驱动，全年含税销售收入突破 80 亿元，超额完成年度目标任务，实现高质量发展。

西凤公司主导产品西凤酒是中国首届名白酒之一，是凤香型白酒的鼻祖和典型代表。具有醇香典雅、甘甜爽口、口感和谐、回味悠长的风味特征。其不上头、不干喉、回味甘甜的特点被世人誉为"三绝"，西凤酒也被称为"酒中凤凰"。西凤酒在全国具有广泛的代表性和深厚的群众基础。西凤酒荣获 1915 年旧金山巴拿马世博会金奖、1992 年第 15 届法国巴黎国际食品博览会金奖等 8 项国际奖项，荣获国家名酒、中国品牌、中国知名商标、国家原产地区保护产品和国家地理标志产品等称号。中国酒业协会组织的专家论证会确认，西凤酒风味特色方面的研究成果已达世界领先水平。2021 年，西凤酒酿造技术被列入第 5 批国家非物质文化遗产名录。西凤酒不仅畅销全国，还远销世界四大洲 26 个国家和地区。① 2021 年，西凤品牌价值为 1862.05 亿元，位列中国白酒品牌第六，并荣登"2021 胡润中国食品行业百强榜"，蝉联"中国品牌价值 500 强"和"中国 500 强最具价值品牌"榜单，成功入选人民日报社"品牌强国计划"。

二 智能化酿造助力"双碳"目标实现

参考 2007 年生态环境部发布的《清洁生产标准 白酒制造业》，西凤公司的单位产品电耗、煤耗和能耗达到清洁生产标准一级以上。西凤公司达到国内清洁生产领先水平，《清洁生产标准 白酒制造业》将白酒企业清洁生产等级分为三级，一级代表国内清洁生产领先水平，二级代表国内清洁生产先进水平，三级代表国内清洁生产基本水平。西凤公司综合能耗（标煤）每生产 1 千升白酒一级标准比三级标准减少标煤 800 千克，减少 CO_2 排放量约 1000 吨（减少 40.91%），同时取水量减少 28.57%，酒糟量减少 33.30%。

2018 年，工业和信息化部公布了第三批绿色制造示范企业名单。位于

---

① 罗金：《专注品质提升 实现百亿西凤》，《中国品牌》2019 年第 3 期。

凤翔县柳林镇的西凤公司在绿色发展、生态优先、环境保护等方面做出了突出贡献，在绿色发展、土地集约化、生产清洁、废物资源化、能源低碳化等方面取得了优异成绩。到目前为止，中国白酒行业只有6家企业获得这一荣誉，这标志着西凤公司在中国白酒行业走在前列，推动白酒制造业绿色循环发展，加快绿色制造体系建设。①

（一）机械化制曲

制曲工艺可分为两个阶段，分别是曲坯成型和曲房培曲。传统的制曲工艺具有间歇式特点，必须依靠人工操作，包括粉碎原料、均匀配料、踩制曲坯等。曲坯成型之后，运输新曲到达曲房，实施培曲操作，同时依靠人工，如打开门窗、不断翻动、堆烧等，对温度与湿度进行控制。传统制曲工艺的缺点十分突出，包括生产效率较低、劳动环境差、劳动强度高等，无法有效保障白酒品质。2020年，西凤公司投资22亿元开展"333"项目，即建设年产3万吨凤香型基酒车间、3万吨制曲车间和3万吨储酒罐群。西凤公司3万吨制曲技改项目基地采取的机械化制曲工艺具有显著优势，机械化配料能够弥补人工配料不一致的不足，使劳动强度大大降低，提高生产效率。在作业区的摊晾加曲环节，智能化车间摆脱了以往大量靠人工重体力劳动的印象，实现了系统实时红外、探头测温，自动控温和无人自动加曲。红外探头解决了以往人工测温无法实时、精准把控的弊端，无人自动加曲则使投料更加准确和均匀。

（二）机械化酿酒

西凤公司从酿酒原料到蒸馏的全过程都应用机械自动化控制技术。自动控制过程覆盖很多生产环节，如原料运输、粮食浸泡、蒸煮、糖化、蒸馏等。在科学技术持续进步的背景下，西凤公司以传统酿造工艺为基础，持续拓展新技术，促进白酒机械化酿造工艺的创新，使很多关键环节得以突破。

---

① 《〈产业结构调整指导目录（2019年本）〉公布》，《酿酒》2019年第6期。

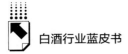

2021 年，西凤公司位于陕西宝鸡的全自动智能化白酒酿造中心投入生产，总建筑面积超 4.6 万平方米，拥有智能化酿酒线 18 套、窖池 2808 个，年生产基酒 1 万千升以上。物料运投与酒醅出池全部由无人驾驶的智能化行车与机器人完成；机器人自动抓取窖料斗中的酒醅，再将其投入窖池；食品级不锈钢材质窖盖四周建有水槽，采用水封密闭；无人驾驶的智能化行车甚至能配合踩踏装置，模拟人工踩窖力度，自动完成平窖、踩窖作业，事后还可自动完成扫窖作业。智能化不仅定位准确，也没有高空作业的风险与窖池作业的劳动强度。智能化车间不仅提高了产酒效率和出酒质量，还显著减少了碳排放。

（三）自动化勾调

白酒生产工艺中的关键环节之一是勾调，通过对各类成分比例关系进行严格把控，能够掌握酒的风格，对酒的品质进行调整，从而平衡成品酒，为其固有风格与品质提供保障。传统勾调依靠勾调师的灵敏感官、较强技能、丰富经验，不足之处是具有较高的劳动强度，无法做到精确控制，勾调效率较低。2022 年，西凤公司与立邦软件联合承建的智能制造新模式应用项目——"白酒数字化工厂建设项目"成功通过验收。西凤公司建成国内领先的数字化、网络化、自动化万吨白酒工厂，构建了原料溯源、仿生人工制曲、自动酿酒、智能机器人品评勾调、智能灌装仓储物流等智能体系，搭建了白酒行业首个 "PLM+MES+ERP"（产研供销）一体化平台，实现软件与硬件的深度融合。西凤公司采取智能机器人品评勾调，在满足生产工艺要求的前提下，借助计算机准确控制各类酒体比例；借助在线监测流量技术和自动充气顶酒技术，实现不间断连续勾调，提升勾调效率，大幅降低劳动强度，并保证白酒风格与品质的一致性。除此之外，因为具有自调性，智能机器人的使用降低了新产品开发的难度，可带来较大经济效益。[1]

---

[1] 曾祥凤、陈一君：《白酒产业高质量发展的动能转换研究》，《四川轻化工大学学报》（社会科学版）2021 年第 4 期。

（四）激发绿色发展新动能

西凤公司高度重视节能工作，因地制宜制定阶段性节能方案，积极探索节能途径，不断加大节能技术改造的投入，积极采用节能新设备、新技术，开展多项节能技术改造项目，强基固本，步步为营，实现全方位节能管理。一是通过不断加强节能改造，对厂区生产设备进行更新升级，推动生产过程的节能减排、提高能源使用效率。西凤公司引入宝二电蒸汽管网，拆除燃煤锅炉，对新老区管网、热交换站、厂区采暖主管网、老厂区冷却塔等进行更新改造，在完善厂区能源供给的同时，大大减少了能源损失和资源消耗，提高了资源利用率。二是通过持续增加节能技术投入，积极采用节能新设备、新技术，加强能源管理智能化建设与应用，实现全方位节能优化。先后引进国内先进的洗瓶设备、太阳能光伏发电设备、节水龙头和冲洗阀等，使用节能型设备设施，更新淘汰老旧生产、办公设备，不断提高工艺装备水平。改进原有用水冷却工艺，将制酒水循环冷却系统改为高效风冷设备，同时公司制酒生产冷却用水全部实现循环利用，新老区制酒车间配套建有两座冷却塔，每年可节约用水70万吨。三是进一步优化厂区节能环保生产布局，新建节能环保设施，引入新型管理模式，深入完善节能生产细节，引入阿米巴经营管理模式，新增一批计量器具，完善用能计量，加大对水电气能源的考核，逐步加强能源管理工作。西凤公司还投资了300万元用于新建废水回用池，并将回收利用的中水用于工程建设、园林绿化、厂内环境清洁等，每年可回收利用中水20多万吨，为公司创造了可观的经济效益。

（五）严格处理废弃物

西凤公司因地制宜，针对公司产生的废气、废水、固体废物和噪声进行处理。公司产生的空气污染物主要是工艺废气，工艺废气采用袋式除尘器处理。在废水处理方面，西凤公司投资7000多万元，建设了日处理能力1万立方米的污水处理厂和中水利用综合工程。根据不同废水的生产地点和用途，有针对性地进行废水处理，酿酒工艺废水采用内部循环系统冷却，不排

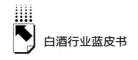

放；锅炉系统不排放锅炉车间软水制备站排放的污水，其他综合废水通过厂区污水处理站排放。公司噪声主要来自材料准备、曲线车间、纯水制备工艺、空气压缩机、动力车间、污水处理站、混合中心，主要采用减震、隔音、地下室、减震消声等设施进行防治。"四废"污染物排放与处理完全符合国家规定的污染物排放执行标准，并对污染物产生及处理环节进行详尽的信息采集及记录，便于对污染物进行溯源管理。目前工业固体废物综合处置率为100%，水循环利用率保持在95%以上，企业也于2014年被录入中国环境科学学会"中国环境保护优秀企业"数据库，实现用地集约化、原料无害化、生产清洁化、废物资源化、能源低碳化，用实际行动践行绿色环保理念，助力"双碳"目标实现。

三 产业结构调整助力"双碳"目标实现

白酒产业是我国特色传统产业，在提供就业机会、创造收入、丰富人民生活等方面发挥重要作用。但受资源限制，白酒产业被长期列为限制性产业。2019年，国家发改委公布《产业结构调整指导目录（2019年本）》，目录中白酒从限制类产业中移除。这意味着，白酒产业不再是国家限制类产业，有效促进了白酒产业落后产能的淘汰，促进白酒产业的升级和结构调整。白酒产业进入结构调整期，呈现整体规模低速增长和中高端产品结构性增长的双重特征，表明白酒行业已经由高速增长阶段转入高质量发展阶段。

在白酒行业高质量发展的背景下，白酒企业需要加快发展模式转型和增长动能转型的步伐，实现高质量发展。产业结构调整也是促进"双碳"目标实现的重要途径。通过产业结构调整实现碳减排目标可从两方面入手：一是中观层面的产业结构变化，具体表现为企业数量和规模结构变化、产业链变化、产业结构优化，通过提高资源配置效率降低碳排放；二是微观层面的企业调整，即推动企业降低生产经营成本，提高经营效率，降低碳排放。

（一）产业结构优化升级

目前，白酒产业发展过程中不平衡的问题依然突出，如产能过剩、产业链低端等。在新经济发展阶段，这些问题体现出产业结构需要优化升级。因此，产业结构的优化升级是确保白酒产业高质量发展和实现"双碳"目标的重要驱动力。白酒产业亟须提高资源配置效率，促进高质量发展，减少碳排放。

1. 优化横向产业结构

以适度集中市场结构为手段优化白酒行业横向产业结构，提升市场绩效。推进横向整合，即根据产业链的某一环节对白酒行业进行横向整合。白酒行业的横向整合包括两个方面，一是白酒制造业的整合，白酒企业通过扩大规模、优化市场结构、降低生产成本获得规模经济效益。2009 年和 2010 年，西凤公司扩大了企业规模，实现了规模经济。目前，西凤公司总资产达 34.5 亿元，各种生产设备 4000 多套，年生产能力 10 万千升。二是促进白酒产业链酿造设备、物流、营销等核心环节的整合，适当提高这些环节的市场集中度，培育和发展具有行业影响力的大型企业，强化白酒产业集群重要网络节点的支持功能。西凤公司整合白酒生产资源，扩大原酒生产基地，大力发展西凤酒及相关产业，西凤酒原产区保护区形成"四板块、五产业集群、七功能区"的规划布局。①

西凤公司作为区域领先者，具有一定规模、产品特色和品牌知名度，但在发展中面临知名白酒企业和众多中小型白酒企业的双重挤压。因此，西凤公司从产业集群的整体角度思考自身的发展定位，从产业价值链的角度思考自身的竞争优势，加强技术创新，提高产品质量。近几年，西凤公司通过高端化、全国化战略的实施，建立头部五星红西凤、红西凤，次高端西凤酒珍藏版，主流端红盖绿瓶、七彩西凤、酒海陈藏五大自营产品系列，配合十五年六年、华山论剑、国花瓷、西凤 3754 款核心经销产品系列，塑造品牌形

---

① 钟茂初、赵天爽：《双碳目标视角下的碳生产率与产业结构调整》，《南开学报》（哲学社会科学版）2021 年第 5 期。

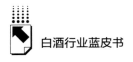
象，明晰产品矩阵。

2. 优化纵向产业结构

合理的纵向产业结构可以降低交易成本、提高生产效率，是白酒产业高质量发展的重要起点。当前需要重点抓好白酒产业集群的专业化协作和产业价值链升级等工作。通过核心企业与合作企业之间的分工合作，提高白酒产业集群合作水平，实现规模经济和外部经济，提高集群创新能力。

（1）增强核心能力

增强企业的核心能力就是增强产业集群内核心企业的带动力。西凤公司作为陕西省核心酿造企业致力于开发企业自身的核心能力，将价值链上的非核心环节分离出去。核心酿造企业以其强大的核心能力跨越企业边界，涉足企业网络组织，从而增强核心企业的驱动力。要适度提高核心企业规模，增强核心企业的技术创新和品牌运营能力，不断提高竞争力。

（2）产业协同发展

为促进白酒企业纵向健康发展，西凤公司形成能源、汽车、地产、会展等多产业互动、多业态并存的协同发展模式。西凤公司以白酒产业为核心，其他产业围绕核心产业发展。例如，以乙醇为主的新能源产业、随能源产业开展的汽车业务、以葡萄酒原料和产品为交易对象的国际贸易业务等，这些业务的开展有助于扩大公司规模，助力"双碳"目标的实现。西凤公司还与陕西省政府合作，发展以酒文化为基础的房地产业和特色文化旅游业。西凤公司的重要战略优势是多产业形成良性互动、齐头并进，多业态竞争合作、协调发展。通过产业布局的调整，西凤公司计划在2025年实现营业收入150亿元。

（3）供应链管理与终端创新

在白酒产业两极分化的背景下，西凤公司积极探索自身发展路径，在供应链方面取得创新和突破。西凤公司充分发挥"白酒三产联动"特性，加大延链、补链、强链力度，挖掘配套产业潜力，推进西凤现代包材产业园项目和西凤物流园二期项目建设；扩大原粮基地规模，构建集"白酒企业+粮食企业+产业基地"和"园区景观+生态酒庄+节会活动"于一体的产业集群，引领当地经济增长与高质量发展。为顺应时代发展，抓住年轻消费者的心，西凤公司不仅注重产品设计，而且利用新的营销方式促进葡萄酒行业发展，在巩固原渠道的基础上扩大新渠道，借助数字化快速实现现代销售模式的转型。在营销方面，西凤公司不断加强营销组织改革、营销机制和渠道创新、营销人才匹配和智能大数据系统建立。通过巩固省内市场、扩大省外市场、展望世界市场，实施全国市场布局。在终端，西凤公司深化渠道变革，不断推进扁平化管理，专卖店数量超过 400 家，全国经销商数量发展到 2300 家，市场可控终端网点数量达 39 万家，自营产品销售能力进一步增强。同时，在线电子商务快速发展，海外市场稳步推进，整体市场呈现省外、省内、线下、线上、综合和品牌协调发展的新格局。

（二）实施创新驱动发展战略

加快创新驱动力的培育是产业结构调整的关键。西凤公司深入实施创新驱动发展战略，大力推动企业向创新驱动模式转变。

1. 大力提高生产要素质量，优化酿酒材料

白酒产业是一个典型的资源产业。白酒的质量与原料、土壤、水质等生态资源禀赋密切相关。西凤酒因其独特的区域和资源优势具备独特的香型。因此，西凤公司除土壤、水质等自然条件外，还不断加强酿造材料的质量管理。酿造所用原料均来自无污染、无破坏的原生态种植区，对酿造专用的粮食进行严格把关，利用现代生物技术改进升级酿造专用粮食育种材料，建立高效育种技术体系，为公司提供增强酿造效果的专用粮食。

2. 改进人才培养模式

人才资源是企业非常重要的战略资源，西凤公司采取多种方式增加酒行业人才培训和人才储备，改变酒行业传统经验教学人才培训方式，不断完善酒行业人才激励机制和流动机制，根据行业发展趋势和科技创新方向对员工进行多层次培训。依托普通高校和部分职业技术院校，行业（或企业）与高校共同培养白酒专业人才，解决白酒行业专业人才不足的问题。公司联合全国多所知名院校和研究院，成立中国酿酒原料及品质安全研究院，并于

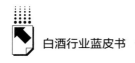

2015 年获得陕西省科技厅授予的"技术创新示范企业"称号。目前，西凤公司正在持续加大科研创新力度，不断提升智能化生产制造水平，降低能源消耗，提高能源利用效率。

四　西凤公司助力"双碳"目标的经验

（一）提升清洁生产水平，实现全过程减排

发展当地农业，就近采购原材料，原料（高粱、小麦）运输采用清洁能源汽车，以减少碳排放和经济支出。一是生产过程碳减排。加强大曲发酵仓管理，科学控制发酵大曲数量、发酵时间，实时监测发酵仓内温度、水分。在舱内保温保湿的前提下，合理铺设稻草，避免稻草发霉、腐烂，减少稻草使用量。曲块粉碎装置供电、行车供电、蒸酒采用清洁能源。降低生产过程中的碳排放。定期对设备进行检修，确保行车等重要设备的良好运行，减少设备运行中的能耗，采用全自动化酿酒生产设备、配套治污设备，有效解决酿酒过程中可能出现的污染和能耗问题。二是管理过程碳减排。包装车间控制用电，减少不必要设备的运行。践行清洁生产，树立企业清洁生产理念，长期培养员工低碳生产意识，将生产过程中节能、降碳、减污的操作细节和注意事项落实到位。三是末端碳减排。加强废弃物资源处理，加强酒糟等有机质的循环利用，采用先进资源化处理技术提高酒糟、废水的副产物价值。酿酒废弃物资源化技术应符合国家发展要求，能够帮助企业实现清洁生产，符合循环经济模式。同时高值化综合利用的产品有较高的经济价值，能够在减少固体废弃物造成的环境问题的同时，促进企业发展。

（二）建设绿色酿酒产业园区，大力发展循环经济

深化循环经济产业园建设，以能源资源高效、清洁、低碳、回收项目为载体，促进产业链各环节节能降碳，延伸产业链，扩大循环经济规模。生态工业示范园区的设计和运营紧密围绕当地的自然条件、行业优势和区位优

势，通过园内各单位之间的副产品和废物交换、能源和废水的梯级利用以及基础设施的共享，实现资源利用和废物排放的最大化；采用现代管理手段、政策手段和新技术（如信息共享、节水、能源利用、回收利用、环境监测和可持续交通技术）确保园区的稳定和可持续发展；完善园区环境基础设施的建设和运行，不断改善企业、园区和整个社区的环境条件。

白酒行业要倡导产品绿色设计、绿色包装和绿色供应链；倡导绿色消费，杜绝过度包装；要积极推进白酒企业清洁生产、加快白酒企业技术改造，促进资源循环高效利用。白酒行业要建设绿色低碳酿酒产区，践行绿色生产理念，实现白酒行业"双碳"目标。

（三）建立产学研一体化技术创新体系

建立酒类产学研一体化机制，加强产学研合作，搭建产业技术转移转型平台，形成科研院所与产业紧密联系的技术研发和产业孵化网络体系，建立健全产学研深度融合的协同创新体系。建立以大中型白酒企业为主要载体的产品技术中心和行业共性技术中心等多层次立体技术创新体系，推动企业采用新技术开发新产品。提高白酒行业研发费用税收抵免率，加大对白酒领域基础研究、关键技术和名优产品的研发支持力度，鼓励企业积极开展新产品研发、新技术研究和新工艺设备开发，大力推进产品和工艺创新。加强纯谷物固体酿造技术的继承和创新，围绕微生物群结构和功能开发微生物改进转化技术和新发酵方法，改造传统白酒酿造技术，改进固体发酵方法，寻求工业酿造技术的突破和发展。推动白酒企业数字化、智能化、绿色化转型，围绕白酒生产的关键环节，开展新一代信息技术与设备制造融合的综合创新和工程应用，推动白酒企业逐步向机械化、自动化、信息化酿造生产模式转变。按照绿色发展理念，大力推进清洁生产和低碳发展，严格控制资源能耗，控制各类污染物总排放量和排放浓度，改变重生产、轻环保的现状。

（四）促进产业链各环节的协调发展

白酒产业应注重提高内部的专业合作能力，提高生产效率，降低市场交

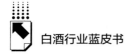

易成本。核心酿造企业应注重核心能力培养，优化专业分工合作体系，与原材料供应商、设备供应商、包装供应商、物流供应商建立稳定的供应、生产、销售合作关系，提高专业合作水平，降低交易成本。配套企业和其他社会服务机构应注重专项资产的投资，提高中间产品和生产性服务的质量，扩大合作收入，提高产业链的整体效率。促进产业链各环节的集中配比、协调发展，避免产业链单一环节跨越式发展造成产业链失衡。加快白酒产业链向中高端转型升级，推动高附加值产品取代低附加值产品。

（五）加快工业节水设备改造升级

白酒产业应加快淘汰落后、低效高用水设备，在润粮、麦曲制作、曲房控湿、罐装洗瓶等环节推广应用高效节水设备。同时推进节水治污技术改造，通过工业用水重复利用、工艺系统节水、工业给水、废水深度处理回用、废水梯级利用、非常规水资源利用等多种途径，降低单位产品用水量。制定白酒企业水资源高效利用行动方案，为企业提供指导性建议。

B.11

资本与白酒企业的产融结合

——以舍得酒业为例

摘　要： 本报告分析了复星集团作为优质的战略投资者，持股白酒企业产生的高效融合成果，探究其作用发挥的具体路径，并总结了相关经验。本报告从鼓励资本服务实体经济的现实背景入手，分析舍得酒业进行混合改制的现实背景，以及复星集团在完善公司治理、优化发展战略、加快白酒渠道改革、深化文化赋能与推进舍得酒业国际化发展等方面，对舍得酒业进行赋能的具体措施。本报告在此基础上总结经验，建议监管部门做好监督工作，确保混合改制过程中监管不缺位，保障国企混合改制实现盘活企业的最终目的。同时建议白酒企业谨慎选择与自身发展战略一致的股东投资者，并设置必要的风险警示机制，防止资产流失。通过分析案例并提出建议，本报告以期为后续白酒企业与资本的高效融合提供经验借鉴。

关键词： 混合改制　战略投资者　白酒企业

一　引言

近年来，由于内外部环境发生了深刻变化，加快推动我国经济结构调整和转型升级，对促进我国经济持续健康发展起着至关重要的作用。① 基于此背景，2020年11月党的第十九届五中全会通过了《中共中央关于制定国民

---

① 2020年8月24日，中共中央总书记、国家主席、中央军委主席习近平在中南海主持召开经济社会领域专家座谈会并发表重要讲话。

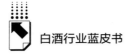

经济和社会发展第十四个五年规划和二○三五年远景目标的建议》，其中，第六条建议指出要全面深化改革，构建高水平社会主义市场经济体制。具体细则指出，要激发各类市场主体活力，完善中国特色现代企业制度，深化国有企业混合所有制改革；要建设高标准市场体系；健全市场体系基础制度，形成高效规范、公平竞争的国内统一市场。2021年12月，中央经济工作会议继续指出，应正确认识和把握资本的特征和行为规律。通过分析近两年的经济工作会议报告可以得知，目前我国经济发展需要激发不同市场主体的活力，充分发挥资本的正面作用，加强金融对实体经济的支持作用。战略投资者是我国资本市场的重要参与主体，研究国企混合改制过程中作为资本方的战略投资者的运作规律，对促进我国资本市场发展与完善，推动产业结构改革与升级具有重要的实践意义。

深化国有企业混合所有制改革，是提升国有企业核心竞争力的重要举措。20世纪90年代，我国开展了国有企业混合所有制改革工作。旨在通过为国有企业引入民营资本，帮助其完善市场化机制，提升企业竞争力。近年来国有企业混合所有制改革工作一直是我国经济工作的重要内容。党的十九大报告明确指出，要推进国有企业混合所有制改革。随后，2020年《政府工作报告》指出，要进一步深化改革，依靠改革激发市场主体活动。通过深化改革，健全国有企业的市场化经营机制，提升核心竞争力。目前，我国国有企业混合所有制改革的方式主要有整体上市、员工持股计划、引入混合改制基金和引入战略投资者等方式。[1] 经过几十年的探索，引入战略投资者吸引社会资本的方式受到更多关注。引入战略投资者的方式，不仅能够为国有企业带来资金解决融资问题，而且能够调整企业的股权结构。战略投资者因具有先进的企业管理经验、丰富的社会资源网络，不仅能够更好地为企业对接资源，还能提高企业治理效率和经营效率。基于此背景，分析探讨舍得酒业股份有限公司（以下简称"舍得酒业"）混合改制的案例，有助于人

---

① 王润铃：《沱牌舍得混合所有制改革的动因、路径及效果研究》，硕士学位论文，四川师范大学，2021。

们更深入地了解混合改制对企业健康发展的促进作用。进而为促进资本更好地服务实体经济，提高资本市场效率提供参考建议。

二 舍得酒业混合改制的背景

2013年以来，受中央八项规定等政策影响，白酒行业的发展遭遇重大阻力，在此背景下不同白酒企业纷纷进行改革，力求实现发展突破。舍得酒业同样受到严重影响，陷入连年业绩下滑的困境。在政策挤压与行业下行的双重压力下，舍得酒业通过引入社会资本进行混合所有制改革的方式，帮助企业突破困境，实现健康发展。

舍得酒业，其控股母公司是四川沱牌舍得集团有限公司（以下简称"舍得集团"）。1940年，四川省遂宁市射洪县政府通过股份制改革成立舍得集团，它是我国国企改革中第一批进行现代企业制度改革的企业。舍得酒业于1996年在上海证券交易所挂牌上市，是白酒行业中第3家上市公司。舍得酒业拥有悠久的发展历史和较高的行业知名度，是川酒"六朵金花"之一，其白酒生产能力与老酒储存量稳居行业前三。射洪市政府是舍得酒业的实际控制人，射洪市政府100%持股舍得集团，舍得集团持有舍得酒业29.85%的股份。

舍得集团混合所有制改革计划始于2003年。截至2021年，舍得集团已经推出了7次混合所有制改革计划，但前6次均因各种原因以失败告终。舍得酒业混合所有制改革历程可分为以下三个阶段（见表1）。第一阶段（2003~2015年），为舍得酒业混合所有制改革的探索阶段，在此阶段舍得酒业连续进行了5次混合所有制改革。第二阶段（2016~2020年），为天洋集团持股阶段，在此阶段舍得酒业的控股股东为天洋集团，但最终天洋集团资金侵占导致舍得酒业被上海证券交易所施以ST处理，射洪县政府决定收回天洋集团持有的舍得酒业的股份，并依法进行拍卖。① 第三阶段（2021年至今），为复星集团旗下上海豫园旅游商城（集团）股份有限公司（以下简称"豫园股

---

① 钱红光、张文静：《天洋控股集团对舍得酒业掏空行为研究》，《现代商业》2022年第3期。

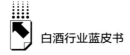

份"）持股阶段。

复星集团是一家布局多产业的综合性企业集团，创立于 1992 年，经过几十年的发展，复星集团已形成健康、快乐、富足和智造"四足鼎立"的业务板块，是一家旨在为全球家庭客户提供高品质产品与服务的家庭消费产业集团。其中，复星"健康"板块，主要包括复星医药、复星康养集团等公司；复星"快乐"板块，主要包括豫园股份、复星旅文和复星时尚等；复星"富足"板块主要涉及金融、投资等领域；复星"智造"板块主要涵盖科技与智造、资源与环境两大领域。本次舍得酒业股份的购得方正是复星"快乐"板块的公司——豫园股份。

表 1　舍得酒业混合所有制改革历程

时间	阶段	具体过程
2003～2015 年	探索阶段	2003 年,射洪县政府欲向江苏兴橙集团、德隆国际等四家企业出售舍得酒业全部股份; 2008 年,四川省政府欲将舍得酒业与其他酒业进行整合,打造明星酒企; 2010 年,射洪县政府欲对舍得酒业进行战略重组; 2013 年,射洪县政府再次为改善舍得酒业的经营现状进行战略重组; 2014 年,射洪县政府拟引入战略投资者对舍得酒业进行重组
2016～2020 年	天洋集团持股阶段	2015 年为缓解"三公"消费限制下白酒企业业绩低迷的现状,射洪县政府再次进行混合所有制改革。同年 11 月,天洋集团完成受让射洪县所持舍得酒业 38.78% 的股份。从此舍得酒业进入天洋集团持股阶段
2021 年至今	复星集团持股阶段	2020 年 12 月 31 日,复星集团旗下豫园股份购得原天洋集团持有的舍得集团 70% 的股份。从此舍得酒业进入复星集团持股阶段

资料来源：根据网络公开资料整理。

三　赋能过程

2020 年底，复星集团旗下的上市公司豫园股份通过竞拍方式，竞得舍得集团 70% 的股权，进而间接持有舍得酒业 29.95% 的股权。2021 年 1 月，股权变动流程完成，郭广昌成为舍得酒业实际控制人。

2021 年是复星集团入主舍得酒业的第一个会计年度。2022 年 3 月 17 日，舍得酒业公布 2021 年度报告（见表 2）。报告显示，2021 年舍得酒业实现营业收入约 49.69 亿元，比 2020 年同期增长 83.76%；实现归属于上市公司股东的净利润约 12.46 亿元，比上年同期增长 114.46%。舍得酒业融入复星生态的第一个会计年度，公司便实现了极其亮眼的业绩增长。复星集团对舍得酒业做出的"只做长期投资者，不做短线投机者"的承诺已初步兑现。[①] 2021 年 2 月，由豫园股份、金徽酒业的高管组成的考察团队在舍得酒业进行考察时指出，复星集团要坚持做长期的价值投资者，要加大复星集团与舍得酒业文化的融合，促进相互赋能。复星集团对舍得酒业的赋能主要体

表 2 2019~2021 年舍得酒业主要会计数据

单位：亿元，%

时间	营业收入	归属于上市公司股东的净利润	归属于上市公司股东的扣除非经营性损益的净利润	经营活动产生的现金流量净额	归属于上市公司股东的净资产	总资产
2019 年	26.50	5.08	5.07	6.68	—	—
2020 年	27.04	5.81	5.48	9.97	—	—
2021 年	49.69	12.46	12.11	22.29	—	—
2021 年比上年同期增减	83.76	114.46	120.99	123.57	—	—
2019 年末	—	—	—	—	30.38	57.77
2020 年末	—	—	—	—	35.80	64.54
2021 年末	—	—	—	—	47.94	80.93
2021 年末比上年同期未增减	—	—	—	—	33.91	25.40

资料来源：《舍得酒业股份有限公司 2021 年年度报告》。

---

① 王润铃：《沱牌舍得混合所有制改革的动因、路径及效果研究》，硕士学位论文，四川师范大学，2021。

现在哪些方面，哪些经验可以被加以推广，进而促进白酒行业实现资本与酒业的高效融合？研究复星集团对舍得酒业的赋能过程，有利于为其他白酒企业提供混合所有制改革的相关经验，促进白酒行业健康发展。

（一）完善公司治理，提高管理效能

复星集团人才进入舍得酒业董事会，实现人才赋能。2021年6月29日舍得酒业召开2020年度股东大会，本次到会的中小股东、机构投资者等近300人，是近年来规模最大的一次股东大会，可见复星集团以及市场对此次股东大会的重视。会议审议通过了董事、监事选举议案，完成舍得酒业最新一届领导班子的组建工作。值得注意的是，此次上任的黄震、吴毅飞、郝毓鸣和邹超董事，以及王瑾、王尊祥监事均来自复星集团。这6位董事及监事的工作范围覆盖企业管理、战略投资、人力资源、财务管理等重要领域。可见，2021年4月郭广昌在舍得酒业2021年经销商大会期间提出的，将复星集团的资源充分嫁接到舍得酒业实现乘数效应的口号正在逐步落实。①

此次董事、监事班子的调整，结构合理、优势互补，实现了复星集团向舍得酒业进行的人才赋能。这6位高管的工作履历涉及战略、管理、人力、财务等投后管理重要领域，他们具备丰富的投后管理经验与产业运营经验。投后管理经验有利于舍得集团快速实现公司治理结构的调整，提高管理效能。产业运营经验有助于实现复星集团与舍得酒业的深度融合与高效协作，进而促进舍得酒业一系列重大改革与战略举措的实现，为舍得酒业的复兴插上翅膀。完善的公司治理制度，对于提升管理效能，最终提高舍得酒业的经营业绩奠定了重要的制度基础。

（二）优化发展战略，发挥自身优势

复星集团入主舍得酒业后，在发展战略方面提出要坚持老酒战略、双品

---

① 2021年4月3日，郭广昌在"舍得酒业2021年经销商大会"上的发言。

牌战略，以及年轻化和国际化发展战略。其中，老酒战略是舍得酒业发展战略的重中之重。

为获取差异化战略优势，基于目前的市场环境、舍得酒业生态建设的成果、品牌声誉的积累以及自身老酒储备量较大的优势等条件，舍得酒业提出"老酒战略"。舍得酒业副董事长、总裁蒲吉州表示，老酒战略是基于舍得酒业"坚持做正确的事、坚持做需要时间累积的事"的企业发展理念提出的。这与复星集团入主舍得酒业时强调的坚持做长期价值投资者的投资理念具有一致性。老酒战略是以追求品质为理念、以健康体验为核心。老酒战略的实施，在提高舍得酒业的品牌价值、持续输出舍得酒文化内涵、引导消费者进行老酒消费等方面发挥着重要作用。目前舍得酒业的老酒战略已全面落地，舍得酒成为中国老酒品类的"先行军"与佼佼者。

为促进老酒战略更好地落地，舍得酒业充分发挥科技对老酒的赋能作用。通过加大科研投入、深化与科研院所的合作等方式，不断提升企业的创新能力，完善自身工业生态体系。2021年，舍得酒业与江南大学展开合作，打造了白酒行业第一个老酒研究院。研究院致力于构建中国白酒行业首个领先于国际水平的老酒研发平台，推动酿酒技术不断进步。在此之前，2017年舍得酒业与射洪县政府、四川轻化工大学合作成立了"中国生态酿酒产业技术研究院"，该研究院致力于生态酿酒的研究与推广。有专家指出，我国白酒保持高品质的关键因素有两个：一是生态环境，二是老酒基酒。生态环境是白酒品质的基础，老酒基酒是白酒品质的最高表达。通过成立研究院，舍得酒业同时拥有了"生态酿酒"与"老酒战略"两类白酒竞争优势，为公司的发展提供了科技支撑。

此外，舍得酒业的另一个重要发展战略是坚持双品牌发展战略。复星集团入主舍得酒业后，修正天洋持股时代对舍得酒业定制产品等"一刀切"的战略，坚持"沱牌+舍得"双品牌战略，重启沱牌定制产品服务，拓展了产品线，提升了销售业绩。同时，对双品牌展开精准市场定位。其中，舍得酒定位中高端市场，在老酒战略的加持下，舍得酒已成为深受市场欢迎的老酒品牌；沱牌则定位中低端市场，因其自身的"中国名酒"与"中华老字号"认证，沱牌酒一直深受市场认可。舍得酒业为沱牌酒定制了复兴计划，通过加大销售市场推广投入，唤醒市场对沱牌酒的消费记忆，同时恢复定制产品服务，恢复老产品、老市场，将沱牌酒重新推入大众视野。在双品牌战略的布局中，坚持将舍得酒打造成中国老酒第一品牌；坚持将沱牌酒打造成中国名酒，形成双品牌相辅相成的格局。同时双品牌战略使舍得酒业的产品线覆盖了高中低档消费层次，为舍得酒业的全面发展奠定了基础。

（三）加快渠道改革，促进相互赋能

复星集团入主舍得酒业后，一方面利用自身优势，向经销商开放复星集团生态资源，通过复星集团向经销商赋能的模式，吸引优质经销商，进而大大提高经销商质量。[①] 另一方面，舍得酒业进行了渠道建设改革，提振了经销商信心，留住更多优质经销商。

2021 年 11 月，豫园股份副总裁、舍得集团董事长吴毅飞在接受媒体采访时指出，复星集团通过打造"1 游+1 平台+N 产品"的核心体系，向经销商开放复星生态资源，进行深度赋能。其中，"1 游"指融入复星之"游"，"1 平台"指经销商与复星体系对接平台，"N 产品"指向舍得经销商提供专享版特色产品、服务与权益。该核心体系向优秀经销商开放复星集团资源，大大提振了经销商信心。此外，复星集团旗下餐饮板块、百货板块拥有数以千计的终端网点，该类资源对舍得产品的终端销售提供了重要的接口资源。舍得酒业 2021 年度报告显示，截至 2021 年会计期末，经销商数量为2252 家。2020 年会计期末，经销商数量为 1761 家，经销商数量同比增长27.88%，净利润增长 114.35%。可见复星集团入主后，舍得酒业经销商实现了数量与质量的飞跃。

同时，舍得酒业通过进行扁平化代理模式的改革，大大压缩了渠道成本。通过建设经销商信息管理平台，实现从经销商到终端的全渠道管理，强化企业对渠道的掌控。此外，舍得酒业还加强了对电商渠道的建设。一是通

---

① 朱俊逸：《民营控股型混改经济效果的研究》，硕士学位论文，暨南大学，2019。

过持续加强渠道建设，拓宽消费者通过互联网平台接触舍得产品的途径。二是构建互联网产品营销矩阵，抓住互联网流量优势，推出"网红"单品。三是继续加强渠道人才队伍建设，加强对新增渠道以及重点渠道的运作等。互联网营销渠道建设是未来舍得酒业销售业绩的新增长点，是顺应当下数字经济的有效发展方式。

（四）借助文化赋能，提升品牌价值

复星集团入主舍得酒业后，在文化赋能方面，首先将舍得酒业产品与复星集团餐饮销售系统进行衔接，在复星集团餐饮板块突出舍得酒业定制产品。如舍得酒业高端新品酒"舍得·泰安古酿"与位于三亚的亚特兰蒂斯棠中餐厅联合发布的"舍得套餐"，便是舍得酒业与复星文化合作的成功案例。

此外，舍得酒业多年来始终致力于提升舍得产品的文化精神内涵，舍得文化蕴含中国传统文化的智慧，一舍一得之间尽显中国智慧。近年来，为大力推广舍得产品的文化内涵，舍得酒业不断进行文化营销的创新与改革。其中，电视剧赞助是重要的营销方式。舍得酒业先后赞助多部与时代主题相关的电视剧。如2018年舍得酒业赞助的《大江大河》以"改革开放"为主题，尽显中国改革智慧。《大江大河》取得了优异的播放成绩，成为2018年度豆瓣评分最高的电视剧。2021年舍得酒业再次独家赞助教育类主题电视剧《小舍得》，此剧名便来源于舍得智慧本身，该电视剧探讨了教育模式中的"舍与得"，更是与舍得文化智慧紧密融合。2022年，舍得酒业作为荣誉品牌，冠名了年度开年巨制《人世间》。该部电视剧在中央一套播出，单集最高收视率达8.9%。剧中人物历经磨难，却能舍得一切努力拼搏，他们在奋斗路上表现出的勇气、胸襟和视野正是"中国智慧"的象征。舍得酒业的核心文化价值内核与剧中人物的奋斗精神和舍得精神完美融合，是"舍得"魅力在电视剧中的完美释放。毫无疑问，舍得酒业连续多年的电视剧赞助都紧贴时代主题与企业核心价值。优秀电视作品的传播效果强劲，无疑为舍得文化的推广提供了强大抓手，再次证实了舍得文化的渗透力与传播力。

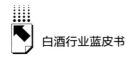

此外，舍得酒业通过举办其他舍得文化活动，传递舍得文化智慧。如2021年7月在成都举办的以"舍得智慧·老酒盛宴"为主题的活动，这是一种全新的行业IP探索，必将为舍得酒业的业绩增长提供重要推动力。此外，舍得老酒节、舍得之夜等文娱活动为推广舍得文化、为舍得产品赋能提供重要支撑。

（五）推进国际化战略，扩大品牌影响力

复星集团董事长郭广昌在2021年全国糖酒商品交易会期间指出，要坚持推进舍得酒业国际化发展战略。随着国内白酒市场的日趋饱和，进一步推进白酒国际市场的开拓是企业业绩提升的重要途径。复星集团入主舍得酒业后，以复星集团国际发展平台为依托，结合多年来舍得酒业在海外的经营与推广经验，其海外市场拓展效果显著，这也是舍得酒业快速发展的原因之一。舍得酒业总裁蒲吉州在2022年度工作会议报告中明确指出，要坚持内生式增长与外延式发展战略相结合。舍得产品"出海计划"是舍得酒业国际化的重要举措。在文化出海方面，自2016年舍得酒业进行混合所有制改革后，其先后打造了《舍得智慧讲堂》、《大国芬芳》、舍得玩酒节、沱牌舍得文化旅游区四大文化IP。加入复星生态群后，舍得酒业对外文化联动频繁。2021年舍得酒业与三亚·亚特兰蒂斯棠中餐厅联合推出的"舍得套餐"亮相首届中国国际消费品博览会；《大国芬芳》在北美、欧洲等多个国家和地区巡回展演；舍得酒业的产品在"米兰时装周""米兰世博会"高调亮相等，都极大地提高了舍得酒业文化的国际影响力。在产品出海方面，2021年舍得酒业推出中法非凡、智慧舍得等四款老酒，代表中国老酒参与"埃菲尔铁塔中国品牌设计展"。此外，针对全球免税渠道，推出"舍得·泰安古酿"，这是舍得酒业第一款国际化产品。舍得酒业通过文化出海与产品出海的方式，稳步推进国际化战略。将舍得文化推向世界，拉近世界消费者与中国白酒的距离，无疑为舍得酒业的业绩增长贡献了强大的支撑力。

四 经验借鉴

（一）给监管部门的建议

舍得酒业的混合所有制改革，射洪县政府全程参与。从股权转让阶段的战略投资者选择到股权转让定价，射洪县政府都是第一责任人。可见在混合所有制改革过程中，国有资产管理者不缺位是混合所有制改革顺利开展的必要前提。混合所有制改革结束后，射洪县仍向舍得酒业派驻相关管理人员，让其参与公司治理与日常经营。在此过程中代表国有资产管理者，一方面对舍得酒业开展日常经营管理活动，协助其实现国有资产价值增值；另一方面则履行监督治理职能，严防国有资产流失现象出现。① 近年来，国企混合所有制改革不断推进，在加强对国有资产监管的同时，不过分干预企业的日常经营与发展，是对国有资产管理者提出的要求。

（二）给企业自身的建议

1. 合理选择与自身战略目标一致的投资者

白酒企业增强与资本的合作是资本服务实体经济的具体体现。引入战略投资者的目的是提升自身发展效能，因此在选择投资者阶段，企业应着重考察投资者的投资目标，看其是否与企业自身发展目标相一致。② 吸取天洋集团的教训，企业应重点考察战略投资者的主要业务布局。天洋集团在上下游均与舍得酒业没有关联，因此天洋集团一旦出现经营问题，舍得酒业便成为其"现金池"。而复星集团旗下的豫园股份是专注于"快乐"板块投资，着力布局不同白酒企业、啤酒企业的专业化投资人。因此复星集团与舍得集团

---

① 赵子涵：《混合所有制改革的控股股东利益侵占行为研究》，硕士学位论文，浙江工商大学，2022。
② 林雄凯：《舍得酒业引入战略投资者进行混改的效果分析》，硕士学位论文，江西财经大学，2021。

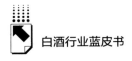
的结合不仅是为后者提供资金方面的支持，在复星集团向舍得酒业开放生态资源的同时，舍得酒业也成为复星集团旗下酒企板块发展壮大的重要推动力。复星集团与舍得酒业的相互赋能，为舍得酒业的长远发展奠定了坚实的基础。

2. 充分利用战略投资者资源优势提升企业价值

白酒企业引入资本的长远意义在于优势互补。战略投资者作为"聪明的钱"，拥有丰富的投资经验，以及经由多年投资经验积累的资源网络，外加在投资过程中不断积累的资本管理经验。在天洋集团持股之前，舍得酒业作为川酒六朵金花之一，其经营业绩惨淡的主要原因在于经营制度僵化、生产效率较低、营销环节薄弱。天洋集团违规占用资金再次将舍得酒业推入ST境遇，而复星集团接盘后，通过进行公司治理改革，向舍得酒业派驻管理经验丰富的相关人才，同时将复星生态内的资源有序开放给舍得酒业及其经销商。同时，大力推进营销渠道改革，深化文化赋能，并利用自身的国际化投资经验帮助舍得酒业走向国际。复星集团对舍得酒业的赋能，有效弥补了舍得酒业经营与管理短板，大大改善了舍得酒业的困境，从而创造了2021年营业收入增长83.8%的优秀业绩。

3. 设置必要机制谨防投资者掏空公司

为谨防白酒企业被资本投机者掏空，应在资本的引入阶段设置必要条款，防止短期资本投机者以投机为目的投资白酒企业。资本投机者不仅不能为白酒企业的健康发展、解决白酒企业转型升级的种种困难提供帮助，反而有可能在满足股份限售期条件后频繁减持，引发企业股价的剧烈波动，进而损害企业的市场价值。为防止短期投机者短视的资本操作给企业带来沉重的负面打击与不可挽回的经济损失，企业应当建立有效的监督预防机制。无论是在合约设计层面，还是在合约执行层面，都尽量以制度的方式对资本的行为加以约束，谨防资本逐利行为损害企业自身利益。

附 录

Appendix

B.12

2007~2013年从非规模发展为规模的白酒企业竞争力排名

附表1 2007~2013年从非规模发展为规模的白酒企业竞争力排名

企业名称	省(区、市)	中国白酒企业竞争力指数排名			
		2001年	2007年	2013年	2019年
云南君和酒业有限公司	云南省	—	—	411	49
黑龙江省老村长酒业有限公司	黑龙江省	—	—	994	67
湖北梨花村酒业有限公司	湖北省	—	—	973	109
泸州生源酒厂	四川省	—	—	203	112
江西恒丰酒业有限公司	江西省	—	—	400	117
重庆直升酒业有限责任公司	重庆市	—	—	387	118
四川宜宾板桥酒业有限公司	四川省	—	—	589	126
四川戎春酒业有限公司	四川省	—	—	479	127
贵州中心酿酒集团有限公司	贵州省	—	—	383	129
江安县江源酒业有限公司	四川省	—	—	451	131
四川绵竹大地红运酒业有限责任公司	四川省	—	—	219	146
四川省泸州造酒厂	四川省	—	—	320	147
四川省巴中市花丛曲酒厂	四川省	—	—	940	148
綦江县赶水镇铁石垭德安酒厂	重庆市	—	—	841	153

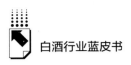
续表

企业名称	省（区、市）	中国白酒企业竞争力指数排名			
		2001 年	2007 年	2013 年	2019 年
四川省泸州江泉酒业有限公司	四川省	—	—	1175	155
宜宾金喜来大观园酒业有限责任公司	四川省	—	—	301	158
四川省泸州市中和曲酒厂	四川省	—	—	613	161
四川省泸州五谷香酒厂	四川省	—	—	477	172
湖北三麦酒业有限公司	湖北省	—	—	535	182
岳阳君岛酒业有限公司	湖南省	—	—	823	183
古蔺金美酒业有限公司	四川省	—	—	545	192
泸州池窖酒业有限公司	四川省	—	—	347	195
河南省南阳关酒业有限公司	河南省	—	—	827	199
邯郸市龙酝酒业有限公司	河北省	—	—	618	200
泸州市凤凰老窖曲酒厂	四川省	—	—	835	202
泸州纳溪祥丰酒业有限公司	四川省	—	—	514	205
四川省绵竹东圣酒厂有限公司	四川省	—	—	332	206
泸州御酒老作坊酒业有限公司	四川省	—	—	665	207
泸州名泉酒业有限公司	四川省	—	—	670	208
泸州市天池酒业有限公司	四川省	—	—	703	213
四川谷子里酒业有限公司	四川省	—	—	1146	216
泸州九万春酒厂	四川省	—	—	702	221
四川泸汉老窖酒业有限公司	四川省	—	—	797	224
新疆托木尔峰酒业有限责任公司	新疆维吾尔自治区	—	—	388	228
贵州巴蜀液酒业有限公司	贵州省	—	—	253	234
四川省泸州蜀光酒业有限公司	四川省	—	—	939	236
四川省泸州泸石曲酒厂	四川省	—	—	872	239
宜宾安宁酒厂	四川省	—	—	697	240
泸州神仙桥酒业有限公司	四川省	—	—	688	243
陕西后稷酒业有限公司	陕西省	—	—	1355	247
安徽蒂王集团酒业有限公司	安徽省	—	—	519	250
德阳天元酒业有限公司	四川省	—	—	207	256
贵州赤水老窖酒业股份有限公司	贵州省	—	—	155	258
福建永源酿酒有限公司	福建省	—	—	710	261
成都蜀之源酒业有限公司	四川省	—	—	1026	268
广西天龙泉酒业有限公司	广西壮族自治区	—	—	1427	272

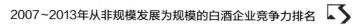

续表

企业名称	省(区、市)	中国白酒企业竞争力指数排名			
		2001年	2007年	2013年	2019年
泸州纳溪晨江酿酒有限公司	四川省	—	—	654	273
宜宾国美酒业股份有限公司	四川省	—	—	952	279
泸州金谷酒业有限公司	四川省	—	—	1466	280
泸州九曲河酿酒有限公司	四川省	—	—	1425	282
贵州省仁怀市茅台镇君丰酒业有限公司	贵州省	—	—	206	285
宜宾市宁泉酒业有限公司	四川省	—	—	484	286
泸州市天府酒厂有限公司	四川省	—	—	915	289
贵州省仁怀市茅台镇华星酒业有限公司	贵州省	—	—	642	294
四川省泸州清源酒厂	四川省	—	—	874	296
河南老窖酒业有限公司	河南省	—	—	756	301
泸州泸南酒业有限公司	四川省	—	—	645	309
安徽沙河酒业有限公司	安徽省	—	—	381	321
重庆合川渝州酿酒有限公司	重庆市	—	—	508	325
泸州市吴家酒业有限公司	四川省	—	—	1259	329
岳池泰合酒业有限责任公司	四川省	—	—	1039	330
镇平三潭酒业有限责任公司	河南省	—	—	299	337
亳州市唐坊酒业有限公司	安徽省	—	—	339	340
福建省建阳朱子家酒业有限公司	福建省	—	—	695	341
泸州汉康酒厂	四川省	—	—	817	342
贵州百年原址酒业有限公司	贵州省	—	—	920	344
宜宾市宜人坊酒业有限公司	四川省	—	—	1362	348
四川全丰酒业有限责任公司	四川省	—	—	439	349
陕西御醇酒业有限公司	陕西省	—	—	1213	351
蔡襄酒业(福建)有限公司	福建省	—	—	1391	352
贵州省仁怀市茅台镇金茅古酒厂	贵州省	—	—	686	353
湖北白云湖酒业有限公司	湖北省	—	—	1361	361
贵州茅台镇国威酒业(集团)有限责任公司	贵州省	—	—	556	362
宜宾市汉邦酒业有限公司	四川省	—	—	603	363
四川绵竹双剑酒业有限责任公司	四川省	—	—	726	368
贵州都匀市酒厂有限责任公司	贵州省	—	—	669	379
泸州泸特酒业有限公司	四川省	—	—	1140	381
泸州长窖酒业有限公司	四川省	—	—	787	382

续表

企业名称	省(区、市)	中国白酒企业竞争力指数排名			
		2001 年	2007 年	2013 年	2019 年
新疆亚泰酒业有限责任公司	新疆维吾尔自治区	—	—	337	384
永州市异蛇科技实业有限公司	湖南省	—	—	600	390
贵州省仁怀市茅台镇老贵酒业有限公司	贵州省	—	—	476	392
河南天地酒业	河南省	—	—	587	396
河南汉华酒业有限责任公司	河南省	—	—	437	397
河南木兰府酒业有限公司	河南省	—	—	1129	398
四川省文君井酒业集团有限公司	四川省	—	—	491	401
泸州市天保酒业有限公司	四川省	—	—	849	403
四川泸州川酒仙酒业有限公司	四川省	—	—	1048	405
安徽五岭洞藏酒业有限公司	安徽省	—	—	605	406
郸城县乡村酒厂	河南省	—	—	1210	409
泸州赖公高淮酒业有限公司	四川省	—	—	964	410
贵州省仁怀市茅台镇茅恒酒厂有限公司	贵州省	—	—	382	412
四川国池酒业有限公司	四川省	—	—	1336	415
宁陕县秦岭长春酒厂	陕西省	—	—	1350	422
四川邳彤酒业有限公司	四川省	—	—	1365	425
重庆市昌茂酒业有限公司	重庆市	—	—	627	430
松原市吉源酒业有限责任公司	吉林省	—	—	1041	433
湖南鄙渌酒业有限公司	湖南省	—	—	555	434
靖边县芦河酒业有限责任公司	陕西省	—	—	401	437
四川泸州国华酿酒有限公司	四川省	—	—	818	439
贵州省仁怀市鼎富酒业有限公司	贵州省	—	—	681	440
贵州省习水县习湖酒厂有限责任公司	贵州省	—	—	1105	441
福建双龙戏珠酒业有限公司	福建省	—	—	1062	448
常德柳叶湖酒业有限公司	湖南省	—	—	1349	456
伊犁天香酒业有限责任公司	新疆维吾尔自治区	—	—	1024	463
四川省川汉酒业有限公司	四川省	—	—	1428	464
安徽黄梅酒业有限公司	安徽省	—	—	700	470
天津芦台春酿造有限公司	天津市	—	—	283	473
安徽王家坝酒业有限公司	安徽省	—	—	441	476
河北凤来仪酒业有限公司	河北省	—	—	810	479
山东郓城水浒酒业有限公司	山东省	—	—	1162	480

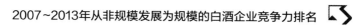

续表

企业名称	省（区、市）	中国白酒企业竞争力指数排名			
		2001 年	2007 年	2013 年	2019 年
江苏桃林酒业有限公司	江苏省	—	—	876	482
河南省议事台酒业有限公司	河南省	—	—	576	489
贵州省木黄酒业有限公司	贵州省	—	—	1225	492
四川宜府春酒厂有限责任公司	四川省	—	—	927	496
四川锦官城酒厂	四川省	—	—	1163	498
新疆开都河酒业有限公司	新疆维吾尔自治区	—	—	803	501
湖北昭君故里酒业有限公司	湖北省	—	—	276	503
泸州鼎旺酒业有限公司	四川省	—	—	1250	507
湖北簰洲酒业有限公司	湖北省	—	—	825	508
泸州市龙马潭区巧酿坊酒业有限公司	四川省	—	—	1331	511
四川绵竹九香春酒业有限公司	四川省	—	—	734	515
贵州荷花酒业（集团）有限公司	贵州省	—	—	493	517
河南叔度酒业有限公司	河南省	—	—	507	520
宜都陆逊酒业有限责任公司	湖北省	—	—	781	523
泸州贡酒酒业有限公司	四川省	—	—	1181	529
湖南湘军王酒业有限公司	湖南省	—	—	643	533
宜宾惠氏酒业有限公司	四川省	—	—	1198	545
湖北毕圣泉酒业有限公司	湖北省	—	—	638	546
山东杨湖酒业有限公司	山东省	—	—	1247	547
亳州市好运酒业有限责任公司	安徽省	—	—	866	551
新疆额河酒业有限公司	新疆维吾尔自治区	—	—	319	566
四川省泸州制酒厂	四川省	—	—	1485	569
绵竹市剑西酒业有限责任公司	四川省	—	—	928	571
商水县胡吉镇兆花村酒厂	河南省	—	—	1000	576
贵州省仁怀市茅台镇酒乡窖酒厂	贵州省	—	—	780	577
柘城县岗王乡八骏马酒厂	河南省	—	—	968	589
山西杏花村汾杏酒厂股份有限公司	山西省	—	—	908	590
承德大清猎苑酒业有限公司	河北省	—	—	854	591
贵州省仁怀市茅台镇黔国酒业有限公司	贵州省	—	—	1299	595
泸州鑫河酒业有限公司	四川省	—	—	1406	600
安徽乐天酿酒有限公司	安徽省	—	—	1246	602
湖北水布垭酒业有限公司	湖北省	—	—	708	607

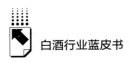

企业名称	省（区、市）	中国白酒企业竞争力指数排名			
		2001 年	2007 年	2013 年	2019 年
亳州市中粮酿酒有限责任公司	安徽省	—	—	822	609
长宁县大湾酒厂	四川省	—	—	1292	614
广西浦北南洋酒业有限公司	广西壮族自治区	—	—	1083	621
湖南御海堂生物科技有限公司	湖南省	—	—	1224	623
陕西金粮液酒业有限责任公司	陕西省	—	—	1370	630
安徽省金裕皖酒业有限公司	安徽省	—	—	547	632
河南康力酒业有限公司	河南省	—	—	690	634
四川九里春酒业股份有限公司	四川省	—	—	883	636
泸州酒园春酒业有限公司	四川省	—	—	1411	637
泸州帅府家酒厂	四川省	—	—	1138	638
承德康熙酒业有限公司	河北省	—	—	1143	645
泸州古蜀窖酿酒有限公司	四川省	—	—	1340	646
安徽青瓷潭酒业有限公司	安徽省	—	—	924	648
河北太极酒业集团有限公司	河北省	—	—	1256	650
宜宾市李庄酒厂（普通合伙）	四川省	—	—	966	658
洛阳万山湖酒业有限公司	河南省	—	—	232	665
安徽金满院酒业有限公司	安徽省	—	—	878	669
桐柏淮渎酒业有限公司	河南省	—	—	609	671
昌宁县耇酒酿造有限责任公司	云南省	—	—	1248	675
康保龙岩酿酒有限责任公司	河北省	—	—	1319	681
四川省蒲江九粮天脉酒业有限责任公司	四川省	—	—	1481	683
贵州省仁怀市茅台镇红梁魂酒业有限公司	贵州省	—	—	636	685
新疆胡杨五五酒厂有限公司	新疆维吾尔自治区	—	—	316	687
万源市大面山酒业有限公司	四川省	—	—	1474	689
安徽明龙酒业有限公司	安徽省	—	—	989	693
河北千童酿酒厂	河北省	—	—	722	695
淮北市酒厂有限公司	安徽省	—	—	1223	699
重庆忠州酒业有限公司	重庆市	—	—	524	700
宜宾藕海酒业有限公司	四川省	—	—	1296	701
贵州省仁怀市茅台镇吴公岩酒业有限公司	贵州省	—	—	842	713
贵州省仁怀市茅台镇古窖酒业有限公司	贵州省	—	—	359	716
贵州芙蓉江酒业有限公司	贵州省	—	—	970	732

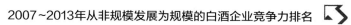

续表

企业名称	省（区、市）	中国白酒企业竞争力指数排名			
		2001 年	2007 年	2013 年	2019 年
泸县秀水坊酿酒厂	四川省	—	—	1321	734
贵州省仁怀市茅台镇古珍酒业有限公司	贵州省	—	—	1339	738
重庆国裕古窖酒业有限公司	重庆市	—	—	518	739
宜宾金竹酒业有限公司	四川省	—	—	850	744
长宁县口福缘酒业有限公司	四川省	—	—	1475	763
安徽泗州酒业有限公司	安徽省	—	—	814	764
安徽皖都天柱酒业有限公司	安徽省	—	—	458	766
四川宜宾唐氏酒业有限公司	四川省	—	—	1429	767
四川江油诗城酒业有限公司	四川省	—	—	819	771
安徽皖山酒业有限公司	安徽省	—	—	962	777
四川省绵竹五福酒业有限公司	四川省	—	—	807	779
泸州市酒府酒业有限公司	四川省	—	—	1333	782
湖南九龙井酒业有限公司	湖南省	—	—	1347	786
泸州市凤凰曲酒厂	四川省	—	—	691	790
铜仁市净山酒业有限公司	贵州省	—	—	930	792
普洱市景谷林苑酒厂	云南省	—	—	907	793
泸州琼液酒厂	四川省	—	—	1460	798
贵州龙黔威酒业有限责任公司	贵州省	—	—	891	806
四川泸州渔强酒厂	四川省	—	—	1358	809
陕西同州酒业有限公司	陕西省	—	—	1064	816
泸州精圣酒业有限公司	四川省	—	—	1519	817
泸州泸溪窖酒厂	四川省	—	—	1134	818
山东窖仙酒业有限公司	山东省	—	—	1075	826
绵阳市创王酒业有限公司	四川省	—	—	1320	836
河南省汉酒坊酒业有限公司	河南省	—	—	133	838
安徽天下福酒业有限公司	安徽省	—	—	683	840
泸西县兰益酿造有限公司	云南省	—	—	1306	843
古蔺巷子深酒厂	四川省	—	—	707	845
泸州市顺驰酒业有限公司	四川省	—	—	1222	846
贵州省仁怀市茅台镇赤水液酒业有限公司	贵州省	—	—	1219	849
贵州省仁怀市茅台镇黔台酒厂有限公司	贵州省	—	—	637	851

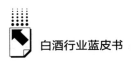
续表

企业名称	省（区、市）	中国白酒企业竞争力指数排名			
		2001 年	2007 年	2013 年	2019 年
杜尔伯特蒙古族自治县泰康老窖酒业有限责任公司	黑龙江省	—	—	1232	853
山西羊羔酒业股份有限公司	山西省	—	—	1098	857
四川妙典酒业有限公司	四川省	—	—	58	860
林西宝林酒业有限责任公司	内蒙古自治区	—	—	1495	862
泸州富华曲酒厂	四川省	—	—	1465	868
湖南省永州之野异蛇实业有限公司	湖南省	—	—	1334	874
汝阳县杜康村酒泉酒业有限公司	河南省	—	—	954	883
重庆市潼南宏伟酒厂	重庆市	—	—	1131	884
贵州省平坝酒厂有限责任公司	贵州省	—	—	1314	887
武夷山遵矛酒业有限公司	福建省	—	—	1236	894
贵州省仁怀市茅台镇郑氏酒业有限公司	贵州省	—	—	1187	900
贵州省仁怀市茅台镇雄正酒业有限公司	贵州省	—	—	676	901
贵州省仁怀市茅台镇天长帝酒厂	贵州省	—	—	461	906
安徽天蕴皖酒业有限公司	安徽省	—	—	1383	914
商水县云灵酒厂	河南省	—	—	204	925
贵州富鑫酒业有限公司	贵州省	—	—	1207	926
重庆古樽酒业有限公司	重庆市	—	—	245	931
四川省宜宾敬师酒业有限公司	四川省	—	—	1419	932
四川省龙子酒业有限公司	四川省	—	—	1491	940
安徽老家酒业有限责任公司	安徽省	—	—	813	944
重庆市巴人坊酒业有限公司	重庆市	—	—	1446	945
湖南和平酒业有限责任公司	湖南省	—	—	1074	950
湖北古福泉酒业股份有限公司	湖北省	—	—	1402	951
泸州金喜缘酒业有限公司	四川省	—	—	1237	960
石门壶瓶山酒业有限公司	湖南省	—	—	1123	962
赤水市丹霞酒业有限公司	贵州省	—	—	1523	964
贵州省习水县土城镇宋池老窖酒业有限公司	贵州省	—	—	680	969
湘西自治州水田河酒厂	湖南省	—	—	1136	972
商丘市睢阳区林海酿酒厂	河南省	—	—	1093	974
福建东平高粱酿造有限公司	福建省	—	—	1282	984

续表

企业名称	省（区、市）	中国白酒企业竞争力指数排名			
		2001 年	2007 年	2013 年	2019 年
福建省南平市建阳区古汉城酒业有限公司	福建省	—	—	762	994
吉林省泸松酒业有限公司	吉林省	—	—	1516	997
讷河市三盛酒业有限责任公司	黑龙江省	—	—	1455	999
四川省宜宾市古叙酒业有限公司	四川省	—	—	1400	1001
黄冈千年缘酒业有限公司	湖北省	—	—	1294	1009
陕西省西府酒厂	陕西省	—	—	1448	1016
马鞍山市太白酒厂	安徽省	—	—	1304	1019
溆浦涉江楼酒业有限公司	湖南省	—	—	1412	1021
河南灵山酒业有限公司	河南省	—	—	1410	1026
社旗县金祥酒业有限公司	河南省	—	—	976	1029
山东董公酒业有限公司	山东省	—	—	1487	1031

Abstract

Chinese liquor is considered a distinct cultural symbol and an essential carrier of the nation's 5000 years cultural heritage, which plays a significant role in the country's overall economy as well as in the lives of the people. Many factors complicate the development of China's liquor industry, including the spread of the COVID-19 epidemic globally, the chaotic competition in the liquor market, and the country's general weak international competitiveness. Therefore, the liquor industry requires a competitiveness evaluation index comprised of a comprehensive index system to provide direction and help it improve its competitiveness by using various strategies within the current challenging environment. In addition to reflecting the development trend of the Chinese liquor industry, assessing the overall competitiveness of Chinese liquor enterprises can also help guide the production and pricing of liquor enterprises and promote a benign competition mechanism by encouraging the industry to compete in an orderly manner. Additionally, it can assist Chinese liquor enterprises and products to "going out," thus maximizing the benefits of trade and the spread of Chinese culture. Furthermore, continuously evaluating global distilled spirits can enhance the international discourse on Chinese liquor and the influence of Chinese products.

Based on the above background and significance, the general report focused on the historical trends in liquor companies' competitiveness, attempting to identify their intrinsic factors and patterns by analyzing their characteristics and causes. By using historical data on liquor enterprises during the period 2001-2019, the general report fine-tunes the index compilation methodology. It examines the overall status of competitiveness changes, regional characteristics, and aroma characteristics of liquor enterprises, including those above-the-scale liquor companies, top 200 liquor companies, and overgrowing companies (continuous rapid improvement in competitiveness evaluation index) during the study period. It selects seven fast-growing companies for experience analysis. Focused on several new issues, new changes, and hot topics encountered in the rapidly growing liquor industry, the industry chapter in this book examines the hot and cold phenomena of Jiang-flavor liquor in the post-epidemic era along with the thinking behind them, the impact of new national standards on the liquor industry, and the development of liquor companies within a digital and intelligent context. Apart from that, the industry chapter discusses the need to dig more profound meaning into wine culture and to actively fulfill social responsibility, as well as their essential impacts on the development of liquor companies. Finally, taking into account the above research and the actual state of the liquor industry in 2020−2021, the last chapter conduct case studies on five companies by presenting five modules, including developing innovative business models to achieve rapid development, creating winery cultures to facilitate the wine enterprises transformation, plowing deep into the light bottle wine market to seize the opportunity of rapid growth, utilizing innovative business models to achieve rapid development, developing intelligent brewing and industrial restructuring to assist with the double carbon goal, ensuring the efficient integration of capital and wine enterprises to stimulate rapid growth.

Keywords: Competitiveness Evaluation Index; Liquor Culture; Corporate Social Responsibility; Wine Enterprise

Contents

I General Report

Abstract: The principal objective of this annual general report is to analyze historical changes in the competitiveness of Chinese liquor companies as well as their patterns. The general report begins with a description of the background and significance of the study, followed by a fine-tuning of the methodology for calculating the enterprise competitiveness index. Based on the above research, by using data from 2001 −2019, the general report analyzes the overall situation, development characteristics, and the reasons for the change in competitiveness of liquor enterprises, including above-the-scale liquor companies, Top 200 liquor companies, and overgrowing companies (continuous rapid improvement in competitiveness index) during the study period. A further component of this report is the analysis of the experiences of seven typical companies which have continued to improve over time. The report found that: first of all, there is fierce competition and a Matthew effect in China's liquor industry mainly manifested in the apparent competitive advantage and stable ranking of the leading enterprises; furthermore, the main products and the location of production have a significant impact on the competitiveness of enterprises. Secondly, considerable volatility in the level of liquor competitiveness within each regional competitive body characterizes regional variations in liquor competitiveness. Additionally, the competitiveness of the head liquid enterprises and the number of liquid enterprises in a particular region are the two main factors influencing it. Thirdly, changes in the aroma characteristics of liquor products to the pungent aroma, Jiang-aroma, light aroma, and parts of the aromatic type, the rest of the aromatic liquor fluctuate. Several factors contribute to this characteristic, including the four types of spirits possessing unique aroma tastes, the quality of the products, the historical roots in the region, the increasing income levels of the residents, government policies, and the role the enterprise echelon played. Finally, the experience analysis shows that many factors contribute to the continuous improvement of the company's competitiveness, including constant optimization of product quality, the enhancement of the enterprise's brand value through Chinese wine culture, the acceleration of the enterprise's digital intelligence development process from multiple perspectives, and the commitment to corporate social responsibility.

Keywords: Chinese Baijiu Enterprises; Regional Characteristics; Fragrance Characteristics; Matthew Effect

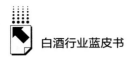
II Industry Reports

B.2 Investigation and Analysis on the Hot and Cold Development
of Sauce Wine During the Period of Normalization of
Epidemic Prevention and Control   / 083

Abstract:More than two years after the outbreak of the COVID－19, the
global epidemic momentum has not diminished. With the gradual development of
sauce wine, the hot and cold of sauce wine during the normalization of epidemic
prevention and control have gradually emerged. The report starts from the
development of sauce wine, and divides the development of sauce wine industry
into stable growth stage, sauce wine hot stage and sauce wine cold stage with 2019
and mid－2021 as nodes, and analyzes the development of sauce wine industry in
each stage. From the epidemic situation and the characteristics of the sauce wine
industry to explore the reasons for the hot sauce and cold liquor. Mainly because
the enterprises stopped the pace of entering the soy sauce wine and the sales of the
distributors in various places were not good, which reduced the purchases from the
manufacturers. And analyzed the opportunities and challenges of the development of
sauce wine, and finally put forward some countermeasures from the perspectives of
sauce wine enterprises, government and industry associations.

Keywords:Sauce Wine Development;The Popularity of Sauce Wine;The
Unpopularity of Sauce Wine

B.3 The Impact of the Release and Implementation of the New
National Standard for Baijiu on the Baijiu Industry   / 097

Abstract:The two national standards, Terminology of Baijiu Industry and
Terminology and Classification of Alcoholic Beverages, which are newly released in

2021, are intended to vigorously promote the overall improvement of the standardization level of China's liquor industry, give play to the leading and promoting role of standardization in the liquor making industry, and give impetus to the high-quality development of China's liquor making industry in the new period. This report reviews the development process of Baijiu standards, compares the new and old national standards of Baijiu in detail, and puts forward the impact of the implementation of the new national standards on Baijiu industry, including driving the construction of the standardization system of Baijiu industry, promoting the survival of the fittest in Baijiu industry, improving the concentration of Baijiu industry, promoting the healthy development of the industry, and protecting the rights and interests of consumers. Finally, it is proposed that under the background of the new national standard, we should continue to promote the upgrading of Baijiu standards, continue to strictly control the quality of Baijiu, and promote the upgrading of Baijiu quality through scientific and technological innovation.

Keywords: New National Standard; Terminology of Baijiu Industry; Terminology and Classification of Alcoholic Beverages; Baijiu Industry

B.4 Excavate Liquor Cultural Connotation Promote Liquor Enterprise Transformation and Upgrading / 110

Abstract: With the rich connotation and long history of Chinese liquor culture, excavating deeply the cultural connotation characteristics, promoting liquor culture integrating with other industries and stimulating the potential economic benefits of the liquor culture are the essencial strategies to promote the development and progression of Chinese liquor culture and improve the cultural soft power and speed up the process of internationalization, are the highly efficient pathes to promote transformation and upgrading of domestic liquor enterprises and compete in the international market, which have important historical and epochal significance. At present, domestic liquor enterprises have made some achievements and accumulated some experience in the practice of mining liquor culture and building brand

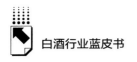
characteristics, such as promoting the cross-border integration of liquor and tourism, injecting liquor culture to cultivate brand power, integrating regimen concept to assist the healthy liquor market, marketing the social attributes of liquor culture and so on. However, there are also some problems exposed. For example, the depth of liquor culture mining is insufficient, the efficiency of development and utilization is limited, and the potential market space is huge. Based on this, this report proposes the development strategy of in-depth excavating liquor culture to promote the transformation and upgrading of liquor enterprises from the aspects of integrated development, communication effect, price strategy and marketing method.

Keywords: Liquor Culture; Chinese Liquor Enterprises; Upgrading of Liquor Enterprises

B. 5　Liquor Industry Development under the Background of Digital and Intelligent Transformation　　　　　　／124

Abstract: With the development of information technology, liquor industry has entered the stage of digital intelligent transformation. This report found that wine companies have experienced rapid development in brewing technology and digital construction of marketing, and all wine companies have carried out the expansion and exploration of online sales channels. This report analyzes the development background and practical application of intelligent brewing, as well as the development process of digital marketing. It is found that in the process of digital transformation of liquor industry, there are still problems such as lack of professional talents, data security guarantee, and effective data management. The digital development of liquor industry and the whole industrial chain still has a long way to go. Accordingly, this report puts forward corresponding suggestions that the digital development of liquor industry should focus on the digital transformation of the whole supply chain, strengthen the construction of digital channels and terminals, and improve the digital development of the whole supply chain. The advent of the

"Internet plus" era is both an opportunity and a challenge for the liquor industry. Taking advantage of the trend to carry out digital and intelligent transformation, it will help the liquor industry achieve transformation and upgrading.

Keywords: Intelligent Brewing; Digital Marketing; Digital Management

B.6   The Necessity and Measures for Chinese Baijiu Enterprises
to Fulfill Corporate Social Responsibility   / 135

Abstract: Fulfilling social responsibility is one of the critical factors for enterprises to gain a foothold in society and grow. As a producer of Chinese Baijiu, a popular consumer product for drinking in China, Chinese Baijiu enterprises should be more aware of their social responsibility and play an exemplary leading role, which will provide an empowering platform and foundation for optimizing and upgrading the company. The first focus of the report is to describe the concept of corporate social responsibility (CSR) and its development history in China, as well as cite cases where CSR implementation has resulted in tremendous business benefits. Then the report analyzes explicitly why Chinese Baijiu enterprises should fulfill their social responsibility. In other words, it states the need for CSR. And on this basis, the report lists and summarizes the content of social responsibility that Chinese Baijiu companies should undertake from the aspects of enterprise management, ecological protection, fair competition, human rights protection, and local community benefits. The report's final part proposes specific initiatives for Chinese Baijiu enterprises to fulfill their social responsibility.

Keywords: Chinese Baijiu Enterprises; Corporate Social Responsibility; Sustainable Development

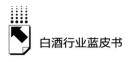

Ⅲ Case Studies

B.7 Achieve Rapid Development through Innovative
Business Models
—*Taking FORTY-NINE UNION as An Example* / 149

Abstract：With the outbreak of COVID-19 and the continuous upgrading of national consumption quality, the competition among Baijiu enterprises has become more and more fierce. If Baijiu enterprises want to break out of the competition, transformation and innovation are one of the key ways out. Established in 2015, FORTY-NINE UNION has gained a place in the Baijiu market by creating the "wisdom and innovation" mode, the community marketing mode, the ecological layout mode, the new retail depth experience mode and the cultural marketing mode. The innovation of the business model of FORTY-NINE UNION provides experience for the high-quality development of other Baijiu enterprises, specifically including seizing the trend of the times, creating a business model that conforms to the trend, using scientific and technological means to reconstruct the human and goods yard for sales and taking users as the core to open a new business model at the circle level.

Keywords：Community Marketing；Circled Ecology；Baijiu Enterprises

B.8 Shaping Winery Culture, Upgrading Liquor Enterprises
—*Taking LANGJIU Group as An Example* / 160

Abstract：Winery culture is a bind of ideology with non-coercive influence that takes winery as the substantial carrier. Building winery culture is a new approach to enhance liquor quality, optimize the structure of liquor industry and improvement of Baijiu's international competitiveness, which is of great significance to promote the transformation and upgrading of liquor enterprises. As one of the two major brands of Chinese Maotai-flavored liquor, LANGJIU Group not only built the liquor estate, but also actively excavating the culture of LANGJIU Liquor. It promotes the integration of traditional culture, manor construction and development of liquor enterprises, which has effectively promote the spread of LANGJIU spirit, the establishment of brand image, the upgrading of products structure, the innovation of marketing means, and the promotion of brand influence. Through in-depth excavation of the winery culture, LANGJIU Group has not only built a world-famous Baijiu manor, created a precedent for Chinese Maotai-flavored liquor manor, and effectively promote the transformation and upgrading of the enterprise. The successful experience of LANGJIU Group, such as clearly brand positioning, active performance of social responsibilities, cross-border linkage driving brand effect, and continuous innovation and progress, is worth being learned by other liquor enterprises.

Keywords: LANGJIU Estate; Winery Culture; Cross-border Integration

B. 9 Simplify Packaging, Seize the Development Opportunity of
Bottled Wine in the Era of Environmental Protection
— *Take Lidu Wine Industry as An Example*   / 175

Abstract: Simplified packaging is not only an international trend, but also a trend for people to return to rational choice of commodities. At present, China's bottled wine market continues to heat up, and the market "cake" continues to grow. The bottled wine industry has entered a stage of rapid development. The huge "cake" of China's bottled wine will exist for a long time. As people's consumption concept becomes more and more rational, the choice of bottled wine is not only the trend of consumption update, but also the general trend of the environmental protection era. As a typical representative of light-bottle wine companies, Lidu Wine Industry has unique characteristics in brewing technology, brand promotion, and marketing

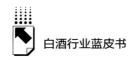
strategies. It innovates traditional Chinese culture in inheritance and gives new expression to traditional culture; it is an online traffic pool, the marketing method of offline experience; the experience of adopting the traditional brewing method of "ancient cellar + ancient method" is worth learning and thinking.

Keywords: Bottled Wine; Lidu Wine Industry; Technology Empowerment

B.10 Intelligent Brewing and Industrial Structure Adjustment Contribute to Carbon Peaking and Carbon Neutrality Goals

—*Take Shaanxi Xifeng Wine Company as An Example*   / 191

Abstract: In order to promote the green and circular development of the liquor manufacturing industry, Shaanxi Xifeng Wine Company adopts intelligent workshops in the koji-making, brewing and blending of liquor. Intensive land use, harmless raw materials, clean production, recycling of waste, and low-carbon energy have been achieved, and the concept of green environmental protection has been practiced with practical actions, contributing to the realization of the "double carbon" goal. As a typical representative of liquor enterprises, Shaanxi Xifeng Wine Company has the development experience of improving the level of clean production, building a green brewing industrial park, establishing an integrated technology innovation system for production, education and research, accelerating industrial water-saving transformation and upgrading.

Keywords: Shaanxi Xifeng Wine Company; Intelligent Brewing; Industrial Structure Adjustment

　　Abstract：This report analyzes the efficient integration results produced by Fosun Group as a high-quality strategic investor holding liquor enterprises, explores the specific path of integration, and summarizes the experience for reference. This case based on the background of encourage capital service entity economic, and analyses the background of Shede Spirits mixed ownership reform, and the specific measures that Fosun Group to energize Shede Spirits in perfecting corporate governance, improve the development strategy, accelerate reform of the channels of liquor, cultural amalgamation and internationalized process. Summarize the experience, and suggest the supervision department to do a good job of supervision, not missing in the process of mixed reform, to ensure that the mixed reform of state-owned enterprises to achieve the ultimate goal of revitalizing enterprises; and suggests that liquor enterprises should carefully choose shareholders and investors who are consistent with their own development strategy, and set up necessary risk warning mechanism to prevent the loss of assets. Through the analysis of the cases and put forward suggestions, in order to provide experience for the subsequent efficient integration of liquor enterprises and capital.

　　Keywords：Mixed Ownership Reform；Strategic Investor；Liquor Enterprises

Ⅳ　Appendix

皮 书

智库成果出版与传播平台

❖ 皮书定义 ❖

皮书是对中国与世界发展状况和热点问题进行年度监测，以专业的角度、专家的视野和实证研究方法，针对某一领域或区域现状与发展态势展开分析和预测，具备前沿性、原创性、实证性、连续性、时效性等特点的公开出版物，由一系列权威研究报告组成。

❖ 皮书作者 ❖

皮书系列报告作者以国内外一流研究机构、知名高校等重点智库的研究人员为主，多为相关领域一流专家学者，他们的观点代表了当下学界对中国与世界的现实和未来最高水平的解读与分析。截至 2021 年底，皮书研创机构逾千家，报告作者累计超过 10 万人。

❖ 皮书荣誉 ❖

皮书作为中国社会科学院基础理论研究与应用对策研究融合发展的代表性成果，不仅是哲学社会科学工作者服务中国特色社会主义现代化建设的重要成果，更是助力中国特色新型智库建设、构建中国特色哲学社会科学"三大体系"的重要平台。皮书系列先后被列入"十二五""十三五""十四五"时期国家重点出版物出版专项规划项目；2013~2022 年，重点皮书列入中国社会科学院国家哲学社会科学创新工程项目。

皮书网

（网址：www.pishu.cn）

发布皮书研创资讯，传播皮书精彩内容
引领皮书出版潮流，打造皮书服务平台

栏目设置

◆ **关于皮书**

何谓皮书、皮书分类、皮书大事记、
皮书荣誉、皮书出版第一人、皮书编辑部

◆ **最新资讯**

通知公告、新闻动态、媒体聚焦、
网站专题、视频直播、下载专区

◆ **皮书研创**

皮书规范、皮书选题、皮书出版、
皮书研究、研创团队

◆ **皮书评奖评价**

指标体系、皮书评价、皮书评奖

◆ **皮书研究院理事会**

理事会章程、理事单位、个人理事、高级
研究员、理事会秘书处、入会指南

所获荣誉

◆ 2008 年、2011 年、2014 年，皮书网均
在全国新闻出版业网站荣誉评选中获得
"最具商业价值网站"称号；

◆ 2012 年,获得"出版业网站百强"称号。

网库合一

2014年，皮书网与皮书数据库端口合
一，实现资源共享，搭建智库成果融合创
新平台。

皮书网

"皮书说"
微信公众号

皮书微博

权威报告·连续出版·独家资源

皮书数据库
ANNUAL REPORT(YEARBOOK) DATABASE

分析解读当下中国发展变迁的高端智库平台

所获荣誉

- 2020年，入选全国新闻出版深度融合发展创新案例
- 2019年，入选国家新闻出版署数字出版精品遴选推荐计划
- 2016年，入选"十三五"国家重点电子出版物出版规划骨干工程
- 2013年，荣获"中国出版政府奖·网络出版物奖"提名奖
- 连续多年荣获中国数字出版博览会"数字出版·优秀品牌"奖

皮书数据库

"社科数托邦"
微信公众号

成为会员

　　登录网址www.pishu.com.cn访问皮书数据库网站或下载皮书数据库APP，通过手机号码验证或邮箱验证即可成为皮书数据库会员。

会员福利

- 已注册用户购书后可免费获赠100元皮书数据库充值卡。刮开充值卡涂层获取充值密码，登录并进入"会员中心"—"在线充值"—"充值卡充值"，充值成功即可购买和查看数据库内容。
- 会员福利最终解释权归社会科学文献出版社所有。

数据库服务热线：400-008-6695
数据库服务QQ：2475522410
数据库服务邮箱：database@ssap.cn
图书销售热线：010-59367070/7028
图书服务QQ：1265056568
图书服务邮箱：duzhe@ssap.cn

中国社会发展数据库（下设12个专题子库）

紧扣人口、政治、外交、法律、教育、医疗卫生、资源环境等12个社会发展领域的前沿和热点，全面整合专业著作、智库报告、学术资讯、调研数据等类型资源，帮助用户追踪中国社会发展动态、研究社会发展战略与政策、了解社会热点问题、分析社会发展趋势。

中国经济发展数据库（下设12专题子库）

内容涵盖宏观经济、产业经济、工业经济、农业经济、财政金融、房地产经济、城市经济、商业贸易等12个重点经济领域，为把握经济运行态势、洞察经济发展规律、研判经济发展趋势、进行经济调控决策提供参考和依据。

中国行业发展数据库（下设17个专题子库）

以中国国民经济行业分类为依据，覆盖金融业、旅游业、交通运输业、能源矿产业、制造业等100多个行业，跟踪分析国民经济相关行业市场运行状况和政策导向，汇集行业发展前沿资讯，为投资、从业及各种经济决策提供理论支撑和实践指导。

中国区域发展数据库（下设4个专题子库）

对中国特定区域内的经济、社会、文化等领域现状与发展情况进行深度分析和预测，涉及省级行政区、城市群、城市、农村等不同维度，研究层级至县及县以下行政区，为学者研究地方经济社会宏观态势、经验模式、发展案例提供支撑，为地方政府决策提供参考。

中国文化传媒数据库（下设18个专题子库）

内容覆盖文化产业、新闻传播、电影娱乐、文学艺术、群众文化、图书情报等18个重点研究领域，聚焦文化传媒领域发展前沿、热点话题、行业实践，服务用户的教学科研、文化投资、企业规划等需要。

世界经济与国际关系数据库（下设6个专题子库）

整合世界经济、国际政治、世界文化与科技、全球性问题、国际组织与国际法、区域研究6大领域研究成果，对世界经济形势、国际形势进行连续性深度分析，对年度热点问题进行专题解读，为研判全球发展趋势提供事实和数据支持。

法律声明

"皮书系列"（含蓝皮书、绿皮书、黄皮书）之品牌由社会科学文献出版社最早使用并持续至今，现已被中国图书行业所熟知。"皮书系列"的相关商标已在国家商标管理部门商标局注册，包括但不限于 LOGO（▨）、皮书、Pishu、经济蓝皮书、社会蓝皮书等。"皮书系列"图书的注册商标专用权及封面设计、版式设计的著作权均为社会科学文献出版社所有。未经社会科学文献出版社书面授权许可，任何使用与"皮书系列"图书注册商标、封面设计、版式设计相同或者近似的文字、图形或其组合的行为均系侵权行为。

经作者授权，本书的专有出版权及信息网络传播权等为社会科学文献出版社享有。未经社会科学文献出版社书面授权许可，任何就本书内容的复制、发行或以数字形式进行网络传播的行为均系侵权行为。

社会科学文献出版社将通过法律途径追究上述侵权行为的法律责任，维护自身合法权益。

欢迎社会各界人士对侵犯社会科学文献出版社上述权利的侵权行为进行举报。电话：010-59367121，电子邮箱：fawubu@ssap.cn。

社会科学文献出版社